The Biblical Storytelling • 창세기 3

험악한 세월을 보낸 사람

그리심
도서출판

험악한 세월을 보낸 사람

2009년 8월 20일 초판 1쇄 인쇄
2009년 8월 30일 초판 1쇄 발행

저 자 • 조 관 호
발행인 • 조 경 혜
발행처 • 도서출판 그리심
156-763 서울시 동작구 사당동 196 인정 Apt. B-b01

등록번호 • 제 7-258호(1998. 4. 23)
출 판 사 • 전화 523-7589 팩스 523-7590
홈페이지 • http://grisim.biz
전자우편 • grisimcho@hanmail.net

값 : 표지 뒷면

ISBN 978-89-5799-242-5 94230
ISBN 89-5799-157-3 (세트)

험악한 세월을 보낸 사람

조관호

서울신학대학과 감리교 신학대학신학대학원,
아세아연합신학대학원에서 공부하고
육군 군목으로 사역하는 동안 전방 부대에서 2년,
군병원에서 3년을 사역했다.
군 제대 후 도미하여 California에 있는
Azusa Pacific University 대학원에서 공부한 후
Kentucky에 소재한 남침례교신학교(The Southern Baptist Theological Seminary)에서
The Biblical Storytelling Bible Study Methodology로
목회학 박사 학위를 받고
현재 LA 근교 은혜로교회(Grace Road Church) 담임 목사로 섬기고 있다.

논문과 저서로는,
논문 : Developing A Biblical Storytelling Bible study Model
For The Sunday School Teachers

저서 : Biblical Storytelling Series :

- 처음 세계를 살았던 사람들(창세기1)
- 믿음의 조상이라고 불리운 사람(창세기2)
- 험악한 세월을 보낸 사람(창세기3)
- 하나님의 신에 감동된 사람(창세기4)
- 은혜로 사는 사람들(룻기)
- 영웅으로 살았던 사람들1, 2(사사기)
- 하나님 나라의 맥을 이어가는 사람들(삼상1)
- 훈련 받는 사람(삼상2)
- 홀로 서는 사람(삼상3)
- 정상으로 올라가는 사람(삼하1)
- 정상에서 넘어졌던 사람(삼하2)
- 정상으로 회복되는 사람(삼하3)
- 참 예쁜 사람(에스더)
- 성전 건축하는 사람들(에스라, 학개, 스가랴)
- 회복을 기다리는 사람들(느헤미야, 말라기)
- 그분 오실 때를 아는 사람들(계시록)

저자 이메일 – khmycho@hanmail.net

창세기3권 이야기는

"억울한" 야곱의 인생을 그렸습니다.
왜 억울하냐구요?
간사하게 산 것도 아니고 불성실하게 산 것도 아닌데
사람들로 하여금 간사한 사람이라는 소리를 듣기 때문입니다.
야곱이라는 이름이 간사한다는 뜻을 가지고 있습니다만
그가 그렇게 살아서 그 이름을 받은 것이 아니라
그가 태어났을 때, 의식도 없고 아무런 일을 한 적도 없었을 때
그의 이름을 그렇게 지어진 겁니다.
그런데 평생 간사한 사람(야곱)이라고 불려야 하니 얼마나 억울한지요!

오히려 야곱을 말한다면 성경에서 야곱만큼 성실한 사람이 있을까요?
그는 간사한 사람이 아니라 성실한 사람의 표본입니다.
하나님도 그 억울함을 아셨는지
이름을 바꿔주셨습니다. 이스라엘이라고.

그래서 억울한 야곱을 헤아리면서 창세기 3권을 썼습니다.

창세기3

contents

목 차

창세기3

contents

9 아홉 번째 이야기/ 29-31장
훈련장에 들어간 야곱

10 열 번째 이야기/ 32-36장
훈련장을 나온 이야기

험악한 세월을 보낸 사람

비블리컬 스토리텔링

The Biblical Storytelling

Ⅰ. Biblical Storytelling과 Storytelling에 대하여

설교학에서 말하는 Storytelling은 설교의 전달에 대한 기법(技法)을 말합니다. 오래 전부터 알려진 내러티브(Narrative) 설교 방식과 비슷한 기법입니다. Storytelling 설교 기법을 설명하면서 예수님의 설교 방식이 이야기식이었다는 것을 증명하려고 합니다. 그러면서 오늘날의 설교자도 예수님처럼 이야기식 설교를 할 때 설교 전달에 효과가 있다고 소개를 하는 겁니다. 성경의 이야기들이 독특한 언어를 사용하여 기록되었기에 설교에도 효과적인 전달을 위해 성경이 노력한 것과 같은 노력을 기울일 때 전하고 싶은 내용이 잘 전달된다는 것을 말하는 거지요. 전하고 싶은 내용을 위해 성경은 비유를 사용했고 시(詩)나 잠언, 연설, 기도, 역사, 전기(傳記) 등과 같은 것을 도입한 것처럼 설교도 전달하고 싶은 것을 효과적으로 전달하기기 위해 그런 방법을 도입해야 한다는 걸 말합니다.

Storytelling 기법 설교자로 잘 알려진 유진 로우리(Eugene Lowry)가 강조하는 것이 그런 의미입니다. 다른 말로 하면 전달하고 싶은 것을 드라마처럼 혹은 상상을 가져오도록 설교를 구성하라는 거지요.

Storytelling 기법의 설교는 미국의 유명한 소설가인 존 그래샴(John Gresham)의 기법을 탁월한 기법으로 많이 소개합니다. 그는 전하고 싶은 이야기를 평범하게 시작하면 충분히 전달이 되지 않으니 놀람(Surprise)으로 시작한다고 합니다. 서론을 평범하게 하고 나면 이미 시작부터 결론을 상상하기 때문에 식상하다는 거지요. 또한 이야기 중간에 긴장을 조성하는 편집을 잘해야 한다는 겁니다. 그러다가 결론에 가서는 간단하게 하되 적어도 5분을 넘기지 않는 것이 효과적인 이야기가 될 것이라는 가르침입니다. 그래샴의 그러한 기법이 설교에 도입이 되면 설교 전달에 매우 효과적일 거라는 거지요.

필자가 말하는 Biblical Storytelling은 전달 기법을 말하는 Storytelling과 다릅니다. Biblical Storytelling은 전달 기법이 아니라 내용을 말하는 겁니다. 내용이란 성경을 말합니다. 성경을 통해서 설교하는 것, 성경의 이야기만을 말하는 걸 Biblical Storytelling 설교라고 하는 겁니다. 설교자가 하고 싶은 이야기(주제나 제목)를 정해 놓았다 하더라도 성경 속에 있는 이야기를 통해 그 목적을 이루는 걸 말합니다. 탕자의 비유에 관한 본문을 가지고 설교할 때 그 본문만 가지고 이야기를 만드는 겁니다. 아버지의 심정, 아들들의 심정, 계획, 떨어진 부자(父子)의 서로 다른 생각들, 돌아온 아들에 대한 아버지의 갈등... 이러한 것에 집중적으로 생각을 투자하는 겁니다. 그러기 위해서는 수많은 성경 신학적 연구가 필요합니다. 당시의 습관, 지리적 배경, 가정 윤리, 제도와 같은 것들입니다. 그런 것들을 통해 성경에 등장하는 인물들의 심리를 파헤치는 거지요. 그것을 잘 전달하는 걸 Biblical Storytelling 설교라고 하는 겁니다.

Biblical Storytelling 설교는 본문을 돕기 위해 다른 이야기를 도입하긴 합니다만 그 빌려온 이야기조차도 오직 성경 속에 있는 이야기로 합니다. 현재 생존해 있는 사람의 이야기를 가지고 설교의 한 예로 들면서 설교를 돕지 않습니다. 읽은 소설이나 잡지에서 얻은 아이디어를 가지고 설교를 돕도록 하지 않습니다. 훌륭한 성현들의 글귀를 인용하지 않습니다. 설교를 더욱 권위 있게 만들고 도울 수 있으며 능력 있게 하는 것에는 성경 만한 것이 없기 때문입니다. 오래 전 어른들은 이런 것을 '성경으로 성경을 푼다'는 말로 표현하시곤 했던 겁니다.

II. Biblical Storytelling 설교를 하게 된 이유들

필자가 Biblical Storytelling을 하게 된 동기가 있습니다. 필자는 목사 안수를 받고 육군 군목으로 사역을 시작하였습니다. 20대 중반의 젊은 목사가 패기 하나로 군인 교회 담임을 맡게 되었는데 내용이 준비되어 있지 않았던 겁니다. 그 내용은 설교라는 거였습니다. 선배 목사님들이 하시는 설교는 비평을 하고 불평도 하던 제가 현실 속에서 설교를 해야 할 때는 엄청난 스트레스를 받았던 겁니다. 주일이 왜 그렇게도 빨리 오는지 숨쉴 틈 없이 설교 준비를 해야 했던 거지요. 물론 주일만 설교하는 것이 아니었습니다. 수요 예배는 물론 목사가 가는 곳에서는 설교를 해야 했던 겁니다. 그 때를 고백하면 부끄럽지만 설교집을 베낄 수밖에 없었습니다.

설교를 베끼면서도 의문점들이 많았습니다. 설교집마다 제가 알지도 못하는 훌륭한 사람들의 금언이나 저서들이 소개되고 있었고 기가 막힌 예화들이 저를 놀라게 했던 거지요. 그러면서 '과연 목사님들이 이런 분들을 알고 있는 걸까 혹은 소개하는 책들을 정말 읽고 그 가운데 좋은 금언을 뽑아내신 걸까? 사용하는 예화는 어떻게 얻어낸 걸까?' 하는 궁금함들이 생겼던 겁니다. 그러면서 목회자로서의 자신감이 사라지곤 했지요.

설교를 해야 하는 사람으로서 설교 내용도 무척이나 고민이 되었지만 내용을 생각하기 이전부터 고민은 엄청났습니다. '본문은 어떤 걸로 할까? 본문이 결정되면 제목은 어떻게 해야 하는가?' 하는 것들이었지요. 고민 끝에 기껏 결정한 설교들은 이미 익숙해져 있는 것들에 국한되고 있었던 겁니다. 다시 말하면 성경을 지독하게도 모르는 자신을 발견한 겁니다.(그렇게 두꺼운 성경인데도 설교할 게 없다는 게 한심하게 보였던 거지요.) 설교를 하면서도 제대로 하는 건지도 모르고 했습니다. 그야말로 멋진(?) 설교를 만들어 청중들의 잘한다(?)는 평가의 소리에 관심이 있었던 겁니다.

그런 시간들을 보내는 가운데 저는 자신을 향해 양심선언을 했습니다. '난 성경을 모르는 사람이다!' 라고 말입니다. 그러고는 성경을 읽고 연구하기 시작했습니다. 그러다 보니 주석이 필요했고 성경학자들이 만들어 놓은 업적들의 고귀함을 알기 시작한 겁니다. 그때부터 성경이 알아지기 시작한 겁니다. 성경의 이야기 하나하나가 나를 이야기 하는 거였습니다. 성경을 읽으면서 내 자신이 한 꺼풀 한 꺼풀 벗겨지는 거였답니다. 모든 문제들이 성경 속에 기록되어 있었고 해결의 방법까지도 있었던 겁니다. 그렇게 발견한 것들을 강단에서 소개한 거지요. 소위 설교한 겁니다. '어떻게 무엇을 설교할까? 어떤 본문을 가지고 어떤 제목으로 설교해야 하는가?'하는 고민은 아침 안개가 바람에 사라지는 것처럼 사라졌습니다. 오직 깨달은 내용(이야기)을 알리고 싶은 마음으로 흥분되었던 겁니다. 읽고 발견한 것들만 전해도 나 자신은 물론 청중들도 무척이나 흥미있어 했고 소위 말하는 은혜를 받는 거였죠. 그때부터 설교를 그렇게 하기 시작한 겁니다. 여타 책을 뒤적거려야 한다는 부담으로부터 자유롭기 시작했습니다. 훌륭한 인물의 잠언을 인용해야 한다는 부담도 사라졌습니다. 유명한 책과 저자를 말해야 한다는 것으로부터도 자유함을 누린 겁니다. 어떤 책도, 어떤 훌륭한 인물도, 어떤 금언과 잠언 경구도, 어떤 역사 이야기도 성경 만한 것이 없다는 것을 깨달은 겁니다. 그러한 것들은 설교자인 나의 괜찮음(?)을 보여주는 건지는 모르지만 성경의 권위와는 비교할 수 없는 것들이라는 걸 깨달은 것이지요. 다른 이야기를 하는 것보다는 성경 이야기를 하는 것이 사람을 변화시키는 최고의 능력임을 발견한 겁니다.

Ⅲ. 어떻게 하는 것이 Biblical Storytelling 설교인가?

말이 거창해서 그렇지 Biblical Storytelling 설교를 하는 방법은 특이한 것도 새로운 것도 아닙니다. 설교하는 사람이라면 이미 하고 있는 것이라 생각이 듭니다. 그러나 필자의 설교와 글을 이런 제목으로 명명하는 데는 몇 가지 기준이 있습니다.

첫째는 설교자가 청중들에게 전하려고 목적한 것을 이루기 위한 수단들로 성경의 이야기를 최대한으로 사용한다는 겁니다. 주제 설교를 하더라도 그 주제를 풀어가는 자료들이 성경 전체 속에 있는 이야기들이라는 겁니다. 강해 설교를 하더라도 세상에서 일어나는 일들을 가지고 이해를 돕는 것이 아니라 성경 속의 이야기들을 가지고 풀어가는 겁니다.

둘째는 성경 본문에 대한 깊은 연구가 필요합니다. 본문 배경을 제대로 모르고 성경을 이야기하면 본문 이야기와는 상관없는, 엉뚱함에도 불구하고 훌륭한 교훈(?)이 만들어질 수가 있지요. 설교자는 훌륭한 이야기나 괜찮은 교훈을 만들어 내는 사람이 아니라 바른 교훈, 다시 말하면 하나님이 성경을 통해 말씀하시고 싶은 것을 제대로 전하는 사람이기 때문입니다. 그러므로 충실한 주석과 학자들의 도움을 받아야 하는 겁니다.

셋째는 성경의 이야기 주인공을 설교자 자신으로 하면서 읽고 연구하는 겁니다. 청중을 주인공으로 하면서 성경을 보면 옳고 그름을 분별하는 것에 관심이 갑니다. 그러나 자신을 주인공으로 하면 이해를 만들어 가면서 해석하게 됩니다. 다시 말하면 자기를 변호하기 위해 많은 생각을 하게 되지요. 예를 들면, 노아가 홍수 후에 술을 먹고 추태를 부린 내용이 청중 중심으로 보면 술 먹지 말라는 쪽으로 생각이 기울어집니다만 나 자신의 중심으로 보면 말동무 하나 없이 지루하고 적막한 시간들을 보내는 고독으로 말미암았겠구나 하는 이해 쪽으로의 생각이 된다는 겁니다. 로마서를 설교할 때도 내가 로마서를 쓰는 사람이고 반면에 내가 바울로부터 로마서 편지를 받아 읽는 사람이 되어야 한다는 것이지요.

넷째는 본문 전체를 말해야 한다는 겁니다. 선택한 본문에는 한 목적만 있는 것이 아닙니다. 설교자는 한 목적을 선택했을지 모르지만 성경을 기록한 성령께서는 다양한 목적을 심어 놓으셨습니다. 그러므로 설교자의 목적 설교보다는 성령의 역사를 기대한다는 목적으로 선택한 본문을 구석구석 말하는 겁니다. 예를 들면, 다윗이 아버지 이새의 심부름으로 골리앗과 대치하고 있는 전쟁터의 형들을 찾아간 이야기를 본문으로 한다고 합시다. 그 본문에는 수많은 장면들이 있습니다. 형들에게 꾸지람 받는 다윗의 모습, 반면에 꾸지람하는 형들의 마음, 대드는 동생, 떠드는 골리앗... 몇 자 안되는 이야기이지만 묘한 감정들이 포함되어 있는 겁니다. 그 본문을 읽을 때 어떤 이는 다윗을 생각하고 있고 어떤 이는 형들 입장에서 읽는다는 겁니다. 어떤 이는 형제끼리 다투는 건지 의를 나누는 건지를 보고 있는 겁니다. 설교자가 목표한 것과는 다른 마음으로 성경 본문을 읽고 있는 청중들이기에 전체를 설명하고 말해야 하는 거지요. 이 말은 설교자 (사심의) 의도 없이 성경을 말하자는 말입니다.

다섯 번째는 성경을 기록한 하나님의 마음을 헤아리면서 교훈을 찾는 겁니다. 하나님의 마음을 헤아리면서 성경을 보면 은혜가 됩니다. 감사가 흘러나옵니다. 감동 때문이지요. 그리고 나의 삶이 변한답니다. 의지에 의한 변화도 있겠습니다만 감동에 의해서 저절로 변화되어지는 거지요.

Ⅳ. 나가는 말

설교자에게 가장 중요한 것은 성경입니다. 성경을 잘 말해야 합니다. 성경을 정확하게 말해야 합니다. 그런데 잘 말하고 잘 이해시키려다 너무 대단한 것들을 끌어 오다 보면 성경보다 다른 것에 더 관심을 갖게 하는 우를 범할 수 있다는 거지요. 또한 설교자에게 다른 이야기를 말해야 하는 것이 당연한 것처럼 인식되다가 설교자들로 하여금 거짓말하게 하는 유혹을 받게 할 수도 있다는 겁니다. 또한 다른 말을 기가 막히게 해야 실력있는 목사로 취급받게 된다는 이상한 생각(?)을 하게 한다는 거지요. 사실 실력있는 설교자는 성경을 기억하게 하는 사람인데 말입니다. Biblical Storytelling 설교는 설교자는 물론이요 청중들, 그리고 교회 속에서 성경의 가치를 회복시키려는 몸부림이랍니다.

서 문

야곱을 간사한 사람 혹은 교활한 사람이라고 합니다. 정말 그럴까요? 우린 성경을 알기도 전에 주변으로부터 야곱은 그런 사람이라고 소개를 받았답니다. 그래서 야곱에 관한 이야기가 나오면 간사하고 교활한 사람이라는 밑그림을 그리고 이야기를 듣습니다. 우리 신앙의 조상인 야곱이 교활한 사람이라는 것을 전혀 기분 나쁘게 받아들이지를 않는다는 거지요. 오히려 야곱을 간사하고 교활한 사람으로 보되 더욱 그렇게 만들어 놓으면 성경을 잘 해석하는 것으로 오해하고 있다는 겁니다. 천만의 말씀입니다!

야곱은 결코 간사한 사람이 아닙니다. 교활한 사람도 아닙니다. 그는 아브라함이나 이삭과는 비교도 할 수 없는 정직한 사람이고 술수를 부릴 줄 모르는 사람이며 자기 관리에 있어서나 남과의 관계에 있어서도 빈틈이 없는 사람입니다. 누구보다도 생각이 깊을 뿐 아니라 인내심도 누구에게 뒤지지 않는 사람입니다. 신앙 면에서도 늘 하나님을 의식하면서 살았던 착실한 사람입니다.

오늘날 야곱과 같은 삶을 사는 사람이 있다면 인격적인 면에서는 물론 자기관리나 지식, 지혜 혹은 성실성과 같은 면에서 좋은 모델일 것이 분명합니다. 사회에서는 성공의 모델일 것이고 교회에서라면 존경받는 장로일 겁니다. 야곱은 결코 간사하거나 교활한 사람이 아닙니다.

야곱은 자신의 이름이 야곱이라고 불리는 걸 이해 못했을 겁니다. 아니면 그 이름이 싫어서 그 이름과 다른 사람이라는 걸 보여주기 위해 몸부림친 것인지도 모르구요. 하여간 야곱은 억울한 겁니다. 이름 때문에 역사 속에서 간사한 사람, 교활한 사람이라는 기본적인 부정적 이미지를 갖고 살아야 했으니까요.

그의 이야기는 창세기 25장에서부터 나옵니다. 태어나기 전, 태중에 있을 때의 이야기로부터 시작되지요. 태 속에서 싸웠답니다. 태어날 때는 형의 발꿈치를 잡았답니다. 그래서 간사하다는 뜻의 '야곱'이라는 이름이 붙여진 거라고 성경은 기록하고 있습니다. 얼마나 억울한지요. 아무 것도 모르던 핏덩이인 자신이 형의 발꿈치를 잡았다고 하면서 간사한 녀석이라는 이름을 붙혔다는 게 억울한 거지요.

야곱이 팥죽 한 그릇에 장자 명분을 샀습니다. 그걸 가지고 사람들은 교활하다고 말합니다. 정말 그게 교활한 것일까요? 필자는 그렇게 생각하지 않습니다. 형 에서는 엄청난 부잣집의 장남으로 집안일을 돌보고 관리하면서 책임을 다해야 하는데 들판에 나가 사냥을 하면서 자기 인생을 즐기는 겁니다. 그 본분을 야곱이 채우고 있었습니다. 장남 에서가 자기 책임을 하지 않았을 때 야곱이 그 일을 하고 있었던 거지요. 장남이란 태어난 순서가 아닙니다. 그 책임을 다하지 못하면 먼저 태어난 것은 아무런 의미도 없는 겁니다. 야곱은 그 책임을 다합니다. 야곱이 그 책임을 다하지 않았다면 거부 이삭의 재산은 어떻게 되었겠는지요? 리브가는 그걸 알았기에 야곱을 기특해 하고 있었던 겁니다. 게다가 놀다 들어온 에서는 장자의 명분같은 건 필요없다고 하면서 스스로 내던진 겁니다. 그렇다고 야곱이 거저 장자 명분을 얻은 것도 아닙니다. 정당한 거래를 했을 뿐입니다. 그런데 이걸 가지고 간사하다고 한다면 야곱은 억울한 겁니다.

이삭의 축복을 받은 사건도 그렇습니다. 야곱의 작품이 아닙니다. 그는 어머니 리브가의 강권에 못이겨 하기 껄끄러운 일을 한 겁니다. 리브가의 강제적인 행동에 떠밀린 겁니다. 혹자는 그럼에도 불구하고 축복을 받지 않았어야 하는데 축복을 받고 싶어서 거짓을 행한 교활한 사람이라고 할지 모르겠습니다. 그렇지 않습니다. 아버지 이삭은 인정하지 않을 수 있지만 실제적 장자 명분은 야곱에게 있었습니다. 정당한 거래를 통해 장자 명분을 얻었었거든요. 오히려 장자권을 팔아먹은 에서가 장자의 축복을 받으려 한 것이 사기 행위였던 거지요. 에서는 이삭이 장자이기에 축복을 줄 것이라 할 때 자신은 장자가 아니라 야곱이 장자라고 말했어야 바른 겁니다. 야곱은 이 면에서 있어서도 간사함 사람이거나 교활한 사람으로 행동했다고 볼 수 없습니다. 야곱은 억울한 겁니다.

야곱은 아내가 넷이나 됩니다. 정직하게 성경을 본다면 야곱이 아내를 넷 얻기 위해 몸부림 친 흔적이 전혀 없다는 걸 발견할 수 있습니다. 그런데 사람들은 야곱이 마치 교활하여 아내를 넷이나 얻은 것처럼 인식한답니다. 야곱은 오직 한 여자, 라헬만을 사랑했었잖아요! 다른 세 명이 그의 아내가 된 것에 야곱의 의도적 모습은 어느 곳에서도 찾아볼 수 없는 겁니다. 그런데 왜 아내가 넷 된 걸 가지고 야곱을 못된 사람으로 만들려고 하느냐는 거지요. 야곱은 억울한 겁니다.

삼촌 라반의 집에서 20년을 삽니다. 그 가운데 14년은 아내들로 인한 빚을 청산하기 위해 살았던 기간입니다. 그것도 마음에도 없는 레아가 아내가 된 것은 삼촌에게 사기당한 것임에도 불구하고 아무 소리 없이 그녀에 대한 7년 노예 생활을 한 것이지요. 억울해야 할 건 야곱인데도 사람들은 야곱의 이러한 면에는 아주 인색하답니다. 나머지 6년의 세월도 그렇습니다. 라반 집에 있고 싶어서 있었던 것이 아니라 떠나겠다고 할 때 라반이 강제로 붙들어 둔 겁니다. 그리고 노동의 대가를 약속받은 거지요. 그 대가도 라반의 허락을 받은 행동이었습니다. 그 허락 아래 경험과 지혜를 가지고 얼룩 무늬 짐승이나 점있는 짐승, 아롱진 짐승을 만들어낸 겁니다. 그건 도적질 한 게 아니잖아요. 그런데 사람들은 야곱이 간사한 방법, 교활한 방법으로 부자가 된 것이라고 몰아치고 있는 겁니다. 만일 다른 사람이 그렇게 해서 부자가 되었다는 말이 나온다면 하나님의 은혜 혹은 지혜라는 말로 포장할텐데도 말입니다. 유독 야곱에게만은 인색한 거지요. 야곱은 억울한 겁니다.

사람들은 야곱의 신앙에도 인색합니다. 그는 우리가 생각하는 것처럼 부자가 되기 위해 몸부림을 친 사람도 아니고 또 그걸 위해 하나님을 이용해먹은 사람은 더더욱 아닙니다. 오히려 아이를 낳지 못하는 라헬의 투덜거림에 하나님을 신뢰하지 못한다고 야단을 치는 사람이었고 자신이 축복을 받고 부자가 된 것에 대한 배경을 하나님의 은혜라고 간증하는 사람이었습니다. 삼촌의 집을 떠날 때에도 스스로 결정해서 떠난 것이 아니라 하나님의 음성을 듣고 움직인 사람입니다. 가는 곳마다 단을 쌓는 일 또한 아브라함에게 뒤지지 않았습니다. 그의 기도도 대단합니다. 아브라함에게 소돔성을 위한 애절한 기도가 있었다면 야곱은 얍복 나루에서의 처절한 기도가 있습니다. 필자는 이 기도는 오히려 아브라함이나 이삭에게서는 찾아볼 수없는 대단한 기도라고 생각합니다. 환도뼈가 부러지는 가운데서도 매달린 기도니까요. 게다가 숙곳과 세겜에서 어려움을 당하는 중 하나님을 더 깊이 의식하고 벧엘의 기념 단을 쌓은 신앙의 모델이잖아요.

그는 생각도 주밀한 사람입니다. 그의 인생을 보십시오. 대충하는 게 없습니다. 계획이 있고 그 계획은 조직적이며 짜임새가 있습니다. 하란에서 가나안으로 가는 여행을 보십시오. 질서가 있고 순서가 있습니다. 사람을 만날 때에도 덤벙거리면서 만나지를 않습니다. 예의를 갖추는 사람입니다. 행동을 할 때도 들은 즉시 행동을 하지 않습니다. 생각하고 기다리는 성품입니다. 자식들이 그리도 속을 썩인다 하더라도 시간을 갖고 생각하는 사람입니다. 가슴 찢어지는 사건이 그의 인생을 험난하게 만들었습니다만 잘 참습니다. 그런 그를 간사한 사람, 교활한 사람이라고 말하다니요!. 야곱은 억울한 겁니다.

하나님이 (이름 때문에) 그 억울한 야곱을 아셨습니다. 그리고 그에게 야곱이라는 이름이 어울리지 않으니 그 이름을 부르지 말고 이스라엘이라고 부르겠다고 하시는 겁니다. 하나님께서 이름을 바꿔주시는 게 그에게는 말할 수 없는 기쁨이었고 은혜였던 거지요.

야곱이라는 사람, 괜찮은 사람입니다. 열심히 산 사람이고 부지런한 사람이었습니다. 그 열심과 부지런함 또한 실속있는 열심과 부지런함이었구요. 그런데 사람들은 야곱을 제대로 알지도 못하면서 야곱을 우습게 여기는 겁니다. 야곱에게 배울 게 무척 많답니다.

요셉이나 욥이 고통을 당하면 죄없이 고통을 당한다고 하면서 편들어 주잖아요. 그런데 왜 야곱이 고통을 당하면 어떻하든지 그걸 대가를 치룬다는 것으로 짜집기를 하려고 하는지 모르겠어요. 그러지 말자구요. 입장을 바꿔놓고 생각해 보세요. 내가 당하는 억울함과 고통을 누군가가 오래전 지은 죄와 연결시킨다면 기분이 좋겠는지요? 그렇지 않잖아요. 야곱도 마찬가지입니다.

하나님은 야곱이라는 사람을 소개하면서 그리도 성실히 살지만 인생이 내 마음대로 되는 게 아니라는 걸 알려주시는 겁니다. 나도 모르게 나를 규정해놓은 울타리에 얽매여 살지 말고 소신껏 살라는 강권함입니다. 어려움과 고통이 있어도 야곱이 잘 참고 인내한 것처럼 우리들도 그렇게 살라는 말씀이 있는 겁니다. 험악한 인생이지만 그 험악함이 얼마나 다양한지를 알고 있으라는 겁니다. 그리고 하나님은 여전이 살아 야곱을 사랑하시는 것처럼 우리들을 사랑하고 계시다는 걸 말씀하고 있는 거지요.

페르시아 땅에서 어둠과 혼돈과 공허의 식민지의 삶을 살고 있는 사람들이게 야곱이라는 이름은 위안입니다. 그의 이야기는 자신들의 이야기입니다. 그의 고통은 자신들의 고통이지요. 험악한 삶을 산 야곱이 자신들인 겁니다. 그러나 야곱처럼 억울한 운명으로 규정지어진 것 같지만 다른 사람들이 운명이라고 말하는 것과 상관없이 야곱처럼 성실하고 부지런히 하나님을 섬기며 살라는 하나님의 음성으로 들리는 겁니다. 하나님의 약속을 붙들고 말입니다! 그렇게 살 때 하나님께서 그 이름이 어울리지 않기에 바꿔주실 것이라는 말이지요. 억울한 운명은 사람들이 규정한 것에 불과하다는 걸 증명해 주실 것이라는 말입니다.

야곱을 읽으면 그가 많이 가엽습니다. 하나님도 야곱을 보시면서 많이 마음 아파하셨겠지요. 그렇기에 그가 알지 못할지라도 그를 따라 다니시면서 그를 보호하시고 인도하셨는가 봅니다. 그런 하나님께서 야곱처럼 살아가고 있는 나를 가엽게 여기시겠지요? 내 뒤에 따라 오시면서 나를 보호하시고 내 앞길을 예비하시겠다는 생각을 하면서 힘을 얻는 답니다. 하나님은 멋진 분이시랍니다.

캘리포니아, 바람 많이 부는 마을에서

조 관 호 목사

8

〉〉 여덟 번째 이야기 창 25-28장

태어난 쌍둥이

이삭의 생활은 어려움이 없었습니다. 아브라함이 주변의 부족들과 좋은 관계를 맺어놓았고 무엇보다도 당시 힘의 주축이었던 블레셋과는 백여 년 전에 변할 수 없는 언약을 맺어놓았기 때문이었습니다. 오래 전 아브라함과 계약을 맺었던 블레셋 왕(아비멜렉)도 세상을 떠났고 히브리 사람의 수장이었던 아브라함도 세상을 떠났지만 그래도 조상들의 계약은 잘 지켜지고 있었습니다. 오랫동안 평화로웠습니다.

그런데 뜻밖의 어려움이 찾아왔습니다. 큰 기근이 온 겁니다. 한 해로 그칠줄 알았는데 그 다음 해도 가뭄은 계속되었지요. 온 땅에 임한 기근은 블레셋 왕뿐 아니라 이삭에게도 큰 고통이었답니다. 농사는 물론이고 짐승들이 마실 물이 없어

❶ 창 26:1-11

사람을 추하게 만드는 염려

이삭의 생활은 어려움이 없었습니다.

아브라함이 주변의 부족들과 좋은 관계를 맺어놓았고 무엇보다도 당시 힘의 주축이었던 블레셋과는 백여 년 전에 변할 수 없는 언약을 맺어놓았기 때문이었습니다. 오래 전 아브라함과 계약을 맺었던 블레셋 왕(아비멜렉)도 세상을 떠났고 히브리 사람의 수장이었던 아브라함도 세상을 떠났지만 그래도 조상들의 계약은 잘 지켜지고 있었답니다.

오랫동안 평화로웠습니다. 그런데 뜻밖의 어려움이 찾아왔습니다. 큰 기근이 온 겁니다. 한 해로 그칠줄 알았는데 그 다음 해도 가뭄은 계속되었지요.

온 땅에 임한 기근은 블레셋 왕뿐 아니라 이삭에게도 큰 고통이었답니다. 농사는 물론이고 짐승들이 마실 물이 없어서 죽어가는 고통을 겪고 있었습니다. 그나마 그랄 땅에는 저장해놓은 물이 좀 있기에 살아야겠다는 마음으로 그랄에 있는 블레셋 왕 아비멜렉에게 찾아가 잠시라도 기근을 피해 동거할수 있도록 부탁을 해보고 그것이 안된다고 하면 자신이 애굽으로 떠나겠다고 말하려했지요. 애굽에 가면 물이 있을 것이라고 생각했던 겁니다.

이삭은 아내와 더불어 종들을 데리고 그랄 땅의 블레셋 왕 아비멜렉을 찾아가 여정을 풀었습니다. 그런데 그날 밤 묘한 음성을 들은 겁니다. 오래 전 아버지 아브라함과 함께 있을 때 들었던 그 음성 같았습니다.

"이삭!"

"예, 말씀하소서."

"애굽으로 내려가지 말거라. 내가 지시하는 땅에 거하거라. 지금 거하는 그 땅에 가만히 있거라. 지금은 어렵고 힘이 들지만 내가 너와 함께 하느니라. 내가 네 아비 아브라함에게 약속한 것을 너를 통해 이룰 것이니라. 이 땅을 네게 줄 것이야! 네게 복을 주어 네 자손을 하늘의 별처럼 번성케 하고 온 천하는 네 자손으로 인해 복을 얻을 것이니라. 아브라함이 나의 모든 말에 순종하였거든. 네 아비로 인해 받은 복이 있으니 이 땅에서 떠나지 말고 거해야 하느니라."

하나님의 음성을 들은 이삭은 오래전 아비 아브라함이 하던 말이 생각났습니다. 지금 들은 말씀과 같은 말씀을 하셨던 게 기억난 겁니다.

『아브라함 때에 첫 흉년이 들었더니 그 땅에 또 흉년이 들매 이삭이 그랄로 가서 블레셋 왕 아비멜렉에게 이르렀더니 여호와께서 이삭에게 나타나 가라사대 애굽으로 내려가지 말고 내가 네게 지시하는 땅에 거하라 이 땅에 유하면 내가 너와 함께 있어 네게 복을 주고 내가 이 모든 땅을 너와 네 자손에게 주리라 내가 네 아비 아브라함에게 맹세한 것을 이루어 네 자손을 하늘의 별과 같이 번성케 하며 이 모든 땅을 네 자손에게 주리니 네 자손을 인하여 천하 만민이 복을 받으리라 이는 아브라함이 내 말을 순종하고 내 명령과 내 계명과 내 율례와 내 법도를 지켰음이니라 하시니라』(:1-5)

물이 없으면 생각나는 곳이 물이 많은 곳입니다.
물이 많은 곳, 애굽의 나일 강이지요.
아주 큰 강이거든요. 물이 마르지 않을 것 같거든요.
그래서 가뭄이 들면 자연적으로 생각나는 것이
나일 강이 있는 애굽이랍니다.
그런데 애굽의 나일 강은 하나님의 지경이 아니랍니다.
하나님은 하나님의 백성이 그곳을 찾아가는 것은 물론이고
그곳을 동경하는 것조차 막으시는 거랍니다.
우리의 눈, 하나님이 기뻐하시는 곳인가를 볼 줄
알아야 하는 거지요!
물이 철철 흐르는 나일 강이지만 하나님이 안보이면

포기해야 한답니다.
물 한 방울 없는 사막이라 하더라도
그 가운데 운행하시는 하나님을 볼 수 있는
사람이 고귀한 사람이지요.
당신의 눈에는 하나님 계심과 계시지 않음이 보이는지요?

칭찬을 듣는 아버지가 자랑스럽습니다.
사람에게 칭찬을 들어도 자식은 뿌듯합니다만
하나님께 나의 아버지가 칭찬을 듣는다면
그 얼마나 자랑스럽겠는지요.
이삭의 뿌듯함이겠지요.
'네 아버지처럼만 살아라!'
우리의 자녀들이 우리를 자랑스럽게 여길
믿음의 길을 가자구요.
내 아들과 딸이 뿌듯하게 여길 아버지로서 살자구요.

이삭은 애굽으로 가지 말라는 하나님의 음성을 듣고는 그랄 땅에 와서 아비멜렉을 만나 할 이야기가 없어진 겁니다. 싱겁게 된 거지요. 블레셋 부족들과 지내는 걸 기정 사실로 해야 했던 겁니다.

이삭과 함께 온 사람들도 그랄의 블레셋 사람들과 어울려야 했습니다. 물론 서로가 낯설었지만 신경을 건드리지 않기 위해서는 할 수 없었던 겁니다. 그것도 계속 머무를 것도 아니고 해서 힘들어도 참기로 했지요.

"저 여인은 뉘시오?"

그랄 사람들은 품위가 있어 보이면서도 고운 자태의 여인인 리브가에 대하여 궁금했던 겁니다. 별 하자가 없다면 이삭 부족과의 관계를 돈독히 하는 의미로 정략결혼의 제물로 삼을 생각까지도 하고 있었지요. 이삭도 혹 블레셋 사람들이 그런 생각을 할 수 있을 것이라는 생각을 했습니다만 그렇다 하더라도 그 대상이 리브가가 아니기만을 바란 거지요. 그렇지만 다른 사람이 아니라 꼭 리브가만을 원한다고 한다면 저들은 자신을 죽여서라도 리브가를 취하려 할 것이라는 불안한 생각을 했답니다. 리브가의 미모가 저들의 관심을 살 것이라고 생각했거든요. 그래서 자기 사람들에게 일러두길 누가 리브가에 대하여 물을 경우 누이라고 말하도록 지시했었답니다. 그런데 그랄 사람 중에 누군가가 이삭에게 리브가에 대하여 물은 겁니다.

"리브가요? 제 누이 동생입니다."

"그렇습니까? 아주 아름다우십니다."

"..."

그랄 땅에 들어간 이삭은 오래 머물렀답니다. 그러는 동안 리브가가 이삭의 누이라고 모두에게 알려졌답니다. 블레셋의 왕인 아비멜렉도 그렇게 알고 있었지요. 반면에 많은 그랄 사람들이 리브가에 대하여 관심을 가지고 있었답니다. 이삭은 그게 아주 싫었지요.

『이삭이 그랄에 거하였더니 그곳 사람들이 그 아내를 물으매 그가 말하기를 그는 나의 누이라 하였으니 리브가는 보기에 아리따우므로 그곳 백성이 리브가로 인하여 자기를 죽일까 하여 그는 나의 아내라 하기를 두려워함이었더라』(:6-7)

누구나가 두려움이 있는 겁니다.
어떻게 먹고 살 것인가 하는 문제부터
자신은 물론 가족에 대한 위협과 같은 문제들이
온 생각을 피 마르는 두려움으로 끌고 가는 거지요.
그렇지만 많은 경우 쓸데없는 염려이고
그로 인해 두려움을 겪는답니다.
이삭처럼… 자기 아내의 아름다움에 대한 착각(?)과
그로 인한 걱정과 같은.
땅엣 것을 생각하면 모든 것이 걱정입니다.
그렇다고 해결되는 것도 아니구요.
위엣 것을 생각하면 모든 염려가 사라진답니다.
평화를 누리지요.
그러므로 성경은 모든 염려를 주께 맡기라고 권고할 뿐 아니라
위엣 것을 생각하라고 명령하고 있답니다.
그러면 두려움도 사라지고 필요한 건
주님의 은혜 아래 채워짐을 경험하다는 거지요.

이삭은 리브가에 대한 애정을 숨기는 게 무척이나 어려웠습니다. 사랑 표

현을 하고 싶어도 그랄 사람들의 눈이 있는 겁니다. 저녁에는 떨어져 있다가 깊은 밤에 만나 잠을 자야 했습니다. 서로가 못할 짓이었습니다만 이미 모든 사람들에게 리브가를 누이라고 말했기에 그런 비밀스런 행동을 할 수밖에 없었던 거지요. 미칠 것 같았고 불편한 게 이만저만이 아니었답니다.

그랄 장막의 블레셋 사람들이 일을 나갔을 땝니다. 아주 조용한 때였지요. 사람의 기척은 없고 이삭과 리브가와 몇 사람만이 있는 것 같았습니다. 이삭이 리브가에게로 갔지요. 주위를 둘러봐도 사람이 없었습니다. 이삭은 리브가에게 다가갔습니다.

"여보, 미안하이. 이럴 수밖에 없는 내 마음을 알지?"

리브가는 우유부단하고 용기 없는 남편의 성격을 알아서인지 허탈한 웃음으로 대답했지요.

"어쩔 수 없잖수. 당신이 살려면 나를 누이라고 해야 한다면서요? 어쩜 이런 일은 돌아가신 아버님이 하신 것과 쏙 빼닮았는지 모르겠수다."

리브가는 투덜거리면서도 이삭의 마음을 아는지 위로의 말투였답니다.

"여보, 이리 좀 가까이 와 봐."

이삭은 장막으로 리브가를 데리고 들어갔습니다. 그리고는 사랑의 애무를 하였지요. 장막의 창이 열려있는 것도 모르고 진한 사랑의 표현을 하였답니다.

그랄 성에는 아무도 없는 게 아니었습니다. 그랄 사람들이 일하기 위해 나갔는지는 몰라도 왕 아비멜렉은 성에 있었던 거지요. 그도 무료하던 차에 창밖을 바라보고 있었던 겁니다. 그런데 하필 창이 열린 이삭의 장막 속이 보였는지요. 그리고 그 안에서 일어나는 사랑의 장면을 보게 된 거지요.

'아니, 저게 누구야? 저, 저, 저건 이삭과 리브가 아닌가? 이런 내가 잘못 보는 건가?...'

아비멜렉은 이삭과 리브가가 끌어 안고 있는 모습을 보면서 자신의 눈을 의심했습니다.

'아니 분명 이삭인데 그리고 저 여자는 리브가가 아닌가? 이런 이런! 이럴 수가 있나? 오누이 사이라고 하더니...'

아비멜렉은 속이 상했습니다. 이삭에게 속았다는 게 억울한 겁니다. 그리도 믿고 도와주려고 했는데 자신에게 거짓말을 했다는 게 화가 난 거지요. 게다가 자신의 형제들로 하여금 리브가에 대하여 탐심을 품도록 했다는 게 속이 상했습니다. 혹 누군가가 리브가를 범할 수 있도록 문을 열어 줬다는 게 분한 겁니다.

"이봐라. 지금 당장 이삭의 장막에 가서 이삭을 데리고 오너라."

화가 난 아비멜렉은 신하를 시켜 이삭을 데려오게 했지요.

"이보시오, 이삭 족장! 내 족장께 무척이나 섭섭하구려!"

이삭은 갑작스럽게 따지는 아비멜렉의 태도에 당황스러웠습니다.

"왕이시여 무슨 말씀을 하시는 건지..."

"이보시오 이삭 족장, 당신이 진정 리브가를 누이라고 했소이까?"

이삭은 갑작스럽게 꺼낸 리브가에 관한 이야기에 사뭇 놀랐습니다.

"왕이시여 지금 무슨 말씀을 하시는 건지..."

이삭은 찔리는 게 있었습니다만 모르는 척하면서 말끝을 흐렸습니다.

"이삭 족장, 이제 그만 나를 속이셔야죠. 족장께서는 리브가를 누이라 하셨습니다. 누이라고 말입니다. 그런데 그녀가 진정 그대의 누이랍니까? 리브가가 누이란 말이냐구요?"

아비멜렉의 목소리는 분에 가득 차 있었습니다. 이삭은 뭔가 들켰다고 생각했구요.

"리브가는 족장의 누이가 아니라 아내가 아니냔 말이요. 솔직히 말해보시오. 족장!"

"…"

"왜 날 속이시는 거요? 말씀이나 들어봅시다."

이삭은 더 이상 부인할 수가 없었습니다.

"왕이시오. 정말 미안하게 되었습니다. 내가 왕을 일부러 속이려 했던 것이 아닙니다. 실은 제가 죽을까 하는 두려움 때문에 아내를 누이라고 말했습니다."

"족장을 누가 죽인단 말이요?"

"왕이시여, 이곳 사람들이 리브가를 보고 탐심을 품는다면 분명 리브가를 빼앗으려 할 것인데 그에게 내가 남편이라는 사실이 알려지면 나를 죽이고서라도 리브가를 차지하려 하지 않겠소이까? 그래서 내 목숨을 잃을까봐 리브가를 누이라고 했소이다."

"거 참 답답한 사람이외다. 아니 리브가가 내 아내요 하면 탐심을 품었던 사내들까지도 마음을 돌이킬 것이겠구먼 어째서 그대는 사람들이 그대를 죽이고 리브가를 빼앗을 거라는 생각을 한 거요? 아니 어느 놈이 임자 있는 여인을 빼앗겠다고 한다면 블레셋 왕인 나 아비멜렉이 그걸 가만히 보고만 있을 거라 생각했소이까?"

이삭은 고개를 들 수가 없었습니다.

"이삭 족장. 당신이 한 일은 우리 족속으로 하여금 당신 아내를 범하게 할 기회를 만들어 준 거요. 아십니까? 아무 일이 없었으니 다행이지 만일 누군가가 리브가와 동침이라도 했다면 그 죄는 그 사람에게 있는 게 아니라 이삭 당신에게 있는 겁니다."

이삭은 고개를 숙여 사과를 하지 않을 수 없었습니다.

"여봐라. 그랄 백성들에게 전하거라. 지금까지는 우리가 리브가를 이삭의 누이로 알았지만 사실인즉 이삭의 아내라는 것이 밝혀졌으니 어느 누구든지 리브가에게 탐심을 갖는다든지 혹은 이삭을 해하는 행동을 한다면 그 사람은 죽음을 면치 못할 것이라고 알리거라."

『이삭이 거기 오래 거하였더니 이삭이 그 아내 리브가를 껴안은 것을 블레셋 왕 아비멜렉이 창으로 내다본지라 이에 아비멜렉이 이삭을 불러 이르되 그가 정녕 네 아내여늘 어찌 네 누이라 하였느냐 이삭이 그에게 대답하되 내 생각에 그를 인하여 내가 죽게 될까 두려워하였음이로라 아비멜렉이 가로되 네가 어찌 우리에게 이렇게 행하였느냐 백성 중 하나가 네 아내와 동침하기 쉬웠을 뻔하였은즉 네가 죄를 우리에게 입혔으리라 아비멜렉이 이에 모든 백성에게 명하여 가로되 이 사람이나 그 아내에게 범하는 자는 죽이리라 하였더라』 (:8-11)

쓸데없는 염려는 두려움으로 충만하게 만듭니다.
두려움은 하나님을 보지 못하게 합니다.
스스로 두려움을 이기려는 교만하고 교활한 생각을 하게 하지요.
두려움의 충만은 주변 사람들을 희생시키는 것에
양심의 가책을 받지 않는 답니다.
하나님을 의지하지 않고 스스로 하는 자기 방어는
사람들에게 망신을 당할 뿐이지요.
염려, 사람을 추하게 만드네요.

❷ 창 26:12-22

시기받을 때!

아비멜렉에게 망신을 당했지만 기근이 있는 동안은 그들과 함께 있어야 했습니다. 아니 하나님께서 다른 땅으로는 가지 말라고 하셨기에 작심을 하고 그곳에 있는 거였지요. 그런 시간들이 지나 이젠 기근도 그치고 물로 인한 걱정을 하지 않아도 되었답니다.

짐승을 키우고 농사도 지었답니다. 블레셋 사람들도 같은 일을 했습니다만 결과는 달랐습니다. 똑같이 씨를 뿌렸는데도 이삭의 밭에서는 상상할 수 없는 결실이 맺힌 겁니다. 아무리 적게 계산을 한다 하더라도 백 배는 되는 수확이었지요. 정말 대단한 수확이었습니다. 먹는 것은 물론이고 남은 것을 팔아도 팔아도 또 남는 거였지요. 이삭은 졸지에 창대해졌답니다. 그야말로 거부가 된 거지요. 이삭과 리브가는 신중하게 생각했습니다. 이러한 일이 결코 자연적으로 된 일이 아니라는 걸 안 겁니다. 하나님의 특별한 도우심이요 은혜였음을 고백했지요.

"여보, 리브가. 우리에게 과분한 복이 임하는구려. 아니 블레셋 사람들과 같은 땅에 같은 양의 씨를 뿌렸는데 어쩌면 이렇게도 차이가 난단 말이요. 무려 백 배야, 백 배!"

이삭의 간증이었습니다.

"여보, 하나님께서 이런 축복을 주시는 이유를 알아요?"

리브가의 물음이었습니다.

"우리가 어려워도 이곳을 떠나 애굽으로 가지 않고 하나님의 말씀을 따라 참고 견딘 것에 대한 하나님의 축복이라구요. 지난 가뭄은 우리를 시험하신 거라구요. 우리가 하나님의 말씀을 듣나 듣지 않나 시험하신 거지요."

이삭은 농사로 인해 번 돈으로 더 많은 짐승들을 사들였습니다. 그랄 땅에서 움직이는 양과 소는 거의 모두 이삭의 것이었을 정도였답니다. 그러니 더 많은 노비가 필요했고 그만큼 노비를 사 더 큰 부자가 된 거지요. 반면에 블레셋 사람들에겐 그런 행운은커녕 오히려 자신들의 양과 소까지도 이삭이 사들여 이젠 자신들의 것은 별로 없다는 걸 깨닫고는 이삭을 시기했답니다. 그러더니 아브라함 때부터 사용하던 우물을 몰래 묻어버리는 못된 일을 자행했지요.

『이삭이 그 땅에서 농사하여 그 해에 백배나 얻었고 여호와께서 복을 주시므로 그 사람이 창대하고 왕성하여 마침내 거부가 되어 양과 소가 떼를 이루고 노복이 심히 많으므로 블레셋 사람이 그를 시기하여 그 아비 아브라함 때에 그 아비의 종들이 판 모든 우물을 막고 흙으로 메웠더라』(:12-15)

백 배의 축복을 소원하지 말고
그 축복 전의 순종을 소원하세요.
힘들어도 풍부한 곳, 애굽에 가지 말라고 하신 말씀에
순종한 그것 말입니다.
그 말씀에 대한 순종이 하나님을 감동시킨 것이지요.
감동하신 하나님은 당신의 사람에게
당신의 살아계심을 보여주신 거랍니다.
하나님은 풍부한 사람을 원하시는 게 아니라
풍부함을 주고 싶은 사람을 찾고 계시는 거랍니다.

이삭이 부자가 되었다는 게 블레셋 왕의 귀에도 들렸습니다. 그랄에서 최고의 부자가 되었다는 걸 들은 거지요. 처음에는 그냥 그런 부자려니 했는데 왕권에 위험을 느낄 정도로 강성해지고 있다는 말에 심기가 편치 않았습니다. 그를 가까이 모시는 신하들도 아비멜렉에게 이삭의 강성해지는 것에 대한 부담과 위험성을 말하곤 했지요.

"전하, 이삭을 저대로 두면 그랄 땅이 모두 이삭의 것이 될 겁니다. 그렇지 않다 하더라도 이삭의 세력이 커진다면 전하에게 위험한 인물이 될 것입니다. 그러니 이쯤에서 이삭을 떠나보내시는 것이 전하와 우리 부족을 위한 일이라 생각되옵니다."

"어디로 보내야 하는 거요? 대책이 있소이까?"

아비멜렉이 물었습니다.

"전하, 평온한 땅으로 가게 둔다면 그곳에서 힘을 키울 것입니다. 그러니 그가 갈 만한 땅은 막아놓는 것이 옳은 줄 압니다. 그래야만 고생스런 길로 가 힘이 약화되지 않을까 하옵니다."

"지혜로운 생각이외다."

아비멜렉은 신하들과 이삭의 문제를 이야기한 후 이삭을 불렀습니다.

"이삭 족장. 그대에 관한 이야기를 많이 듣고 있소이다. 이젠 가뭄도 그친 지가 꽤 되었으니 그대는 그대의 식구들과 모든 짐승을 이끌고 이 땅을 떠나 평안한 곳으로 가시지요. 여기 그랄 사람들도 그대들에게 충분한 배려를 했다고 생각한다오. 이제 더 있게 된다면 혹 불상사가 있을 수도 있으니 좋을 때 서로 헤어지는 것이 좋을 듯합니다. 그러니 채비를 하셔서 이곳을 떠나 주시오."

"…"

이삭은 어이가 없었고 당황스러웠습니다. 그랄 사람들이 자신을 시기하고 또 못된 짓을 한다는 건 알았지만 이렇게 왕까지 나서서 오해를 하고 또 내어 쫓는 말을 하는 게 속이 상했지요.

이삭은 아비멜렉의 말을 듣고 온 식구들과 함께 거할 곳을 찾아 나섰습니다. 그러나 괜찮다 싶어 정착을 하려 하면 이미 그곳에는 블레셋 사람들이 주인이라고 막아섰답니다. 결국 갈 수 있는 곳은 장막도 치기 어려워 아무도 찾지 않는 언덕뿐이었습니다.

억울하기도 하고 속이 상하기도 했습니다. 그렇다고 그대로 앉아서 한탄만 할 수는 없었지요. 사람들과 짐승들이 먹을 물을 찾아야 했답니다.

"주인님, 아브라함의 우물을 그랄 사람들이 메우지 않았습니까요. 그 메운 우물을 다시 팔까요?"

"그렇게 하자구나. 그거라도 파야 우리가 마실 물을 얻을 수 있겠지. 그 우물이야 지금의 블레셋 왕의 선친과 아버님 사이에서 계약으로 맺어 주어진 우물이었으니 블레셋 사람들도 아무런 말을 하지 못할 걸세."

이삭의 허락을 받은 종들은 메워진 아브라함의 우물 근원을 찾아 팠지요. 결국 물을 얻을 수 있었답니다. 얼마나 다행이었는지요. 이삭과 그의 식구들은 큰 부담을 덜었던 겁니다.

『아비멜렉이 이삭에게 이르되 네가 우리보다 크게 강성한즉 우리를 떠나가라 이삭이 그곳을 떠나 그랄 골짜기에 장막을 치고 거기 우거하며 그 아비 아브라함 때에 팠던 우물들을 다시 팠으니 이는 아브라함 죽은 후에 블레셋 사람이 그 우물들을 메웠음이라 이삭이 그 우물들의 이름을 그 아비의 부르던 이름으로 불렀더라 이삭의 종들이 골짜기에 파서 샘 근원을 얻었더니』(:16-19)

약한 사람을 도와주는 건 쉽습니다.
그런데 어느 날 내가 더 약한 사람이 된 것을 보면
분해 하는 것이 인간입니다.
그렇기에 사람을 대하는 태도를 보면
그 사람의 됨됨이를 알 수 있지요.
나의 도움이 필요했던 사람이
나보다 더 큰 사람이 되었을 때 웃을 수 있는 사람이
큰 사람입니다.
그렇게 되기가 쉬운 게 아닙니다만
그런 사람이 되는 건 주님의 사랑을 품고 있을 때
가능한 거랍니다.

잘 되고 있는 사람에겐 위험이 따른답니다.
사람들이 주목하기 시작하고 시기하기 시작하지요.
잘 되는 걸 알게 모르게 방해한답니다.

어느 경우는 가까웠던 친구였던 사람도
나의 잘 됨을 시기하여 원수가 되기도 하지요.
잘 됨이 좋은 겁니다만 잘 됨에는 아픔이 따른 답니다.

못살게 구는 사람을 원망하지 말자구요.
속이 상해서 그러려니 하면서 대꾸를 하지 않아야
쉽게 마무리 된답니다.
해명할 필요도, 변명할 필요도 없습니다.
이미 방해하기로 마음을 먹은 걸 돌이킬 수 없기
때문이랍니다.
오히려 변명하고 설득하려 하면 그것으로 인해
더 많은 말을 만들어내지요.
더 곤란한 일만 생긴답니다.
못살게 구는 사람 앞에서는 '나 죽었소' 하고
가만히 있는 것이 문제 해결의 지름길이랍니다.
이삭이 그랬잖아요.
힘이 없어서 그런 것이 아니라 평화를 위해 피한 거랍니다.

메워졌던 아브라함의 우물을 다시 파서 물을 얻었다는 소문이 블레셋의 그랄 목자들에게 들어갔습니다. 소문대로 이삭의 목자들이 짐승들에게 물을 마시우고 있는 겁니다. 그걸 보면서 울화통이 터진 겁니다. 골짜기에 가서 생고생하고 있을 것을 기대했는데 우물을 얻어 물 걱정 없이 지내는 걸 보니 화가 난 거지요. 그랄 목자들은 이삭의 목자들을 방해하기 시작했습니다. 짐승들에게 물을 먹이지 못하게 하는 거였지요. 결국 두 부족의 목자들이 대판 싸우게 되었답니다.

"이보게나, 그만들 두게나."

우물로 인해 싸우고 있다는 소식을 들은 이삭이 나타나 하는 말이었습니다.

"그 우물을 저들에게 줘! 괜찮아. 우린 또 다른 곳에서 땅을 파자고. 하나님께서 다른 물을 주실 거라네. 그러니 다투지들 말게나. 저들도 물이 필요해서 그런게 아니겠어. 우리가 물러나야지."

이삭의 말은 온유했답니다.

"아니 주인님, 그게 어떻게 얻은 우물인데 그냥 줘버립니까?"

"이 사람아, 저 사람들은 우물이 필요해서 그런게 아니야. 우리가 미운 거지. 그러니 싸움이 그치겠는가? 우리가 양보하고 져 줘야 문제가 해결되는 것이야. 하여간 싸움이 큰 곳이었으니 그 우물의 이름을 에섹이라고 부르자구. 싸운 우물이라는 말 아닌가!"

그랄 목자들의 못된 태도에 이삭의 종들은 화가 나기도 했습니다만 너그럽고 온화한 주인의 말과 양보함에 마음이 누그러들기도 했지요.

"주인 어르신의 말씀만 아니었으면 벌써 한바탕했을 겁니다. 그나저나 그럼 이제 다른 우물을 파야겠지요?"

"그러게나. 다른 곳에 가서 고생 좀 하시게나. 또 물이 나올 거야."

이삭의 종들은 이삭의 말대로 또 땅을 팠습니다. 그런데 그곳에서도 물이 흘렀답니다.

"야, 물이야, 물! 이 광야에서 물을 얻는 게 얼마나 어려운데 이번에도 물줄기를 찾았구먼. 이는 분명 하나님께서 우리 주인님에게 복을 주시는 거라구, 암!"

그런데 물줄기를 찾은 기쁨도 잠시였습니다. 또 다시 그랄 목자들이 들이닥쳐 그 우물도 자기들의 것이라고 우겨대는 거였지요. 이번에도 이삭은 그 우물을 놓고 싸우지 말라고 하면서 다시 다른 곳으로 가자고 했답니다.

"주인님, 열받지 않으세요?"

"열받기는 뭘 열을 받아. 원래 이 땅이 그랄 사람들 것이잖아. 우린 빌려 쓰고 있는 것 뿐이라구. 그러나 물은 하나님이 주신 것인데..."

이삭도 고생하면서 판 우물을 빼앗기는 것이 아쉬운듯 말꼬리를 내렸답니다.

"그 우물 이름을 '싯나'라고 하게나. 우리가 빼앗긴 거야. 허허허."

이삭은 사람들과 함께 좀더 먼 곳으로 갔지요. 어쨌든 살려면 우물을 파야 했기 때문입니다. 이번에도 물이 발견되었답니다. 얼마나 감사했는지요. 그러나 한편으로는 그랄 사람들이 또 와서 자기 것이라고 우기면 어쩌나 하는 걱정을 했답니다. 그런데 다행히도 이번에는 나타나지를 않았지요.

"이번에 판 우물도 이름을 지어야지. '르호봇'이라고 함세."

"르호봇이 무슨 뜻이에요?"

"여호와 하나님께서 우리의 지경을 넓게 하시고 여기서 번성할 거라는 말이야. 어때? 이름 괜찮지?"

"아주 좋습니다. 주인님 말씀대로 여기서 크게 번성해야지요. 저들도 양심이 있는지 더 이상은 자기 우물이라고 달려들지 않네요."

『그랄 목자들이 이삭의 목자와 다투어 가로되 이 물은 우리의 것이라 하매 이삭이 그 다툼을 인하여 그 우물 이름을 에섹이라 하였으며 또 다른 우물을 팠더니 그들이 또 다투는 고로 그 이름을 싯나라 하였으며 이삭이 거기서 옮겨 다른 우물을 팠더니 그들이 다투지 아니하였으므로 그 이름을 르호봇이라 하여 가로되 이제는 여호와께서 우리의 장소를 넓게 하셨으니 이 땅에서 우리가 번성하리로다 하였더라』(:20-22)

소유를 택하는 것보다 평화를 택한 이삭입니다.

힘이 없어서가 아닙니다.
힘이 있음에도 불구하고 힘을 쓰지 않은 자이기에
평화의 사람이라는 겁니다.
평화의 사람은 빼앗기면서 농담하며 웃음을 만든답니다.
'에섹', '싯나'이라는 이름을 붙이는 건 기억하면서
한번 웃자고 하는 거랍니다.
그 성품이 여유있어 보이잖아요.
그 성품에 누가 돌을 던지겠는지요.
그 양보의 마음에 누가 감동하지 않겠는지요.
우리 주님에게서는 이삭보다 더 큰 평화와
양보와 온유함이 보이네요.
우리도 이삭처럼, 우리 안에 계신 주님처럼
평화를 택하는 행복한 사람이 되어야지요.

3 창 26:26-35

하나님이 함께 하는 사람

그랄 지경에서의 삶은 불편했습니다.

골짜기였기 때문이었습니다. 결국 이삭은 장막을 거두고 다시 북쪽으로 올라갔지요.(훗날 그가 간 이곳의 이름이 브엘세바로 되었습니다.) 아브라함과 함께 있던 곳이었습니다. 왜 그런지 그곳에 장막을 치고 나니 마음이 편안했습니다. 브엘세바에서 보는 밤하늘은 무척 평화로웠답니다. 마치 하늘의 별들이 모두 자신의 자식들 같은 겁니다.

"이삭!"

하나님께서 이삭을 부르셨습니다.

"이삭아, 두려워 말라. 나는 네 아비 아브라함의 하나님이니라. 내가 사랑하는 네 아비 아브라함을 위하여 내가 너와 함께 하면서 네게 복을 줄 뿐 아니고 네 자손을 번성케 할 것이니라."

이삭은 하나님의 음성을 듣고 행복이 넘쳤습니다. 그리고는 그 자리를 다듬어 제단을 만들었지요.

"여호와 하나님이시여, 당신을 송축하나이다."

홀로 드리는 찬양과 제사였습니다. 그리고는 그곳을 결코 떠나지 않으리라고 결심했답니다.

"이보게들, 이곳에 우리의 장막을 치게나. 이제부터는 다른 곳에 갈 생각은 절대 하지 말고 이곳에서 장막을 치는 거야. 우물도 여기서 파게나. 여기가 우리 땅이야, 우리 땅!"

『이삭이 거기서부터 브엘세바로 올라갔더니 그 밤에 여호와께서 그에게 나타나 가라사대 나는 네 아비 아브라함의 하나님이니 두려워 말라 내 종 아브라함을 위하여 내가 너와 함께 있어 네게 복을 주어 네 자손으로 번성케 하리라 하신 지라 이삭이 그곳에 단을 쌓아 여호와의 이름을 부르고 거기 장막을 쳤더니 그 종들이 거기서도 우물을 팠더라』(:23-25)

아브라함에게는 하나님의 나타나심이 여러 번입니다만

이삭에게는 단 두 번만 나타나십니다.
(26장 2-5절과 24절이지요.)
두 말씀에 약간의 차이가 있긴 합니다만
아브라함으로 인해 이삭이 복을 받을 것이라는 말씀이지요.

이삭의 소문은 삽시간에 주변 부족들에게 전해지고 있었습니다. 이삭이 잘하고 있다는 소문이 아니라 하나님이 그와 함께 하신다는 소문이었습니다. 하나님의 보호와 축복을 받고 있다는 거였지요. 그래서 그런지 주변의 누구도 이삭을 무시하거나 조롱하지 못했습니다. 오히려 그를 만나 친분을 갖고 싶어 하는 겁니다.

지난날 그랄 땅에서 이삭을 쫓아냈던 블레셋 왕, 아비멜렉도 마찬가지였습니다. 비록 이삭에게 못되게 하긴 했지만 그래도 지금은 이삭과 동맹을 맺어야 하는 입장이라고 생각을 한 겁니다. 그래서 지난 잘못들의 용서를 빌면서라도 그를 만나기로 하고 찾아 갔지요. 물론 든든한 후견인들을 데리고 간겁니다.

"이삭 족장, 나 블레셋의 아비멜렉이요. 나와 함께 온 이자는 내 친구인 아훗삿이고 이쪽은 내 나라의 군사를 책임지고 있는 비골이라오."

아비멜렉은 실력있는 자들을 소개하면서 이삭을 존경한다는 의미를 전달하고 있는 거였습니다.

"어서들 오십시오. 아비멜렉과 비골, 아훗사께서 먼 길을 오셨습니다."

이삭은 반갑게 맞이하는 척하고 있었습니다만 속은 지난날 당한 어려움들이 생각났는지 편치가 않았습니다.

"전에는 나를 미워하여 있을 곳도 없는 나를 내치시더니 귀하신 분이 이 누추한 곳까지 직접 오심이 어찌된 일이신지요?"

아비멜렉은 이삭의 말에 식은땀이 났습니다.

"이삭 족장, 지난날엔 내가 미안했소이다. 내 진심으로 사과를 하니 용서하시구려. 우린 족장께서 이렇게 번성하시는 걸 예사롭게 생각하지 않소이다. 이는 사람의 능력으로 될 일이 아님을 압니다. 분명 족장께서 섬기시는 여호와 하나님이 함께 하시기 때문이 아닌지요. 아니 그렇게 믿고 있소이다. 그러니 우리와 언약을 맺어 지난날 우리 조상들처럼 잘 지내는 게 어떻겠소이까? 우리의 간청을 무시하지 마시고 들으소서. 족장께서 우리를 해롭게 하지 않으실 줄 기대합니다. 지난날에 좀 실례가 있긴 했소이다만 우리도 족장께 할 만큼은 했었소이다. 우리를 떠나라 하면서도 좋은 모습으로 보내려했고 또 평안히 거하시다가 이만큼 되신 것이 아닌지요? 여하간 족장께서는 여호와 하나님께 복을 받으신 분입니다."

이삭은 진심으로 화친을 원하는 아비멜렉의 이야기를 들으며 그들을 받아들이기로 했습니다. 아니 워낙 평화로운 성품이기에 지난날의 섭섭함 정도는 묻어둘 수 있었던 겁니다.

"그렇게 합시다. 그래야지요. 인생이 서로 감싸고 도우면서 살아야 하는 게 아니겠습니까? 나도 그대들과 화친하고 살기를 바라니 이제 그 이야기는 그만하시고 내가 준비한 만찬을 즐기시고 푹 쉬신다음 돌아가시지요."

"고맙소이다. 이삭 족장."

『아비멜렉이 그 친구 아훗삿과 군대장관 비골로 더불어 그랄에서부터 이삭에게로 온지라 이삭이 그들에게 이르되 너희가 나를 미워하여 나로 너희를 떠나가게 하였거늘 어찌하여 내게 왔느냐 그들이 가로되 여호와께서 너와 함께 계심을 우리가 분명히 보았으므로 우리의 사이 곧 우리와 너의 사이에 맹세를 세워 너와 계약을 맺으리라 말하였노라 너는 우리를 해하지 말라 이는 우리가 너를 범하지 아니하고 선한 일만 네게 행하며 너로 평안히 가게 하였음이니라 이제 너는 여호와께 복을 받은 자니라 이삭이 그들을 위하여 잔치를 베풀매 그들이 먹고 마시고 아침에 일찌기 일어나 서로 맹세한 후에 이삭이 그들을 보내매 그들이 평안히 갔더라』(:26-31)

하나님의 은혜로 복을 받고 있는 게
주변 사람들에게 보였다네요.
우리도 그랬으면 얼마나 좋겠는지요.
하나님이 이삭에게 축복을 주시는 이유가 있습니다.
우선은 아브라함과 약속하신 당신의 계획을 이루시는 것이요,
다른 하나는 이삭의 삶이 하나님을 의존하는
절대적 순종의 삶이었기 때문이지요.

축복은 이 두 가지가 합쳐질 때 열매로 임하는 것이랍니다.
우선 우리에게도 약속이 주어졌잖아요.
아브라함의 후손들로서 그리스도 안에서
축복들이 약속되어 있답니다.
그렇기에 이제 그 복을 누리기 위해서는
복을 담을 그릇을 준비해야 하는 거지요.
그건 하나님만을 바라보는 겁니다.
어떤 상황에서든지 하나님을 바라보고
하나님을 신뢰하는 것이지요.
그 신뢰가 하나님의 마음을 감동케 하는 것이고
약속된 하나님의 축복을 임하게 하는 것이랍니다.
약속된 축복을 충만히 누림으로 인해
주변 사람들로 하여금 하나님이
함께 하는 사람이라는 소리를 들어야지요!

블레셋 사람들이 떠난 그날에 우물을 찾으러 나갔던 종들이 돌아왔습니다.

"주인어른, 물길을 찾았습니다. 물이 아주 풍부해요!"

"그래? 그것 참 반갑고 감사한 일이로구먼. 아침에 블레셋 사람들이 평화 언약을 하고 떠났는데 그 언약을 기억하도록 하나님이 주신 우물이구먼. 감사한 일이지. 그 이름을 세바라고 하고 우리가 정착해서 사는 이곳을 브엘세바라고 이름 하세. 브엘세바... 블레셋 사람들과 쓸데없는 싸움이 끝났다는 걸 기억하는 말이야."

『그 날에 이삭의 종들이 자기들의 판 우물에 대하여 이삭에게 와서 고하여 가로되 우리가 물을 얻었나이다 하매 그가 그 이름을 세바라 한지라 그러므로 그 성읍 이름이 오늘까지 브엘세바더라』(:32-33)

'브엘'이라는 말은 우물을 말합니다만
'세바'라는 말은 약간 복잡합니다.
세바는 '맹세'를 말하기도 하고 '일곱'을
말하기도 하기 때문이지요.
그래서 어떤 주석은 '일곱 개의 우물'이라고 하기도 합니다만
또 다른 주석은 단순히 '맹세의 우물'이라고 하기도 하지요.
어떤 것이 정확한지는 알 수 없습니다만
그 동안 블레셋과의 긴장 관계가 막을 내렸음을
알리는 표식으로서의 이름인 것만은 분명합니다.

평화는 과거를 청산하는 데서 오는 것이 아닙니다.
과거를 용서하는 데서 평화가 시작되는 겁니다.
이삭의 태도를 보자구요.
아비멜렉이 자신을 어떻게 취급했는지를 생각하면
울화통이 터질 것입니다만
그것들을 따지지 않고 깨끗하게 잊기로 하는 모습 말입니다.
비록 아비멜렉이 변명을 하지만,
그것도 잘못했다고 하기보다는 자기가 잘한 것만

이야기 하는데도
가타부타 말하지 않고 그냥 받아주고 넘어가는 겁니다.
그게 큰 사람의 태도랍니다.
그 태도로 인해 이삭에겐 평화가 온 것이고
평화의 사람으로 살아간 것이지요.
물론 하나님께서도 그에게 평화가 임했다고 하는 표식으로
우물의 축복을 주시잖아요.
평화는 만드는 게 아니고
나를 평화롭게 하면
주변에 평화가 있게 되는 거랍니다.

이삭의 나이가 백 세가 되었습니다. 아들 녀석들도 벌써 사십 세 장년이 되었지요. 에서는 여전히 제멋대로 살고 있는 겁니다. 집안일에는 관심이 없고 오직 사냥하면서 밖으로만 돌고 있었지요. 집에 들어오는 때면 미안해서 그런지 사냥해서 잡은 고기들 중에 가장 좋은 것을 가지고 와서 아버지를 대접하고 사람들에게 나눠주었답니다. 그러나 야곱은 이삭과 리브가를 도와 집안의 모든 일을 책임지고 있었습니다.

어느 날은 에서가 집으로 여자들을 데리고 왔습니다. 소문을 통해서 들은 이야기가 있긴 했습니다만 직접 여자들을 데리고 온 건 이삭과 리브가에게 충격이었습니다.

"아버님, 어머님, 제가 데리고 살고 있는 여자들입니다. 이쪽은 '유딧'이라

고 합니다. 헷 족속 브에리라고 하는 사람의 여식이구요, 이쪽은 '바스맛'이에요. 역시 헷 족속인데 이 아이의 아비 이름은 엘론이라고 합니다. 이제 이들과 함께 살기로 했으니 결혼시켜주세요!"

이삭과 리브가는 뭐라고 할 말이 없었습니다. 이미 결정해놓고 살고 있다가 데리고 와서 결혼을 시켜달라고 하니 앞이 캄캄했던 겁니다. 막아도 막을 수 없는 걸 알았는지 이삭과 리브가는 마지못해 허락을 해야 했지요. 그러나 마음 속에는 근심이 생겼고 그 근심은 점점 더 커지고 있었습니다.

『에서가 사십 세에 헷 족속 브에리의 딸 유딧과 헷 족속 엘론의 딸 바스맛을 아내로 취하였더니 그들이 이삭과 리브가의 마음의 근심이 되었더라』(:34-35)

이삭의 인생은 평화스런 모습입니다.
그는 순종적이었고 온유했으며 어려움도
평화롭게 해결했습니다.
그런데 그런 이삭이 '마음의 쓰라림'(bitterness of spirit)이 생긴 건 자식으로 인한 거네요.
밖에서 놀던 에서가 결국 밖의 사람과 만나
하나님의 뜻을 거스리는 방향으로 간 겁니다.
며느리들이 하는 짓이 하나님 없는 자들의 행위였을 것이고
이교도의 부패성을 가정에서도 행했겠죠.
그것이 이삭과 리브가의 고통이었던 겁니다.

부모가 자식으로 인해 받는 고통들이 여러 가지일 겁니다만
가장 큰 고통은 복음을 떠나 살고 있는 모습이 주는
고통인 거지요.

❹ 창 27:1-40
콩가루 집안?

이삭의 나이가 137세나 되었습니다. 에서는 장가가서 자손을 낳고 살았지만 야곱은 여전히 혼자였고 집안일을 돌보느라 정신이 없었지요. 더욱이 이삭의 기력이 약해져서 늘 건강으로 인해 고생을 하기에 야곱은 다른 생각을 할 수가 없었습니다. 가장 안타까운 것은 언제부터인가 전혀 앞을 보지 못한다는 거였죠. 마치 장님같을 정도였으니까요. 그래서인지 리브가는 야곱을 더욱 의지할 수밖에 없었고 이런 집안 사정에도 불구하고 밖으로만 나다니는 에서는 심히 못마땅했지요. 더욱 얄미운 것은 가끔 나타나 사냥한 고기입네 하면서 잘 보지 못하는 이삭에게 갖다 주는 거였습니다. 이삭도 그걸 즐기고 있었구요. 리브가의 눈에는 이 모든 것이 이삭이 죽으면 모든 재산을 상속받기 위한 행동처럼만 보였답니다.

반면에 야곱에 대해서는 남달랐습니다. 그 큰 살림을 혼자 맡아 처리하는 게 기특하기도 하고 고맙기도 했지요. 리브가의 생각에는 얼른 장가를 가서 가정을 꾸리고 집안일을 하면 좋을 것 같았습니다만 야곱은 장가갈 생각도 하지 않는 것 같았습니다. 리브가는 늘 그게 마음에 걸렸답니다. 언젠가는 하란에 오라비에게로 보내 그곳에서 처자를 얻게 해야겠다는 생각을 하고 있었지요. 지금 있는 브엘세바에는 하나님을 제대로 믿는 사람들이 없기에 멀리있는 가족 중에서 며느리를 얻어야겠다는 생각을 하고 있었던 겁니다. 그나저나 야곱의 나이가 벌써 77세니 리브가는 더 속이 탔답니다.

몸도 성치 않을 뿐 아니라 눈까지 보이지 않아서 출입이 자유롭지 못한 이삭이 사람을 불러 에서를 찾았습니다. 맏아들이 보고 싶은 겁니다. 아니 맏아들이라서기보다는 종종 찾아와 사냥한 것으로 맛있는 음식을 만들어 기분 좋게 해주는 에서이기 때문이지요. 그러나 실상은 몸이 아픈 자신의 마지막을 정리해야겠다고 생각하던 차에 에서와 이야기를 하고 싶었던 거였지요.

"아버님, 부르셨습니까? 몸은 어떠세요? 눈은 아직도 잘 안 보이세요?...어머님도 건강하시지요?"

에서는 이삭의 방에 들어와 인사를 나누면서 옆에 있는 리브가에게도 안부를 물었습니다.

"그래. 내가 네가 잡은 고기를 먹고 싶어 불렀다."

"그러실 줄 알고 제가 달려왔습니다. 얼른 가서 좋은 놈 하나 잡아 최고의 요리를 만들어 드리지요. 시간이 좀 걸리더라도 기다리세요."

에서는 늘 그랬던 것처럼 시원시원하고 호탕한 대답을 하였지요.

"에서야, 난 너의 그런 사나이답고 호탕한 성격이 마음에 들어! 사내라면 너같은 기개가 있어야 한다. 너의 그 기개가 우리 가문을 하늘의 별처럼 바다의 모래처럼 번성케 할 것이니라. 나는 너를 믿는다."

"아버님의 기대에 실망시키지 않도록 열심히 살겠습니다."

이삭과 에서의 이야기를 듣고 있는 리브가는 영 마음이 불편했는지 조용히 앉아 있을 뿐입니다.

"에서야, 얼른 가서 좋은 놈 하나 사냥해서 음식을 잘 만들어 오거라. 내 오늘 네가 잡은 사냥감으로 맛난 고기를 먹은 후에 특별한 일을 하려한다."

"예? 특별한 일을 하신다구요? 그게 뭡니까? 기대가 되는데요."

"그게 뭔고 하면, 내가 세상 떠날 날이 얼마 남지 않았는데 이젠 하나둘씩 마지막 정리를 해야 할 것 같아. 그래서 아비로서 자식에게 할 수 있는 축복을 하려는 거지. 그러니 내 기분을 최고로 만들 음식을 가지고 오너라. 내 그것을 먹고 네게 마음껏 축복해 줄 것이다. 늙으면 언제 죽을지 아무도 몰라. 그래서 그나마 정신이 있을 때 모든 걸 정리하려는 거다."

『이삭이 나이 많아 눈이 어두워 잘 보지 못하더니 맏아들 에서를 불러 가로되 내 아들아 하매 그가 가로되 내가 여기 있나이다 하니 이삭이 가로되 내가 이제 늙어 어느날 죽을는지 알지 못하노니 그런즉 네 기구 곧 전통과 활을 가지고 들에 가서 나를 위하여 사냥하여 나의 즐기는 별미를 만들어 내게로 가져다가 먹게 하여 나로 죽기 전에 내 마음껏 네게 축복하게 하라』 (:1-4)

죽을 날을 알고 있는 건 지혜입니다.
그런데 죽음을 준비하는 자세는 죽을 걸 알고 있는
지혜로움과는 다르네요.
죽음이 가까이 와 있다는 걸 안다면 지혜롭게
준비를 해야 하는 거지요.
죽기 전까지 맛있는 것 많이 먹고 죽어야겠다는 생각은
웃기잖아요.
그런데 이삭의 태도가 그렇게 보이기에 서글픈 거랍니다.
죽기 전, 더 정신을 잃기 전에
아들 에서에게 신앙을 알려 주고
인생의 본분을 말해야 하는 게 아니겠는지요?
더 뜻있고 의미있는 생각을 하면서
다가오는 죽음을 맞이하는 게 지혜가 아니겠는지요?

눈까지 보이지 않는 이삭의 모습이 가슴 아픈 겁니다.

77년 전, 이삭의 나이 60세 때 임신한 리브가에게
기이한 일이 있었습니다.
쌍둥이를 배고 있었는데 두 녀석이
뱃속에서 싸우는 것 같은 느낌인 겁니다.
그로 인해 리브가의 임신 고통은 유난히도 요란했지요.
이삭은 평생 동안 그걸 잊을 수 없었을 겁니다.
게다가 더 잊을 수 없는 건 리브가가
그런 임신중에 들은 하나님의 음성입니다.
나중에 나올 녀석이 먼저 나올 녀석보다
크게 될 것이라는 말이었지요.
듣기는 리브가가 들었지만 분명 이삭에게도
전달이 되었을 것이고
이삭도 그 말을 또렷하게 기억하고 있을 것입니다.
즉 야곱이 가문을 이어가게 될 거라는 걸 알고 있었을 거지요.
그런데 그걸 아는 이삭이 왜 에서에게
하나님의 축복을 주려고 하는 것일까요?
그 사건을 기억 못했다고 보기는 말이 안되고
그렇다고 이삭이 하나님의 계시를 무시할 만한
그런 위인도 아닌 겁니다.
그러니 이삭이 일부러 잊으려 했다고 할 수밖에 없는 겁니다.
동시에 약삭 빠른 이삭은 자신이 에서에게 축복을 한다 하더라도
하나님의 뜻이 야곱에게 있다면 자신의 행위와는 상관없이

야곱이 가문을 잇게 될 것이라는 생각을 했을 가능성이 많습니다.
훗날 역사가 그렇게 된다 하더라도 현실에서까지
자신이 야곱에게 축복을 한다면
에서에게 원망을 받을 걸 피해야겠다는
계산이었을지도 모르는 겁니다.
하여간 이삭이 에서에게 축복하려는 게 석연치가 않습니다.

에서는 신이 났습니다. 그러나 옆에 있던 리브가는 심장이 멎는 것 같은 겁니다. 자신과는 한마디 의논도 없이 갑자기 에서를 불러놓고 사냥을 해서 음식을 만들어 오라고 하더니 그걸 먹고 축복을 하겠다는 겁니다. 이삭이 한심해 보이는 겁니다. 그러나 아무런 내색도 하지 않았답니다.

에서는 이삭의 말을 듣고 사냥을 하기 위해 화살 통과 활을 가지고 들로 나갔습니다. 리브가도 에서의 뒤를 따라 나갔답니다. 그리고는 집안일에 땀을 흘리고 있는 야곱에게로 갔습니다. 늘 그랬지만 야곱을 보면 고맙고 든든했습니다.

"야곱아."

리브가는 80세에 가까운 아들의 이름을 부르며 뭔가 하고 싶은 이야기가 있었습니다.

"예, 어머니. 어인 일이세요?"

"이리 좀 오너라. 급히 할 말이 있어. 지금부터 내가 하는 말을 잘 듣고 하라는 대로 해야 한다."

"그렇게 하기는 하겠지만... 무슨 일인데요?"

야곱은 리브가의 말에 먼지 묻은 손을 털면서 귀를 기울였습니다.

"야곱아, 네 아버지가 에서를 부르더니 사냥을 해오라고 하시더구나. 또 그놈의 고기가 드시고 싶으신가 했더니 그게 아니라 에서가 잡아 온 짐승의 고기를 먹고 그에게 축복을 하시겠다는구나. 원 기가 막혀서..."

"..."

"에서가 너보다 먼저 나오기는 했지만 그 녀석이 장남으로서 집안일을 했냐 아니면 부모를 기쁘게 했냐? 사실 이 집안 살림은 네가 다 했잖아. 그런데 네 아버지는 에서가 갖다주는 고기에 눈이 멀어서 뭐가 뭔지 모르시고 에서에게 축복을 하시겠다는 게다."

리브가는 몹시 화가 난 듯 흥분을 감추지 못했습니다.

"이 집안의 대는 네가 이어야 돼! 에서는 그 만한 인물이 아니란다. 에서는 이 집안을 말아먹을 녀석이야. 그러니 에서가 사냥을 간 사이에 네가 아버지에게 가서 축복을 받거라. 시간이 없으니 다른 말은 말고 내가 하라는 대로 해. 모든 책임은 내가 질테니…"

"어머니…"

야곱은 단호한 리브가의 말에 당황스러웠습니다.

"지금 당장 가서 염소 새끼 두 마리를 가지고 오너라. 아주 풍성하게 차려야 하거든. 아주 좋은 놈들로 찾아 와! 내가 그놈들을 가지고 네 아버지 입에 딱 맞는 요리를 할테니 너는 내가 요리한 걸 가지고 아버지에게 가 잡수시게 하고 유언의 축복을 해달라고 하면 되는 거야."

"어머니, 그건 말도 되지 않는 일입니다. 내가 생각하기에도 목소리는 에서와 비슷한 것 같은데 나머지는 에서와 전혀 달라요. 나를 좀 보세요. 형은 들에서 산 체질이고 나는 집 안에만 있던 사람인데 아버지가 그걸 모르시겠어요? 형은 털이 많지만 나는 그렇지 않잖아요. 혹시 아버님이 내 손이라도 만지는 날이면 금방 들킬텐데 그게 가능하겠습니까? 가뜩이나 병이 들어서 마음이 약해 계신데 제게 속았다는 걸 아시면 복은 고사하고 저주를 하실 겁니다."

야곱은 리브가의 말이 당치도 않다고 생각했습니다. 그러나 리브가의 말은 단호하게 이어졌습니다.

"야곱아, 에미 말을 듣거라. 혹 이일이 탄로가 나서 네가 저주를 받게 된다면 이 에미가 그 저주를 대신 받을테니 그냥 내 말만 들어! 어서 가서 염소나 가지고 와, 어서!"

야곱은 어머니 리브가를 이길 수가 없다는 걸 알고는 우리에 가서 좋은 새끼 염소를 가져다가 리브가에게 주었답니다. 평생 겪어온 어머니의 성격을 잘 알고 있었거든요. 리브가는 야곱이 가지고 온 염소를 받아 아무 말 없이 요리를 하기 시작했답니다.

『이삭이 그 아들 에서에게 말할 때에 리브가가 들었더니 에서가 사냥하여 오려고 들로 나가매 리브가가 그 아들 야곱에게 일러 가로되 네 부친이 네 형 에서에게 말씀하시는 것을 내가 들으니 이르시기를 나를 위하여 사냥하여 가져다가 별미를 만들어 나로 먹게 하여 죽기 전에 여호와 앞에서 네게 축복하게 하라 하셨으니 그런즉 내 아들아 내 말을 좇아 내가 네게 명하는 대로 염소떼에 가서 거기서 염소의 좋은 새끼 (두 마리/ 개혁 성경에는 없음)를 내게로 가져오면 내가 그것으로 네 부친을 위하여 그 즐기시는 별미를 만들리니 네가 그것을 가져 네 부친께 드려서 그로 죽으시기 전에 네게 축복하기 위하여 잡수시게 하라 야곱이 그 모친 리브가에게 이르되 내 형 에서는 털사람이요 나는 매끈매끈한 사람인즉 아버지께서 나를 만지실진대 내가 아버지께 속이는 자로 뵈일지라 복은 고사하고 저주를 받을까 하나이다 어미가 그에게 이르되 내 아들아 너의 저주는 내게로 돌리리니 내 말만 좇고 가서 가져오라 그가 가서 취하여 어미에게로 가져왔더니 그 어미가 그 아비의 즐기는 별미를 만들었더라』(:5-14)

야곱은 두려워하고 있습니다.

아버지를 속이는 것을 두려워하는 게 아닙니다.
속이고 있는 걸 들킬 것이 두려운 겁니다.
이게 인간이지요.
인간은 죄를 두려워하지 않습니다.
어쩌면, 죄를 즐기고 있을 겁니다.
인간이 가지고 있는 진짜 문제는 죄가 들킬까
두려워하는 것이지요!
우리의 문제도 마찬가지입니다.
죄를 두려워하고 싫어하는 게 아니라 들킬까봐
두려워하고 있다는 거에요.
들키면 벌을 받고 저주를 받을 것이 두려운 거랍니다.
태도를 바꿔야 합니다.
죄를 미워하고 죄를 싫어해야 하는 겁니다.
죄를 사랑하고 있는 나를 괴로워해야 하는 거랍니다.
생명을 소유한 그리스도인이 되었다는 변화 가운데 하나는
(들키면 어떻게 하나 하는 두려움에서)
죄를 미워하게 되었다는 것이랍니다.

리브가는 종들에게 염소로 요리를 하게 하고는 장막으로 들어가 에서가 자주 입던 옷을 찾았습니다. 야곱에게 입히기 위해서였습니다. 야곱이 있는 그대로 이삭에게 간다면 분명 에서의 냄새가 아닌 걸 알아차릴 수도 있다는 생각이었지요. 리브가가 고른 에서의 옷에서는 사냥꾼 냄새가 흠뻑 나는 것 같았습니다.

옷을 찾은 리브가는 얼른 밖으로 나가 벗겨 말린 새끼 염소 가죽을 거두었지요. 털이 없는 야곱의 손과 팔에 묶어서 만지면 마치 털이 있는 것처럼 느껴지게 하기 위해서였습니다. 새끼 염소 가죽은 마치 털 많은 사람의 가죽과 구분할 수 없을 만큼 똑같았습니다.

리브가는 분주했습니다. 그러나 짧은 시간에 모든 것을 완벽하게 준비한 거지요. 이제 특별한 음식을 야곱에게 주어 이삭에게 가지고 가게만 하면 되는 겁니다.

"야곱아, 다 준비되었다. 아버지에게 가면 분명 네 아버지는 에서가 들어온 줄 알거다. 네가 입고 있는 옷이 에서의 냄새가 밴 옷이야. 그리고 혹시 아버지가 네 손을 만진다 하더라도 네 손과 팔뚝이 털 많은 에서와 거의 똑같을 것이니 그것도 걱정하지 말고. 그리고 이 요리는 내가 네 아버지 좋아하는 맛을 낸 거다. 내가 네 아버지와 산 지가 벌써 90년이나 되었어. 그러니 네 아버지가 뭘 좋아하시는지 나보다 잘 아는 사람이 없잖아. 이 음식은 네 아버지가 좋아하실 거야. 그러니 용기를 가지고 아버지께 들어가거라."

『리브가가 집안 자기 처소에 있는 맏아들 에서의 좋은 의복을 취하여 작은 아들 야곱에게 입히고 또 염소 새끼의 가죽으로 그 손과 목의 매끈매끈한 곳에 꾸미고』(:15-16)

리브가의 열심,

현장을 보면 리브가는 잘못하고 있습니다.
남편을 속이고 아들들을 속이고 자신의 목적을 이루기 위해
수단과 방법을 가리지 않는 대단한(?) 여인인 겁니다.
그러나 오래 전과 미래를 보면 오히려
리브가는 일을 그르치지 않게 하는 큰 사람입니다.
오래 전 하나님의 뜻을 들었기 때문이지요.
이삭이 하나님의 뜻을 거스리려고 하는 걸 막는
용기있는 행위를 하고 있는 거지요.
하나님이 지명하신 자가 사람에 의해 무너지는 걸 막는 것이고
하나님이 원하시는 자를 세우려는 것이지요.
리브가는 자기 뜻을 이루는 사람이 아니라
하나님의 뜻을 세우는 사람이 아닐까요?
전체를 보세요.
오래 전의 하나님을 생각하고 내일의 하나님을 생각하세요.
지금 올바른 것인지는 과거의 말씀과
미래의 역사를 생각하면 대답이 나옵니다.
그것이 궁금한 것에 대한 대답을 얻는 지혜랍니다.

80세에 가까운 야곱이었지만 이삭을 속이러 들어간다는 것이 쉽지 않았습니다. 입고 있는 옷과 손목과 팔을 위장한 털들이 어색한 겁니다. 게다가 목소리도 불안하게 느껴졌습니다. 아무리 이삭이 눈이 어둡다 하더라도 그래도 조금은 보이지 않을까 하는 불안함도 밀려오는 겁니다. 괜한 짓을 하는 것 같았습니다. 그러나 뒤에서 지켜보고 있는 리브가로 인해서 이러지도 저러지도

못했답니다. 아니 들어갈 수밖에 없었습니다.

망설이고 있는 야곱 뒤에서 리브가가 말했습니다.

"나도 곧 따라 들어갈테니, 어여 들어가!"

야곱은 용기를 내어 이삭의 장막 앞으로 가서 이삭을 불렀습니다.

"아버님!"

야곱은 용기를 다해 이삭을 불렀습니다.

"그래. 내가 여기 있다만 너는 누구냐?"

기대하지 않았던 목소리를 들은 이삭의 대답이었습니다. 아니 기대한 것보다 너무 빨리 아들의 목소리를 들은 겁니다. 자신을 부름과 동시에 풍기는 맛있는 음식 냄새가 사냥을 나간 에서일 수 있다는 것에 놀란 거지요.

"분명 아버지라고 부르는 걸 보니 내 아들인 것 같은데 누구냐? 하기사 네 녀석들의 목소리는 늘 비슷해서 어려서부터 구분하기가 어려웠다만..."

야곱은 간이 콩알 만해져 있습니다만 그래도 담대하려고 용기를 다해 대답했습니다.

"아버님, 맏아들 에서입니다. 조금 전에 들에 나가 사냥을 하여 별미를 만들어 오라 명하셨잖습니까?"

야곱은 능청스럽게 이삭의 말을 받았습니다. 그러더니 누워있는 이삭에게 다가가 그를 안고 일으키면서 말을 이었습니다. 얼른 음식을 잡수시게 해야 했기 때문입니다.

"아버님, 일어나 앉으셔서 제가 사냥한 고기를 잡수십시오. 아주 특별한 놈이 잡혔습니다. 이걸 드시고 말씀하신대로 마음껏 축복하셔야지요."

이삭은 야곱의 부축을 받아 일어나 앉고 있었습니다만 뭔가가 이상하다는 듯 물었습니다.

"아들아, 음식 맛이 좋다마는 네가 나와 이야기를 하고 나간 지가 얼마 되지 않았는데 어떻게 이리 속히 짐승을 잡았느냐?"

야곱은 간이 떨어져 나가는 것 같았습니다. 전혀 예상하지 못했던 질문을 받은 겁니다.

"예, 아버님... 아버님의 하나님 여호와께서 저로 하여금 아버님께 드릴 좋은 짐승을 쉽게 만나게 하신 것 같습니다."

이삭의 질문에 대답은 했지만 야곱의 목소리는 자연스럽지 않은 걸 느낄 수 있었습니다. 뭔가 어색한 겁니다.

"그러냐?"

"…"

야곱은 숨을 죽이면서 이삭이 얼른 음식 먹기만을 기다릴 뿐입니다만 이삭은 또 다른 질문을 하는 겁니다.

"이리 좀 가까이 와보거라. 네가 짐승을 쉽게 만나 음식을 이리 빨리 만들어 왔다만 그래도 이상하게 내 마음이 석연치가 않구나. 정말 네가 내 아들 에서인지 만져봐야겠다. 내 눈은 보이지 않으나 널 만져보면 알 수 있지. 이리 가까이 와보거라."

야곱은 떨렸습니다. 자신의 손목과 팔을 에서처럼 꾸몄습니다만 그래도 사람의 털과 짐승 가죽에 붙은 것으로 만든 털이 다르기 때문이지요. 정말 죽을 것 같았습니다.

이삭은 가까이 온 야곱의 손과 손목 그리고 팔을 더듬었습니다. 털이 느껴지는 겁니다. 에서의 팔은 물론 몸에 털이 많은 게 기억이 났던 이삭은 야곱에게서 느껴지는 게 분명 사람의 털이라고 생각을 했지요. 야곱은 자신을 더듬는 이삭이 혹시 털 없는 곳을 만질까 하여 몸을 조심스럽게 움직였답니다.

"거참 이상하구나. 손을 만지니 분명 에서 같은데 목소리는 에서 목소리가 아닌 것 같아. 늙어서 그런지 네 목소리가 야곱 목소리로 들리니 이상하구

나. 이젠 귀도 먹는가 보다."

"..."

야곱은 숨을 죽이고 있었지만 속에서는 긴장으로 인해 식은땀이 흐르고 있었습니다.

"그래. 분명 내 아들 에서가 맞지?"

"예, 아버님. 에서가 맞습니다."

"그래, 냄새도 분명 에서의 냄새고 너를 만져 보니 에서임이 틀림없고... 목소리가 야곱같기는 하다만 내 귀가 고장난 것일 게다. 이젠 됐으니 네가 사냥해서 요리한 별미를 먹어보자꾸나. 네가 들어올 때부터 그 냄새가 어찌나 좋았는지 얼른 맛을 보고 싶었다. 내 그걸 먹고 네게 마음껏 축복하마."

이삭과 대화가 진행되는 동안 리브가가 조용히 들어왔었습니다. 죽기 전에 아들에게 축복한다는 말을 들었던 리브가인지라 남편 옆에 있는 게 자연스러워 들어온 겁니다. 그러나 이삭과 야곱이 하는 어색한 대화를 지켜보면서 얼마나 가슴이 졸였는지 모릅니다.

야곱은 준비한 음식을 이삭 가까이 가져다 놓았습니다. 앞을 거의 보지 못하는 이삭이기에 음식을 바짝 그의 앞에 두어야 했고 어디에 어떤 음식이 있는지를 알려줘야 했답니다. 그 일은 리브가가 잘 해주었지요.

음식 맛은 기가 막혔습니다. 이삭의 입맛을 잘 알고 있는 리브가의 솜씨였습니다. 염소 새끼로 만든 고기를 먹고 포도주를 마시면서 늙은 이삭은 행복(?)을 느끼고 있었답니다.

『그 만든 별미와 떡을 자기 아들 야곱의 손에 주매 야곱이 아버지에게 나아가서 내 아버지여 하고 부른대 가로되 내가 여기 있노라 내 아들아 네가 누구냐 야곱이 아비에게 대답하되 나는 아버지의 맏아들 에서로소이다 아버지께서 내게 명하신 대로 내가 하였사오니 청컨대 일어나 앉아서 내 사냥한 고기를 잡수시고 아버지의 마음껏 내게 축복하소서 이삭이 그 아들에게 이르되 내 아들아 네가 어떻게 이같이 속히 잡았느냐 그가 가로되 아버지의 하나님 여호와께서 나로 순적히 만나게 하셨음이니이다 이삭이 야곱에게 이르되 내 아들아 가까이 오라 네가 과연 내 아들 에서인지 아닌지 내가 너를 만지려 하노라 야곱이 그 아비 이삭에게 가까이 가니 이삭이 만지며 가로되 음성은 야곱의 음성이나 손은 에서의 손이로다 하며 그 손이 형 에서의 손과 같이 털이 있으므로 능히 분별치 못하고 축복하였더라 이삭이 가로되 네가 참 내 아들 에서냐 그가 대답하되 그러하니이다 이삭이 가로되 내게로 가져오라 내 아들의 사냥한 고기를 먹고 내 마음껏 네게 축복하리라 야곱이 그에게로 가져가매 그가 먹고 또 포도주를 가져가매 그가 마시고』(:17-25)

남을 속인다는 건 어려운 일입니다.
독한 마음을 갖지 않으면 쉬운 일이 아니지요.
하물며 아버지를 속인다는 게 쉽겠는지요?

그런데 야곱은 아버지를 속이는 겁니다.
그것도 온전한 아버지를 속이는 게 아니라
병들어 눈이 보이지 않는 아버지를 속이고 있는 겁니다.
문제는 속이는 걸 괴로워하고 있다기보다는 들킬까봐
괴로워하고 있는 거지요.

죄를 계획하고 진행하고 있을 때는
언제나 멈출 기회가 찾아온답니다.
죄를 행하고 있는 야곱에게 이삭의 질문이 그것이었습니다.
"네가 누구냐?", "어떻게 이같이 속히 잡았느냐?",
"네가 과연 내 아들 에서인지?", "음성이..."
여러 번 야곱의 양심을 찔렀었답니다.
그러나 그 자리를 뛰쳐나오질 못하고 결국 끝까지 간 겁니다.
양심을 두드리면서 성령께서 말씀하고 계신 걸
외면하지 말아야 되는 겁니다.
그 음성을 들었을 때 바로 거기서 그치는 것이 지혜인 거지요.
당시에는 망신을 당할 것 같으나
그때 그치지 않는다면 돌이키기 어려운 미래가
기다리고 있을 뿐이랍니다.

일어나는 많은 의구심에도 불구하고
이삭이 하나님께 기도하지 않고 있는 것이 안타깝습니다.
자기 일생의 모든 것을 상속해 주고 가문을 이을 자를

결정하는 일을 먹으면서 행하겠다는 생각도 답답한데
그 중요한 일에 석연치 않는 것이 느껴지는데도
하나님을 찾는 모습이 보이지를 않는 겁니다.
평소에도 기도하는 게 중요합니다.
아니 평소에 기도하는 게 습관이 되어야 합니다.
그래야 중요한 때도 기도하는 것이고 복잡할 때도
하나님께 묻게 되는 것이지요.
삶에 있어서 기도를 일상적인 것이 되게 하세요.

야곱은 아버지에게 음식을 드리면서도 마음이 급했습니다. 아버지는 속였지만 형 에서가 언제 돌아올지 모르기 때문입니다. 그야말로 자신이 아버지에게 말한 것처럼 뜻밖에 빨리 짐승을 잡았을 수도 있을 거라는 생각 때문이었지요. 야곱은 이삭이 얼른 식사를 하고 바로 축복을 하면 좋겠는 겁니다. 그리고 그 자리를 빨리 떠나고 싶은 겁니다.

"아들아, 정말 맛이 좋구나. 난 네가 사냥한 고기를 먹는 게 낙이야. 평생을 먹는다만 지루한 걸 모르겠다. 아주 기분이 좋구나."

"…"

음식을 다 먹은 이삭은 상을 물렸습니다.

"아들아, 이리 가까이 와서 내게 입을 맞추라."

야곱은 이삭의 말대로 그에게 가까이 가서 입을 맞추었습니다. 이삭은 입맞추기 위해 가까이 다가올 아들의 냄새가 분명 에서의 냄새임을 알 수가 있었지요. 이미 리브가가 이런 일이 있을 줄 알고 다른 옷보다도 더 에서 냄새가 밴 옷을 입힌 겁니다.

야곱이 이삭에게 입을 맞추자 이삭은 그에게 손을 얹고 축복하기 시작했습니다. 이삭은 냄새와 더불어 들에서 일하는 에서를 상상했는지 땅에서 나는 축복을 말하기 시작했답니다.

"내 아들 몸에서 나는 냄새는 여호와 하나님께서 복으로 주신 땅의 향기로운 냄새로다. 하나님께서 그 복된 땅에 하늘의 이슬을 내리시길 원하며 땅을 기름지게 하심으로 말미암아 풍성한 곡식과 포도주가 늘 네게 풍성하길 원하노라. 또한 온 세상 사람들이 너를 섬기고 온 나라가 네게 굴복할 것이니라. 형제들의 주인이 될 것이며 그들은 네게 굴복할 것이니라. 너를 저주하는 자가 있다면 저주를 받을 것이고 너를 축복하는 자는 복을 받기를 원하노라!"

『그 아비 이삭이 그에게 이르되 내 아들아 가까이 와서 내게 입맞추라 그가 가까이 가서 그에게 입맞추니 아비가 그 옷의 향취를 맡고 그에게 축복하여 가로되 내 아들의 향취는 여호와의 복 주신 밭의 향취로다 하나님은 하늘의 이슬과 땅의 기름짐이며 풍성한 곡식과 포도주로 네게 주시기를 원하노라 만민이 너를 섬기고 열국이 네게 굴복하리니 네가 형제들의 주가 되고 네 어미의 아들들이 네게 굴복하며 네게 저주하는 자는 저주를 받고 네게 축복하는

자는 복을 받기를 원하노라」(:26-29)

복을 존귀히 여기는 게 중요합니다.
'그까짓 것' 하면 안됩니다.
복을 주는 대상도 중요하겠지만 누가 축복을 하든지 간에
그 축복을 받는 게 중요한 겁니다.
비록 이삭이 병들고 눈이 어두웠지만
그가 주는 축복을 악착같이 받으려는 야곱과
그 축복을 존귀히 여기는 그의 어머니 리브가의 태도가
귀한 거랍니다.
축복은 원하는 자가 받는 것 같네요!

불안했던 야곱이 이삭의 축복이 마쳐지자 마치 모든 것이 끝난 것처럼 허둥거리면서 자리를 정리하는 겁니다. 아버지가 드신 음식들을 정리하고 얼른 자리를 빠져나와야 했기 때문입니다.

"아버지. 감사합니다. 저는 또 밖에서 볼 일이 있기에 나가봐야겠어요."

야곱은 불안한 마음을 감추고 얼른 나왔습니다. 그런데 저쪽에서 에서가 오고 있는 게 보였습니다. 피할 수 있는 거리도 아닙니다. 그러나 뻔뻔스럽게 인사를 하고 지나가야 했답니다.

"아버님. 저 에서입니다."

"…"

이삭은 금방 나간 아들이 다시 부르는 게 이상한 겁니다.

"에서라고?"

"예, 에서입니다. 오래 기다리셨지요? 제가 부지런히 들을 살폈습니다만 시간이 좀 걸렸습니다. 그래도 이놈은 특별한 놈입니다. 아주 요리도 잘 됐구요. 아버지께서 아주 좋아하실 겁니다. 그러니 어서 일어나 이 음식을 드시고 축복하셔야지요."

"뭐, 뭐라 했느냐? 넌 누구야?"

이삭은 뭔가가 이상하다고 생각이 되었는지 당황스럽고도 떨리는 목소리로 물었습니다.

"아버지? 무슨 말씀을 하시는 거예요? 저 맏아들 에서입니다!"

에서도 아버지의 이상한 태도에 당황스러운 겁니다.

"네가 에서라고? 그런 조금 전에 내게 고기를 가지고 온 자는 누구란 말이냐? 사냥을 했다고 하면서 음식을 가지고 오지 않았느냐? 네가 오기 전에 난 그 음식을 다 먹고 그를 위해 축복을 했건만 너는 누구냐? 그자는 누구였단 말이냐? 내가 그에게 축복을 다 했기에 축복은 그가 다 받을 것인데 말이다."

"아버지, 그게 무슨 말씀입니까?"

에서는 소리를 지르면서 이삭에게 대들었습니다.

"아버지, 말도 되지 않습니다. 그런 말씀 마시고 내게 축복하셔야지요. 나에게도 축복을 해주셔야 하지 않습니까?"

에서의 대성통곡하는 소리가 이삭의 마음을 아프게 했습니다만 이미 받은 축복을 돌이킬 수는 없었습니다.

"네 동생 야곱이 그런 거로구나. 그가 간교하게도 내게 찾아와 네가 받을 복을 가로챈 것이야!"

"아버님, 야곱과 저를 구분 못하신다는 게 말이 됩니까? 그놈의 이름이 야곱이라지만 아버지께서 그와 나를 구분 못하신다는 게 말이나 되냐는 겁니다. 그 놈이 나를 속인 게 벌써 두 번째이나이다!"

이삭은 야곱이 에서를 이미 한번 속였다는 말에 또 한번 놀랐습니다.

"뭐라고? 전에도 너를 속인 적이 있다고?"

"예, 아버님. 그 녀석이 오래 전에 사냥하고 돌아온 나에게 팥죽을 주면서 장자권을 내놓으라고 한 적이 있습니다. 그런 간사한 녀석이 이번에는 내가 받을 축복을 가로챈 겁니다."

이삭은 야곱이 축복을 가로챘다는 것이 우연이 아니라는 생각이 스쳤습니다.

"아버님, 나를 위해 빌 복을 남겨 두지 않으셨는지요?"

"..."

에서의 말을 듣고 있던 이삭은 리브가가 저들을 임신했을 때부터의 일들이 빠르게 지나갔습니다. 뭔가를 신중하게 생각하는 겁니다. 그러더니 입을 열었지요.

"에서야. 내가 그를 너의 주로 세웠다. 너의 모든 형제들을 그의 종이 될 것이라고 했다. 곡식은 물론 포도주를 그에게 주었도다. 이제 난 네게 줄 것이 없다."

"아버지, 아버지께서 주실 복이 하나뿐이시겠습니까? 분명 다른 복도 있으실 것이 아닙니까? 아버지, 남겨 놓은 다른 복을 내게 주소서. 내게도 축복하소서! 야곱에게 축복하신 것처럼 내게도 축복하소서!"

에서는 눈물을 흘리면서 처절하게 매달렸습니다만 이삭은 이미 그에게 줄 것이 없다고 단정지을 뿐입니다.

"그래. 네게 그리도 원한다면 너를 위해 기도하마. 그러나 나를 원망하지 말거라."

에서는 이삭의 말에 귀를 기울이지 않고 울 뿐이었습니다.

"너는 기름진 땅에서 떠날 것이고 하늘 이슬이 내리는 곳에서 떠나게 될 것이다. 너는 칼을 의지하면서 살 것이고 네 아우를 섬길 것이다. 네가 네 아우로부터 벗어나려고 애를 쓸 때 멍에를 벗어 버리기도 할 것이로다."

이삭은 자신이 원치 않는 자에게 축복했음을 뒤늦게야 깨달았지만 그렇다고 그런 행위를 후회하지는 않았습니다. 오히려 자신의 실수가 오래 전 미래를 말씀하신 하나님의 뜻을 이루어가는 것임을 발견한 것이지요. 하나님의 뜻을 잊고 에서에게 축복하려했던 자신이 한심하다는 생각을 하게 되었답니다.

'잘된 거야. 암, 잘된 거지. 야곱이 축복을 받아야 되는 거야. 에서는 아니야.'

『이삭이 야곱에게 축복하기를 마치매 야곱이 그 아비 이삭 앞에서 나가자 곧 그 형 에서가 사냥하여 돌아온지라 그가 별미를 만들어 아비에게로 가지고 가서 가로되 아버지여 일어나서 아들의 사냥한 고기를 잡수시고 마음껏 내게 축복하소서 그 아비 이삭이 그에게 이르되 너는 누구냐 그가 대답하되 나는 아버지의 아들 곧 아버지의 맏아들 에서로소이다 이삭이 심히 크게 떨며 가로되 그런즉 사냥한 고기를 내게 가져온 자가 누구냐 너 오기 전에 내가 다 먹고 그를 위하여 축복하였은즉 그가 정녕 복을 받을 것이니라 에서가 그 아비의 말을 듣고 방성대곡하며 아비에게 이르되 내 아버지여 내게 축복하소서 내게도 그리 하소서 이삭이 가로되 네 아우가 간교하게 와서 네 복을 빼앗았도다 에서가 가로되 그의 이름을 야곱이라 함이 합당치 아니하니이까 그가 나를 속임이 이것이 두 번째니이다 전에는 나의 장자의 명분을 빼앗고 이제는 내 복을 빼앗았나이다 또 가로되 아버지께서 나를 위하여 빌 복을 남기지 아니하셨나이까 이삭이 에서에게 대답하여 가로되 내가 그를 너의 주로 세우고 그 모든 형제를 내가 그에게 종으로 주었으며 곡식과 포도주를 그에게 공급하였으니 내 아들아 내가 네게 무엇을 할 수 있으랴 에서가 아비에게 이르되 내 아버지여 아버지의 빌 복이 이 하나뿐이리이까 내 아버지여 내게 축복하소서 내게도 그리 하소서 하고 소리를 높여 우니 그 아비 이삭이 그에게 대답하여 가로되 너의 주소는 땅의 기름짐에서 뜨고 내리는 하늘 이슬에서 뜰 것이며 너는 칼을 믿고 생활하겠고 네 아우를 섬길 것이며 네가 매임을 벗을 때에는 그 멍에를 네 목에서 떨쳐버리리라 하였더라』(:30-40)

에서는 가나안을 떠나 살다가 에돔 족속의 시조가 되었답니다.
이삭이 기도한 것처럼 기름진 땅과
하늘의 이슬이 내리는 가나안을 떠나 산 것이지요.
그와 그의 후손들은 폭력과 투쟁의 삶을 살았습니다.
그렇지만 연약한 야곱의 후예들에게는 굴복하면서 살았답니다.
야곱의 후손들에게서 벗어나기 위해 몸부림을 쳤지만
그때마다 잠깐 벗어날 수는 있었을지 모르나
완전히 자유로워지지는 못했던 겁니다.

야곱이라는 이름의 뜻이 기만자(overreacher)입니다.
에서는 책임을 멀리하다가 야곱에게 무시당하고 속은 겁니다.
에서는 야곱이 자신을 속였다고 주장할지 모르지만

속을 만큼 제멋대로 산 사람입니다.
그가 야곱에게 속아도 동정이 가지 않는 겁니다.
게다가 그의 행동이 전에도 이번에도 마찬가지인 것이
독자로 하여금 그는 축복받을 그릇이 아님을
인정하게 하는 겁니다.
(야곱에게 잘못이 없다는 것이 아니라
에서의 잘못이 훨씬 크다는 것이지요.)

히브리서 11장 20절은 이삭이 믿음으로
야곱에게 축복했다고 합니다.
『믿음으로 이삭은 장차 오는 일에 대하여 야곱과 에서에게
축복하였으며』
이 말씀은 그가 이삭의 야곱 축복은
하나님의 제재를 받았음을 암시하는 겁니다.
자신의 잘못을 후에 하나님이 교정하셨음을 인정하는 것이고
축복 사건 이후 일어날 일에 대하여는
하나님께 맡겼음을 알려주는 것입니다.
즉, 장래 일들에 대하여 의심하지 않았다는 말입니다.

야곱의 잘못, 그의 기만 행위는 훗날 보응을 받는답니다.
즉, 하나님은 잘못을 그냥 넘어가시지 않는다는 것이지요.
야곱의 잘못은 '기다리지 못한 믿음'이었고
그걸 기다리는 믿음으로 만드시기 위한

하나님의 다루심이 된 겁니다.

그를 훈련시키시기 위한 하나님의 일하심은 다음과 같았습니다.

첫째, 야곱은 리브가를 다시 보지 못했습니다.

둘째, 부친을 속인 야곱은 요셉을 팔아버린 아들들에게

잔인하게 당했습니다.

셋째, 부하게 살 수 있었던 야곱이 20년 간

노예로 살았던 겁니다.

5 창 27:41-46

아픔을 이기려는 여인

에서는 천성적으로 화통하고 착했습니다. 집안일에 관심이 없고 덜렁거려서 그렇지 착하긴 참 착했지요. 그런 에서의 마음 속에 견디기 어려운 원통함과 미움이 싹트기 시작했습니다. 야곱에 대한 거였습니다. 그러나 병든 아버지를 속상하게 할 수가 없기에 꾹 참고 또 참으면서 나날을 지냈답니다. 아버지 이삭을 보니 오래 못사실 것이 분명한데 노년에 자기로 인해 아픔을 드리고 싶지 않아서 그런 겁니다. 그러나 그 속에는 아버지 이삭이 돌아가신 후에 야곱을 죽일 것을 결심하고 있었답니다.

집안 분위기는 이상하리만치 삭막했습니다. 그리도 호탕하던 에서는 집에 와서도 화가 난 것처럼 행동을 했고 이삭에게 문안을 할 때도 전과는 다른 게 느껴졌지요. 리브가를 대하는 태도도 마찬가지였답니다. 물론 야곱에게는 불쾌하다는 듯 고개를 돌렸지요. 리브가는 에서의 그런 행동의 이유를 알고 내색을 하지 않으려 애를 썼습니다만 힘든 건 야곱이었답니다.

리브가가 어느 날 뜨끔한 소리를 들었습니다. 에서가 야곱을 죽이려 한다는 겁니다. 지금은 아니지만 이삭이 죽으면 바로 야곱을 죽일 것이라고 계획을 한다는 겁니다. 리브가는 겁이 났습니다. 에서가 정말 동생을 죽이고 싶을 만큼 화가 나 있고 또 그럴 수도 있을 것이라는 생각이 든 겁니다.

"야곱."

리브가는 야곱을 불러 이야기를 시작했습니다.

"야곱아, 네 형이 너를 대하는 게 전하고 다르지?"

"예, 정말 형을 어떻게 대해야 할지 모르겠어요. 눈도 마주치지 않으려 하고 간혹 만나면 마치 저를 죽일 것 같아요. 무서워요, 어머니."

야곱은 리브가의 말에 자신의 속을 터놓았습니다.

"야곱아, 네 형 에서가 너를 죽이려 한다는 구나."

"..."

야곱도 그 이야기를 이미 듣고 있었는지 미안한 듯이 고개를 떨구었습니다.

"야곱아, 에서가 네 아버지가 돌아가시면 바로 널 죽일 계획이라는구나. 네 아버지께서 저리도 병환으로 심상치 않으니 언제 돌아가실지 몰라. 그러면 꼼짝없이 에서에게 당하게 될 게다. 그러니 에미의 말을 듣거라."

"..."

"지금 당장 짐을 챙겨서 하란으로 가! 거기 가면 에미의 오라비인 라반 삼촌이 계실 거다. 거기 가서 에서를 피해 있도록 해. 지금 분위기로서는 에서의 분이 쉽게 풀릴 것 같지가 않구나. 너를 보면 속이 상할 테니 일단은 당분간 여길 떠나 삼촌에게 가 있는 게 낫겠다. 네 형 에서는 지금은 화가 나서 너를 죽이겠다고 하지만 원래는 그런 성품이 아닌 걸 너도 알잖냐. 이번 일이 에서에게서 잊혀지면 내가 너를 다시 부를테니 잠시만 하란 삼촌 집에 가 있어. 알겠지? 만약에 네가 가지 않는다면 난 너를 잃는 것은 물론이고 에서도 잃어버리는 거야."

"예, 어머니. 그렇게 할게요. 저도 형을 보면 무서워요. 그런데 아버지께는 뭐라고 말하죠? 그냥 갈 수는 없잖아요. 찾으실 텐데 말이예요."

"그런 걱정은 하지 말거라. 에미가 알아서 할 테니깐."

"무슨 좋은 방도가 있으세요?"

"그건 내게 맡기고 걱정하지 말아. 내게 네 아버지를 설득시킬 묘안이 있다."

『그 아비가 야곱에게 축복한 그 축복을 인하여 에서가 야곱을 미워하여 심중에 이르기를 아버지를 곡할 때가 가까왔은즉 내가 내 아우 야곱을 죽이리라 하였더니 맏아들 에서의 이 말이 리브가에게 들리매 이에 보내어 작은 아들 야곱을 불러 그에게 이르되 네 형 에서가 너를 죽여 그 한을 풀려하나니 내 아들아 내 말을 좇아 일어나 하란으로 가서 내 오라버니 라반에게 피하여 네 형의 노가 풀리기까지 몇 날 동안 그와 함께 거하라 네 형의 분노가 풀려 네가 자기에게 행한 것을 잊어버리거든 내가 곧 보내어 너를 거기서 불러오리라 어찌 하루에 너희 둘을 잃으랴』(:41-45)

리브가의 결단력 있는 성격이 나타납니다.
이삭과는 다른 면이지요.
하나님께서 전혀 다른 성격의 사람을 만나 살게 하신 겁니다.
리브가는 두 아들들의 관계를 해결하기 위해
야곱을 멀리 보내고 있네요.
어떤 면으로 관계 문제의 해결은
떨어져 있게 하는 것이 좋은 겁니다.
붙어 있으면 감정만 상하기에 떨어져 있는 편이
훨씬 나은 거지요.
리브가는 그걸 안 겁니다. 그녀의 지혜인 것 같습니다.

"여보"

리브가가 이삭과 함께 있을 때, 조심스럽게 말을 꺼냈습니다.

"야곱 말이예요. 이젠 결혼을 해야 하지 않겠어요? 에서는 장가를 간 지가 벌써 40년 가까이 되어 가는데 야곱은 여전히 저렇게 혼자 있으니 결혼을 하게 하자구요."

"그 녀석이 갈려고 해야지 누가 장가를 가지 못하게 했나?"

"제가 생각한 건데 야곱의 결혼만은 우리 뜻에 맞게 해야 할 것 같아. 제가 에서의 처들 때문에 상처를 얼마나 많이 받는 줄 아세요? 아브라함께서도 신앙의 맥을 잇는 가문을 위해 엘리에셀에게 형제들의 딸들 중에 며느리를 구하라 하셨잖아요. 이번에는 우리도 야곱의 처를 반드시 우리 집안에서 찾도록 해야 해요. 만의 하나 야곱도 에서처럼 헷 사람들 가운데서 여자를 데리고 온다면 그땐 이미 막을 수 없을 겁니다. 그러니 이참에 야곱을 하란 오라비 집에 보내서 여자를 데리고 오게 하시지요. 그래야 나도 발을 쭉 뻗고 잘 수가 있겠고 조상들에게도 미안하지 않을 것 같아요."

『리브가가 이삭에게 이르되 내가 헷 사람의 딸들을 인하여 나의 생명을 싫어하거늘 야곱이 만일 이 땅의 딸들 곧 그들과 같은 헷 사람의 딸들 중에서 아내를 취하면 나의 생명이 내게 무슨 재미가 있으리이까』(:46)

리브가의 깊은 생각이 아름답습니다.
명분을 찾아내는 지혜가 부럽습니다.
이삭으로 하여금 납득하고 허락할 만한 말을
찾아내는 게 귀하네요.
이런 지혜의 사람이 되기 위해 노력해야지요.
하나님께 지혜를 간구해야지요.

❻ 창 28:1–9

야곱을 떠나보내는 사람들

이삭은 리브가의 말을 들으면서 그녀가 무슨 일을 하려는지를 알 수 있었습니다. 에서의 분으로부터 야곱을 보호하려는 행동을 알았던 겁니다. 이삭도 그렇게 하고 싶었던 차에 결혼 문제를 가지고 자신을 설득하는 리브가가 고마웠습니다.

"그렇게 하시구려. 둘째 며느리는 꼭 집안 사람을 얻어야지. 나도 에서가 헷 여인을 아내로 데리고 사는 게 얼마나 속이 상한지 모르겠소. 그러니 이차에 야곱을 하란에 보내 그곳에서 아내를 얻도록 하십시다. 야곱을 부르시오. 내가 직접 그 말을 하리이다."

리브가는 이삭이 기쁘게 허락하는 소리를 듣고 이내 야곱을 불렀습니다. 그런데 하필이면 그때 에서가 야곱이 아버지에게 들어가는 걸 본겁니다. 에서는 또 한번 속이 뒤집히는 것 같았습니다.

"아버님, 저 야곱입니다."

"야곱아, 내가 네게 부탁할 것이 있어 오라 했다. 네가 알다시피 내가 언제 죽을지 모르잖냐. 네 형 에서는 벌써 장가를 들었는데 너는 80세가 가까웠는데도 혼자인 게 내 마음을 아프게 하는 구나. 그래서 하는 말이니 이 애비가 눈을 감기 전에 장가를 들도록 하거라."

"..."

"그런데 조건이 있어. 가나안 여인은 아내로 취하지 말아라! 꼭 부탁한다. 지금 밧단아람에 있는 외조부 댁으로 가거라. 그곳에 가면 네 외삼촌인 라반이 있을 것인데 그에게 딸들이 여럿 있다는 소리를 들었다. 그들 중에서 네 아내를 얻으라는 말이야. 이게 너를 향한 나의 마지막 부탁이다."

이삭이 야곱을 불러 하는 이야기를 에서가 엿듣고 있었습니다. 그러면서 아버지가 자신의 아내들로 인해 속이 많이 상하셨음을 깨달은 거지요. 자신의 아내들이 시아버지의 마음을 저리도 아프게 했다는 것이 속을 뒤집어 놓는 겁니다.

"야곱아, 이리 가까이 오너라. 내가 너의 결혼을 위해 축복을 해야겠다. 좋은 아내를 얻게 하십사 하고 말이다."

에서는 야곱이 또 축복을 받는가 해서 신경이 곤두섰었는데 결혼 문제로 축복을 한다니 한편으로는 안심이 되었습니다.

"전능하신 하나님께서 네게 복을 주어 너로 생육하고 번성하여 여러 민족을 이루길 원하노라. 나의 아버지 아브라함에게 약속하신 그 축복이 네게 임하기를 바라며 네 자손에게도 임하여 아브라함과 약속한 이 땅을 유업으로 주시기를 원하노라."

이삭의 축복을 받은 야곱은 리브가가 준비한 것을 챙겨서 밧단아람을 향해 떠났답니다.

『이삭이 야곱을 불러 그에게 축복하고 또 부탁하여 가로되 너는 가나안 사람의 딸들 중에서 아내를 취하지 말고 일어나 밧단아람으로 가서 너의 외조부 브두엘 집에 이르러 거기서 너의 외삼촌 라반의 딸 중에서 아내를 취하라 전능하신 하나님이 네게 복을 주어 너로 생육하고 번성케 하사 너로 여러 족속을 이루게 하시고 아브라함에게 허락하신 복을 네게 주시되 너와 너와 함께 네 자손에게 주사 너로 하나님이 아브라함에게 주신 땅 곧 너의 우거하는 땅을 유업으로 받게 하시기를 원하노라 이에 이삭이 야곱을 보내었더니 밧단아람으로 가서 라반에게 이르렀으니 라반은 아람 사람 브두엘의 아들이요 야곱과 에서의 어미 리브가의 오라비더라』(:1-5)

야곱이 아버지의 축복을 받고 먼 길을 떠나지만 에서는 다녀오라는 말도 하지 않았습니다. 가는 것 조차 모르는 척했답니다. 단지 이삭과 리브가의 눈에 자신의 아내들이 만족을 주지 못한 것 때문에 속이 뒤집힌 겁니다. 그래서 아내들에게 가서 부모에게 잘 하라고 다그쳤지요. 그러나 에서의 뜻과는 달리 그의 아내들은 이삭과 리브가에게 기쁨이 되지 못했답니다.

에서는 자신의 아내들로 인해 자신이 축복을 받지 못한 것이라고 생각을 하고는 성질에 못이겨 아내들 말고 다른 여자를 새로 들였지요. 다른 이유는 없었습니다. 아버지 이삭을 기쁘게 하기 위해서였습니다. 그의 생각에 이삭이 기뻐하는 여자는 친척의 딸이라고 생각했는지 이번에 얻은 여자는 큰 아버지인 이스마엘의 딸들 중에서 얻었지요. 이름은 '마할랏'이었답니다. 그의 오빠는 느바욧이었구요.

『에서가 본즉 이삭이 야곱에게 축복하고 그를 밧단아람으로 보내어 거기서 아내를 취하게 하였고 또 그에게 축복하고 명하기를 너는 가나안 사람의 딸들 중에서 아내를 취하지 말라 하였고 또 야곱이 부모의 명을 좇아 밧단아람으로 갔으며 에서가 또 본즉 가나안 사람의 딸들이 그 아비 이삭을 기쁘게 못하는지라 이에 에서가 이스마엘에게 가서 그 본처들 외에 아브라함의 아들 이스마엘의 딸이요 느바욧의 누이인 마할랏을 아내로 취하였더라』(:6-9)

에서의 모습을 보면 참 단순한 사람이라는 생각이 들기도 하고 부모님을 기쁘게 해드리고 싶어하는 효자인 것 같습니다.

이삭이 야곱의 결혼을 위해 그를 하란으로 보내는
이야기를 듣고는
자기의 아내들이 시아버지에게 잘해 드리지 못해서라고
생각을 할 뿐 아니라
자신의 아내들이 가나안 여인들이기 때문에
부모님을 기쁘게 해 드리지 못한다고 생각하고
친척 중에서 아내를 다시 들이는 걸 보니 말입니다.
정말 단순한 사람이지요.
눈에 보이는 것만 해결하면 된다는 생각은 어리석은 거랍니다.
이삭과 리브가, 그리고 에서 사이에는
보이는 것이 문제가 아니라
보이지 않는 것이 문제였던 거지요.
영적 진실이 문제인 겁니다.

7 창 28:10-22
집을 떠난 야곱

하란으로 가는 길은 쉽지 않았습니다.

나이 80세의 노인이 가기에는 먼 거리였습니다만 그래도 가야하는 길이었습니다. 그렇지 않으면 아버지 이삭이 죽게 될 것에 대한 두려움과 그 후에는 초조하게 죽음을 기다려야 하는 삶을 살아야 하기 때문입니다. 힘든 것도 그렇지만 초행길이기에 앞이 캄캄한 겁니다. 두렵기도 했고 쓸쓸함이 밀려오기도 했습니다. 가도가도 끝이 없는 길을 걸으면서 지난날 아브라함 할아버지께서도 자신이 갈대아 우르에서 데라를 따라, 그리고 하란에서는 식구들만 데리고 여행을 하신 것이 생각났습니다.

'아브라함 할아버지는 내 나이쯤에 하란에서 가나안으로 오셨는데 나는 할아버지께서 오신 하란으로 다시 가고 있구먼.'

야곱은 여행 중에 아브라함을 생각하며 혼잣말을 하고 있었습니다.

온 종일 걷고 이틀을 더 걸었는데도 얼마나 더 가야하는지 모르겠습니다. (브엘세바에서부터 벧엘까지는 약 70마일입니다.) 삼 일을 걸어서 그런지 몸도 힘들고 다리도 아팠습니다. 해는 지는데 머물 곳도 모르겠고, 추위는 엄습해 오고 짐승들의 울음 소리도 들리는 것 같았습니다. 물론 전에도 양을 치면서 밖에서 잔 적이 여러 번 있었습니다만 그때는 일 때문에 그런 것이고 또 돌아갈 집이 있었기에 견딜 수 있었습니다. 그런데 지금은 갈 길이 막막한 처량한 나그네로서 졸지에 잠잘 곳도 없는 신세가 된 걸 어떻게 받아들여야 할지 모르겠는 겁니다. 더 어두워지기 전에 안전한 곳을 찾아야 했습니다. 몸을 숨길 만한 나무나 돌이 있는지 주위를 둘러보았습니다.

웬만한 자리를 찾고는 베게할 만한 돌도 옆에 갖다가 두었습니다. 전에 양을 치면서 밖에서 잘 때 그렇게 했던 것처럼 돌베개를 만들었습니다. 해진 지가 얼마 되지는 않았지만 금새 추위가 다가오는 걸 느낄 수 있었지요. 그래도 며칠 동안 쉬지 않고 걸은 피곤함을 씻기 위해서라도 누워야 했습니다. 베개로 쓰기 위해 갖다놓은 돌 위에 짐 보따리 하나를 올려놓고 머리를 눕혔더니 그런대로 누울 수 있을 것 같았습니다.

갑자기 서러움이 밀려왔습니다. 이미 팔십의 세월을 살았기에 웬만한 건 이길 수 있는데도 돌아갈 곳없이 바닥에 누워 잠을 청하고 있는 자신이 불쌍하다는 생각이 드는 겁니다. 게다가 언제 돌아가실지 모르는 아버님을 떠나 온 게 마음에 걸렸지요. 같이 있을 때는 몰랐는데 형인 에서에게 몹쓸 짓을 했다는 생각도 들었습니다. 그래도 에서는 착 한 형이었는데 말입니다.

하늘에는 별들이 더욱 뚜렷하게 나타나고 있었습니다. 전에도 보던 별들인데 오늘 밤은 유난히도 밝게 빛나는 것 같았습니다. 짐승들의 울음 소리가 없고 몸이 조금만 따뜻했다면 낭만적인 밤이 될 수도 있겠다는 생각을 했지요.

'할아버지 아브라함께서 우리 자손들이 저 하늘의 별처럼 많아지게 될 거라고 하셨는데...'

잠이 오지 않았습니다. 반면에 밤이 깊어갈수록 두려움만 다가오는 겁니다. 두려움을 잊기 위해서라도 얼른 잠이 들었으면 좋겠습니다. 생각이 살아 있다는 게 이리도 힘든 건지 몰랐답니다.

『야곱이 브엘세바에서 떠나 하란으로 향하여 가더니 한 곳에 이르러는 해가 진지라 거기서 유숙하려고 그곳의 한 돌을 취하여 베개하고 거기 누워 자더니』(:10-11)

추위에 몸을 움츠리고 잠을 청했습니다만 쉽게 잠이 오질 않았습니다. 자다 깨다 하면서 괴로운 밤을 지내는 거였지요. 생각인지 꿈인지 아니면 현실인지 구분이 되지 않는 게 보였습니다. 사닥다리가 보였는데 그게 얼마나 높고 큰지 하늘에까지 닿은 겁니다. 사닥다리의 대단함에도 놀랐지만 그 사닥다리로 천사들이 오르락 내리락하는 거였지요. 이 신기한 모습을 즐기고 있는데 소리까지 들은 겁니다. 사닥다리 위에서 나는 소리였는데 분명 여호와 하나님의 소리 같았습니다. 그 꼭대기에서 소리를 발하는 형상이 있었거든요.

"나는 여호와니라. 너의 할아버지 아브라함의 하나님이고 네 아버지 이삭의 하나님이니라."

야곱은 형언할 수 없는 신기한 분위기를 어떻게 할 수가 없었습니다.

"야곱아, 네가 누운 그 곳을 내가 너와 네 자손에게 줄 것이니라. 네 자손이 땅의 티끌처럼 많아 온 세상에 흩어질 것이며 땅의 모든 족속들이 너와 네 자손으로 인해 복을 얻을 것이니라."

야곱은 오래전 아브라함 할아버지께서 들었다고 하신 그 말씀임을 알 수 있었습니다. 물론 아버지 이삭도 같은 경험을 했다고 하셨었습니다.

"야곱아, 내가 너와 늘 함께 할 것이니라. 네가 어디로 가든지 내가 널 지킬 것이고 너를 이끌어 다시 이 땅으로 돌아오게 할줄 알아라. 내가 네게 허락한 것들이 다 이루어지기까지 내가 널 떠나지 않을 것이니라."

『꿈에 본즉 사닥다리가 땅위에 섰는데 그 꼭대기가 하늘에 닿았고 또 본즉 하나님의 사자가 그 위에서 오르락 내리락하고 또 본즉 여호와께서 그 위에 서서 가라사대 나는 여호와니 너의 조부 아브라함의 하나님이요 이삭의 하나님이라 너 누운 땅을 내가 너와 네 자손에게 주리니 네 자손이 땅의 티끌 같이 되어서 동서남북에 편만할지며 땅의 모든 족속이 너와 네 자손을 인하여 복을 얻으리라 내가 너와 함께 있어 네가 어디로 가든지 너를 지키며 너를 이끌어 이 땅으로 돌아오게 할지라 내가 네게 허락한 것을 다 이루기까지 너를 떠나지 아니하리라 하신지라』(:12-15)

하늘과 땅을 연결하고 있는 사닥다리...
하늘의 하나님과 땅의 피조물을 연결하고 있는 겁니다.
특히 하나님과 사람 사이를 연결하는 겁니다. 그리스도시랍니다.
본문은 사닥다리를 오르락 내리락하고 있는 영물(靈物),
여호와의 사자까지도 말하고 있으니
그 역할이 분명해지는 거지요.
(종종 사닥다리를 믿음이나 교회로 상징을 하기도 하고
루터같은 경우는 '성육신의 신비'라고 하기도 합니다만
그런 것 같지는 않습니다.)

야곱의 인생 모든 것을 하늘 하나님께 알리고
하나님의 도우심을 전달하는 게 있습니다.
사닥다리와 그 위에 오르락 내리락하는 여호와의 사자네요.
우리가 인생길을 지나가는 동안 우리의 모든 것을
하늘 하나님께 전하는 분이 계시답니다.

우리를 위해 하나님이 준비하신 은혜들을
전달하는 분이 계시답니다.
그분은 바로 우리의 구세주 예수 그리스도시랍니다.

세 가지 약속을 받았습니다.
첫째는 (집에서 쫓겨난 자에게) 땅을 주겠다는 약속입니다.
두 번째는 (수많은) 자손을 주겠다는 것이고
세 번째는 (집을 떠나 있는 동안) 보호해 주겠다는 약속이지요.
생각할 것이 있습니다.
야곱은 상속자의 축복을 누리기 위해 사기꾼(?)
같은 일을 했는데
결국 아브라함과 이삭이 가진 재산은
한 푼도 건질 수 없는 추방자가 되었다는 것이며
나이가 팔십이 가까운데도 아직 결혼도 하지 않았다는 겁니다.
게다가 집을 떠나 있는 동안 하나님이
함께 한다는 말씀을 보면
객지 생활이 상당히 오래 될 것을 말하는 것 같은 거지요.

이 모든 것이 현시점에서는 말장난 하는 것 같이
들릴 수도 있답니다.
그러나 야곱은 이런 상황중에도 하나님의 말씀을 믿고
즐거워하고 있는 거지요.
그 역시 믿음의 조상이라는 칭호를 들을 만한 거랍니다.
믿음은 현실을 보고 따지는 게 아니라

약속된 미래를 현실에서 즐기는 걸 말합니다.
사람은 생각에 있어서도 현실을 떠나지 못합니다.
그렇기에 현실에 충실하려 하고 현실에서
모든 걸 누리고 싶어하지요.
현실의 풍성함을 위해 야곱처럼 열심히 살기도 하고
사기꾼같은 행동도 하는 겁니다.
그러나 그런 현실을 위해 머리를 굴리고 열심히 삽니다만
그런 현실이 오지 않지요.
오히려 기대한 현실과는 멀어지고
그런 현실에서 추방당해 고통의 길을 간답니다.
그러면서 배운 게 현실이 아닌 미래를 보게 되는 거지요.
하나님 계신 곳을 보게 되는 거랍니다.
영원한 세계를 보게 되는 거지요.
하나님이 보여주신 겁니다.
그 하나님이 보여주신 것에 동의하면
하나님이 그 미래를 책임져 주신다고 하시는 것이며
그일이 이루어질 때까지 하나님이 함께 하신다는 겁니다.
야곱에게 주신 약속은 그런 의미지요.

꿈인지 생시인지는 구분이 되지를 않았습니다만 이런 상황은 야곱에게 생명을 주는 것 같았습니다. 그리고 이런 분위기가 계속 되면 좋겠는 겁니다. 그러나 곧 모든 것이 사라졌답니다. 너무 좋다가 깼답니다. 아직 새벽 미명이었습니다만 더 이상 잠이 오질 않았습니다.

'이건 계시야! 분명 꿈이 아니야. 아브라함과 이삭에게 나타나셨던 하나님이 나에게도 나타나신 거야. 이곳에 하나님이 계시다니…'

지금까지 자신에 대하여 처량하다는 생각으로 충만하던 야곱이 졸지에 하나님 생각으로 충만해진 겁니다.

'여기가 하나님이 계신 곳이로구먼. 여기가 하나님의 집이고 하늘의 문이 있는 곳이야!'

야곱은 흥분하고 있었습니다. 팔십 평생 살면서 경험하지 못했던 하나님을 경험한 겁니다. 오래 전 아브라함과 이삭이 하나님에 대하여 말할 때는 대수롭지 않게 여겼었습니다. 하나님의 약속보다는 스스로 성실하게 사는 것이 훨씬 중요했었습니다만 이곳에서의 하나님 경험은 그의 생각을 완전히 바꾸고 있었던 겁니다.

'여기가 하나님의 집임을 표시해 두어야지.'

야곱은 혼잣말을 하면서 해가 뜨면 자신이 베개했던 돌을 세우고 그 돌 위에 지니고 있던 기름을 붓고 하나님을 만난 기념비를 세워야겠다고 마음을 먹었답니다.

'이곳 이름은 벧엘이야, 벧엘. 하나님의 집이라구! 이곳은 루스가 아니야. 나에겐 벧엘이야, 벧엘!'

원래 루스라고 하는 이름이 있었습니다만 야곱은 그곳을 벧엘, 하나님의 집이라고 부르기로 했답니다.

『야곱이 잠이 깨어 가로되 여호와께서 과연 여기 계시거늘 내가 알지 못하였도다 이에 두려워하여 가로되 두렵도다 이곳이여 다른 것이 아니라 이는 하나님의 전이요 이는 하늘의 문이로다 하고 야곱이 아침에 일찌기 일어나 베개하였던 돌을 가져 기둥으로 세우고 그 위에 기름을 붓고 그곳 이름을 벧엘이라 하였더라 이 성의 본 이름은 루스더라』(:16-19)

그리스도인에겐 각각의 벧엘에 있지요.
하나님을 만나고 주님을 만난 곳을 말합니다.
당신의 벧엘은 무엇인지요?
주께서 다가오셔서 생각과 삶을 바꿔주신 것을
기억하는지요?
야곱은 그걸 잊지 않기 위해 기념비를 세웠답니다.
처음의 은혜, 처음의 사랑을 잊지 마세요.
잊지 않으려고 노력하고 표시해 두세요.
그렇지 않으면 사탄이 와서 처음을 잊게 하고
오히려 불평하는 사람이 되게 한답니다.
에베소 교회가 처음의 사랑을 잊었기에
은혜에서 떨어졌답니다.
그래서 주님의 책망을 들었고 처음 사랑을

회복하라는 권면을 들은 거랍니다.
당신의 벧엘은 어디이며 어떤 표시를 해두고 있나요?

"하나님이시여, 당신이 나와 함께 하시고 나를 지키시고 먹이시며 입히시다가 평안히 아버지 집으로 돌아오게 하신다 하셨사오니 그땐 제가 하나님을 나의 하나님으로 섬기겠나이다. 여기 세운 이 돌기둥이 하나님의 전이 될 것이고 당신께서 내게 주신 모든 것의 십분의 일을 반드시 드리겠나이다."

『야곱이 서원하여 가로되 하나님이 나와 함께 계시사 내가 가는 이 길에서 나를 지키시고 먹을 양식과 입을 옷을 주사 나로 평안히 아비 집으로 돌아가게 하시오면 여호와께서 나의 하나님이 되실 것이요 내가 기둥으로 세운 이 돌이 하나님의 전이 될 것이요 하나님께서 내게 주신 모든 것에서 십분 일을 내가 반드시 하나님께 드리겠나이다 하였더라』(:20-22)

하나님의 약속(:13-15)과 본문에 기록된 야곱의 서원이
차이가 있습니다.
본문을 보면 매우 현실적인 대답만을 하고 있는 것 같기
때문입니다.
하나님은 미래를 말씀하시는데
야곱은 미래에 대한 응답은 하지 않고 있거든요.
두 가지로 해석을 합니다.
첫째는 야곱은 보이지 않는 미래의 약속을
중요하지 않게 여기고 있다는 해석입니다.

그는 현실주의자라는 비판이지요.
두 번째는 미래까지도 포함한 감사의 표현이라는 해석입니다.
단지 미래를 말하지 않았을 뿐이지
분명 미래에 대한 축복의 말씀에도 감사하였다는 겁니다.
필자는 두 번째 해석을 따르고 싶습니다.
상황이 얼마나 영광스러운데 미래는 저버리고
현실만을 말하겠는지요.
그의 표현에는 모든 것이 포함되어 있는 겁니다.

받은 은혜에 보답할 생각을 하세요.
온 몸을 드린다 해도 받은 은혜에 보답할 수 없을 겁니다만
그래도 마음을 드리는 게 아름다운 겁니다.
주님은 꽃 한 송이가 없는 게 아닙니다.
일할 사람이 없는 게 아닙니다.
물질이 없는 분도 아니랍니다.
그러나 그 작은 하나를 드리는 것이
주님의 마음을 기쁘게 한답니다.
은혜받은 열 명의 문둥병자들이 왜 고마워하지 않았겠어요?
그러나 일부러 찾아와 고맙다고 표현을 한
'그 한 사람'으로 인해 주님은 기뻐하신 거랍니다.
받은 은혜에 보답하는 사람되자구요!

9

>> 아홉 번째 이야기 창 29-31장

훈련장에 들어간 야곱

야곱의 하란에서의 생활은 어색하기도 했지만 새로운 기대도 있었습니다. 도착한 다음 날부터 아침 일찍 일어나 일을 하는 건 브엘세바에서나 마찬가지였습니다. 그에게는 게으름이 부담스러웠습니다. 일하는 것도 어색하지 않았습니다. 다른 사람이 하는 일에 폐를 끼치지 않는 것은 물론이고 기분 좋게 도와주는 법도 알았습니다. 자신에게 마땅히 주어진 일이 없을 때도 둘러보고 일을 찾아서 했습니다. 그의 부지런함과 지혜로움은 모든 사람에게 환영을 받았고 라헬의 관심을 끌었으며 삼촌인 라반에게는 더할 나위 없이 인정을 받았지요"이보게나 조카?"하란에 거한 지 한 달쯤 되는 때에 라반이 야곱에게 찾아온 겁니다."조카, 자네가 내 집

❶ 창 29:1-20
라반을 만나다

이상하게도 발걸음이 가벼웠습니다.

자신이 생기는 것 같았습니다. 하나님 생각으로 가득차 있었습니다. 의도적으로 하나님을 생각한 것이 아니라 저절로 하나님 생각이 드는 겁니다. 콧노래가 나올 정도였으니까요. 얼마 전까지만 해도 가는 길이 무섭고 힘겨웠는데 지금은 그렇지가 않은 겁니다.

며칠을 걸어왔습니다. 쉬기도 하고 길에서 잠을 자기도 한 날 수가 한참이나 되었지요. 이날도 작열하는 태양을 피하기 위해 주위를 살펴보고 있는데 저 멀리 양 떼들이 모여 있는 걸 발견한 겁니다. 분명 그곳에 가면 목동이 있을 것이고 그들에게 쉴 곳을 물어야겠다고 생각하고 갔답니다.

"안녕들 하십니까?"

야곱은 목동들에게 인사를 했습니다. 낯선 사람의 인사를 받은 목동들은 서로 얼굴을 쳐다보면서 서먹해 하고 있었습니다.

"양 떼가 세 떼입니다. 한 사람의 것 같지는 않고 주인이 다르지요?"

야곱은 오랜 경험으로 인해 양만 보면 같은 사람의 양인지 아니면 서로 주인이 다른지를 구분 할 수 있었답니다.

"댁들은 어디서 와 양들을 지키고 있는 거요?"

야곱의 질문이었습니다.

"아주 멀리서 왔지요. 하란에서 왔수다, 하란."

야곱은 하란이란 말에 정신이 번쩍 들었습니다.

"하란이라 하셨소? 그럼 나홀이라고 하는 분의 손자인 라반을 아십니까?"

"알다마다요. 라반을 찾아가시는 거요?"

"그렇소이다. 내 그분을 찾아 가는 중이요. 그래, 그분은 평안하신지요?"

"아, 라반이야 잘 살고 있지요. 그 양반은 부족함이 없는 부자가 아닙니까? 사는 데 걱정이 없는 사람입니다. 라반을 찾아 오셨다고 하니 잘 됐습니다. 아마 그 댁 따님인 라헬이 양을 몰고 이곳에 올거요. 조금 기다리시오. 라반의 딸인 라헬을 만날 테니. 아주 미인입니다."

야곱은 자신이 찾는 나홀의 손녀가 온다는 말에 가슴이 뛰었습니다. 하나님께서 길을 순탄하게 인도하신다는 확신이 생긴 겁니다.

『야곱이 발행하여 동방 사람의 땅에 이르러 본즉 들에 우물이 있고 그 곁에 양 세 떼가 누웠으니 이는 목자들이 그 우물에서 물을 양 떼에게 먹임이라 큰 돌로 우물 아구를 덮었다가 모든 떼가 모이면 그들이 우물 아구에서 돌을 옮기고 양에게 물을 먹이고는 여전히 우물 아구 그 자리에 돌을 덮더라 야곱이 그들에게 이르되 나의 형제여 어디로서뇨 그들이 가로되 하란에서로라 야곱이 그들에게 이르되 너희가 나홀의 손자 라반을 아느냐 그들이 가로되 아노라 야곱이 그들에게 이르되 그가 평안하냐 가로되 평안하니라 그 딸 라헬이 지금 양을 몰고 오느니라』(:1-6)

"라헬이라는 나홀의 손녀가 온다니 반가운 소식이구려. 그나저나 이보시오들, 지금 해가 중천에 있는데 이리 한가하게 앉아 있어서 되겠소이까? 내 생각에는 짐승들에게 한창 풀을 뜯어 먹게 한다든지 활동을 하게 해야 할 것 같은데 이리 모아두면 안되는 거 아닙니까?"

목자들은 야곱의 말에 찔렸습니다. 사실 그의 말대로 양들에게 얼른 물을 먹이고 들로 끌고 나가 자유롭게 풀을 뜯게 하거나 운동을 하게 해야 하는 것이 옳지만 자신들이 쉬고 싶어 게으름을 피우고 있는 중이었거든요.

"내 그대들의 피곤함을 알지만 그래도 그러면 안되지요. 얼른 짐승들에게 물을 마시우고 가서 풀을 뜯게 하시오."

"짐승을 키워 보셨수?"

쉬고 있는데 정곡을 찌르는 나그네 야곱의 말에 목자들은 기분이 언짢아 되물었습니다.

"이보시오. 고생스럽겠습니다만 우물을 덮고 있는 돌을 치우고 양들에게 물을 먹이고 풀을 뜯기시지 왜들 이렇게 한가하게 앉아들 계신거유? 당신들의 주인이 알면 경을 칠 일 아니겠소?"

오랜 경험으로 지금 시각은 양들에게 물을 마시우고 풀을 뜯어 먹게 해야 양들에게 좋다는 걸 알고 있는 노련한 야곱이 게으름을 피고 있는 목동들에게 한마디 한 겁니다.

"당신이 누군지는 모르겠소이다마는 짐승에 대해서 좀 아시는구려. 그렇지만 이 더운 때 우리도 좀 쉬어야 하지 않겠소이까? 이놈들에게 물을 마시게 하려면 우물을 막고 있는 돌을 치워야 하는데 치웠다 덮었다 하는 게 혼자는 하기 어려운 일이라오. 그래서 우리가 약속을 했소이다. 서로 이 시간쯤 모여서 우물을 덮은 돌을 치우고 물를 같이 마신 후에 흩어지자는 거요. 그래야 우리도 좀 편하고 쉴 수도 있단 말이요. 당신이 기다리는 라헬도 그런 약속 때문에 이 시간 오고 있다는 말이요."

『야곱이 가로되 해가 아직 높은즉 짐승 모일 때가 아니니 양에게 물을 먹이고 가서 뜯기라 그들이 가로되 우리가 그리하지 못하겠노라 떼가 다 모이고 목자들이 우물 아구에서 돌을 옮겨야 우리가 양에게 물을 먹이느니라』(:7)

나그네 된 야곱이지만 상황을 분별할 수 있는 능력이 있습니다.
목자들이 제대로 일을 하고 있는지 아니면
꾀를 부리고 있는지를 안답니다.
양들을 어디로 어떻게 인도해야 하는지를 알고 있는 겁니다.
그가 오랜 세월 동안 성실하게 짐승을 키워왔기 때문이지요.
우리에게도 그런 지혜가 있어야 한답니다.
세상을 보는 지혜입니다.
때를 구분하는 지혜를 가지고 있어야지요.
그러기 위해서는 세월을 아끼면서 성실하게
살았어야 하는 것이구요.

"저기 라헬이 오는구려. 예쁘기도 하지. 저 처자가 당신이 기다리는 나홀의 손녀라오. 아비 라반의 양들을 저리도 잘 키우니 누가 저 처자를 데리고 갈지 복덩어리를 데리고 가는 것일 거외다."

"처자가 라헬이요?"

양들을 데리고 우물 가까이 온 라헬에게 야곱이 물었습니다.

"처음 보는 분이시네요? 멀리서 오셨는가 봅니다."

라헬은 기다리고 있었던 다른 목자들에게 인사를 하고는 야곱의 말을 받았습니다.

"여인의 몸으로 쉽지 않은 일을 하시는구려. 내가 그대를 좀 돕겠소이다."

야곱은 능청스럽게 라헬에게 접근하여 친절을 베푸는 거였습니다. 우물을 덮은 돌을 옮기는 것은 쉽지가 않았습니다만 온 힘을 다해 그 무거운 우물의 돌 덮게를 밀어 옮기려 했습니다.

"초면에 실례입니다만 도와주신다면 고맙지요. 우물을 덮은 돌을 옮기는 일이나 도와주세요. 기왕이면 물까지 길어서 제 양들에게 주시면 더 감사하겠구요."

라헬은 붙임성이 좋았습니다. 처음 보는 사람에게도 부담되지 않게 말을 붙였고 또 밉지 않게 행동했답니다. 그런데 양들에게 물을 먹이던 야곱이 갑자기 라헬에게 다가가 살짝 끌어안고는 입을 맞추는 겁니다. 라헬은 당황스러웠고 황당하여 소리를 지르려했으나 자신에게 입을 맞추는 나그네가 졸지에 눈물을 흘리고 있기에 이러지도 저러지도 못했답니다. 그때 그 모습을 본 목자들이 드디어 입을 열었습니다.

"이보게나, 라헬! 그대 집을 찾아온 분이야. 자네 집 손님인데 그렇게 막 부려먹어도 되는 거야? 하하하"

라헬은 깜짝 놀랐습니다.

"그래요? 우리 집을 찾아 오셨어요? 아버질 찾아오신 거에요? 누구신데요?"

라헬은 자기 집을 찾아온 손님이라는 말에 눈이 동그래져서 이것저것을 물었습니다.

"그렇소이다. 내가 그대 아비를 찾아 먼 길을 온 사람이요. 그대 아버지가 라반이고 할아버지가 나홀이시지요?"

야곱은 라헬을 바라보면서 격앙된 감정을 삭이지 못하고 그만 통곡을 하면서 울었답니다. 라헬은 나이든 외지의 손님의 통곡에 멋쩍어 했습니다.

"어르신, 왜 그러십니까? 뵙기가 민망하네요. 이제 그만 그치시고 도대체 당신이 누구신지를 말씀해 주세요."

라헬은 주변을 두리번거리면서 민망한 듯 말을 했습니다.

"이보게나. 자네가 라반의 딸 라헬이라고 했지?"

야곱은 라헬의 어깨를 잡으며 포옹을 하면서 또 울었답니다.

"나는 말이네 자네 아비의 여동생 리브가의 아들이라이. 자네 아비 라반의 생질이야. 자네는 내 사촌 누이고."

라헬은 눈물을 흘리며 말하는 야곱의 말을 듣고는 마음이 놓이는 듯 말을 이었습니다.

"정말이세요? 제 사촌이신 거에요? 우리 아버지에게 리브가라는 동생이 있다는 말은 저도 들었지요. 그분의 아드님이라는 말씀이지요? 이럴 수가! 이러고 있을 때가 아니네요. 어서 가셔야지요. 어서 우리 집에 가셔서 아버님을 뵈어야지요."

라헬도 사촌을 만난 것이 너무도 반가웠답니다.

『야곱이 그들과 말하는 중에 라헬이 그 아비의 양과 함께 오니 그가 그의 양들을 침이었더라 야곱이 그 외삼촌 라반의 딸 라헬과 그 외삼촌의 양을 보고 나아가서 우물 아구에서 돌을 옮기고 외삼촌 라반의 양 떼에게 물을 먹이고 그가 라헬에게 입맞추고 소리 내어 울며 그에게 자기가 그의 아비의 생질이요 리브가의 아들됨을 고하였더니』(:9-12상)

"아버지! 손님이 오셨어요."

두 가지 궁금함이 있습니다.

하나는 야곱이 우물을 막은 돌을 혼자 옮겼을까 하는 것입니다. 분명 상당히 무거운 돌이었을 텐데 말입니다. 어떤 신학자(궁켈)는 야곱은 우물의 아구를 막은 돌을 옮기기에 충분한 힘을 가지고 있었다고 설명하기도 합니다만 야곱의 나이를 보면 그럴 것 같지 않습니다. 오히려 라헬이 도왔을 수도 있고 함께 우물의 돌을 옮기려고 기다리고 있던 목자들과 함께 옮겼을 가능성이 많지 않겠나 하는 생각입니다. 또 하나 궁금한 것은 야곱이 라헬에게 키스를 했다고 하는데 그게 첫눈에 반한 걸까요? 그런 해석도 있습니다만 야곱의 나이가 한 여인을 보고 첫눈에 반해서 입을 맞출 정도로 자기 통제력이 없다고 생각하지는 않습니다. 첫눈에 반해서 한 행동이라기보다는 먼 길을 여행하고 만난 사촌이기에 반가움이 커서 그랬을 거라는 생각입니다. 게다가 친척이니 당시 풍습에 따라 가벼운 키스는 상례적인 인사가 아니었을까요? 그런데도 궁금한 건 자신을 친척이라고 소개하지 않은 상태에서 무작정 키스를 먼저 했다는 겁니다. 아마 라헬도 황당했을테지요.

라헬은 양 떼를 집 근처에 두고는 아버지 라반을 찾았습니다.

"누가 왔다고? 손님? 웬 손님이냐? 올 손님이 없는데."

라반은 라헬의 말을 듣고 이상해했습니다.

"아버지, 이분인데요. 아버지의 동생 리브가의 아들이시라네요. 우리 집을 찾아 오셨대요."

라헬은 흥분된 목소리로 야곱과 라반을 번갈아 쳐다보면서 말을 하고 있었습니다.

"어디서 오셨다구? 리브가의 아들이라고?"

라반도 라헬의 말을 듣고는 눈이 동그래져 되물었습니다.

"예, 제가 리브가의 아들입니다. 이름은 야곱이구요. 안녕하십니까? 외삼촌."

야곱은 정중하게 자신을 소개하였습니다.

"자네가 정말 내 동생 리브가의 아들인가?"

"예. 제가 리브가의 아들이고 이삭의 아들입니다."

야곱은 라반에게 자신이 여기까지 오게 된 이유를 상세히 설명했습니다.

"그래. 자네가 분명 내 동생 리브가의 아들이 맞구먼. 반가워, 반갑다구. 이게 꿈인지 생시인지. 내 동생을 떠나 보내고 다시는 못보나 했더니 그 아들을 보게 되었구먼. 그대가 내 가족이야. 그러니 아무 염려 말고 여기서 머물게나."

라반은 야곱을 보면서 그 감정을 견딜 수가 없었습니다.

"라헬아, 야곱에게 방을 하나 내 주거라. 여기 있는 동안 불편함이 없도록 잘 도와주고. 이 야곱이 네 사촌 오라비다. 내 하나밖에 없는 누이의 아들이야. 그러니 잘 대접해드려. 알겠지?"

라헬은 아버지의 부탁에 따라 방은 물론 야곱으로 하여금 불편함이 없도록 모든 일을 앞장서서 준비해 주었고 또 집안사람들은 물론 다른 사람들에게까지도 야곱을 소개했답니다.

야곱의 하란에서의 생활은 어색하기도 했지만 새로운 기대도 있었습니다. 도착한 다음 날부터 아침 일찍 일어나 일을 하는 건 브엘세바에서나 마찬가지였습니다. 그에게는 게으름이 부담스러웠습니다. 일하는 것도 어색하지 않았습니다. 다른 사람이 하는 일에 폐를 끼치지 않는 것은 물론이고 기분 좋게 도와주는 법도 알았습니다. 자신에게 마땅히 주어진 일이 없음에도 불구하고 일을 찾아서 했습니다. 그의 부지런함과 지혜로움은 모든 사람에게 환영을 받았고 라헬의 관심을 끌었으며 삼촌인 라반에게는 더할 나위 없이 인정을 받았지요.

"이보게나 조카?"

하란에 거한 지 한 달쯤 되는 때에 라반이 야곱에게 찾아온 겁니다.

"조카, 자네가 내 집에 온 지도 벌써 한 달이 되었네. 이곳에서 얼마나 있을지 모르겠네만 마음 푹 놓고 있게나. 내 자네를 보면 오래전 헤어진 자네 어미가 옆에 있는 것 같아 좋구먼. 그리고 아무리 조카지만 일을 할 때 그 삯을 주어야 내 마음이 편할 것이니 자네의 보수를 어떻게 정하면 좋을지 말해보게나."

라반으로부터 뜻밖의 제안을 들은 야곱은 몇 번 거절하였습니다만 라반의 간곡한 청에 더 이상은 거절할 수가 없었습니다.

"삼촌, 실은..."

"뭔가? 말하게나. 내가 자네의 말이라면 다 듣겠네."

"실은 제가 삼촌의 둘째 딸인 라헬을 아내로 얻고 싶습니다."

라헬을 아내로 얻고 싶다는 야곱의 말에 라반은 깜짝 놀랐습니다. 그러면서도 속으로는 야곱이 자신의 사위가 된다면 보수를 주지 않아도 일을 시킬 수 있겠다는 계산도 하고 있었지요.

"삼촌이 허락하신다면 라헬을 위해 제가 칠 년을 봉사하겠습니다. 칠 년 후에 라헬을 제게 아내로 주십시오. 그거면 충분합니다."

"이 사람아, 그거야 나도 대환영이지. 다른 사내에게 주는 것보다 자네에게 주면 내 마음 또한 기쁘다네. 내 그렇게 할테니 다른 생각하지 말고 내 집에서 일하게나."

야곱은 라반의 약속을 듣고는 하늘을 날 것처럼 행복했습니다. 전에도 라헬을 볼 때면 가슴이 두근거렸지만 삼촌의 약속을 받자 부러울 것이 없었습니다.

야곱은 열심히 일했습니다. 자신이 사랑할 뿐 아니라 결혼을 약속받은 여인과 한 지붕 아래서 산다는 것이 얼마나 행복했는지 모릅니다. 라헬 역시 야곱에 대한 친절이 남달랐습니다. 브엘세바를 떠나 하란에 와서는 라헬 때문에 외로움을 이길 수 있었습니다. 하루하루 시간 가는줄 모를 정도였습니다. 그렇게 칠 년이 지나갔습니다.

『야곱이 한 달을 그와 함께 거하더니 야곱이 라반에게 이르되 네가 비록 나의 생질이나 어찌 공으로 내 일만 하겠느냐 무엇이 네 보수겠느냐 내게 고하라 라반이 두 딸이 있으니 형의 이름은 레아요 아우의 이름은 라헬이라 레아는 안력이 부족하고 라헬은 곱고 아리따우니 야곱이 라헬을 연애하므로 대답하되 내가 외삼촌의 작은 딸 라헬을 위하여 외삼촌에게 칠 년을 봉사하리이다 라반이 가로되 그를 네게 주는 것이 타인에게 주는 것보다 나으니 나와 함께 있으라 야곱이 라헬을 위하여 칠 년 동안 라반을 봉사하였으나 그를 연애하는 까닭에 칠 년을 수일같이 여겼더라』(:14하-20)

사랑은 생명입니다.
피곤을 이기게 하는 것이 사랑이랍니다.
삶에 의욕을 주는 것이 사랑이지요.
사랑은 물질을 초월합니다.

국경을 문제 삼지 않습니다.
인종을 문제 삼지 않는답니다.

우리를 향한 주님의 사랑이 크답니다.
하늘의 영광을 다 버린 사랑입니다.
비천한 육신의 몸을 입으신 사랑입니다.
몸을 제물 삼으신 사랑이지요.
우리는 그런 사랑을 받고 사는 사람들이랍니다.

사실 라반은 야곱의 성실성에 반하기도 했습니다만 그가 가지고 있는 장자권에 대한 관심이 남달랐습니다. 야곱의 이야기를 통해 이삭과 리브가가 가지고 있는 재산이 얼마나 되는지를 알고 있었고 결국 그 재산을 야곱이 상속받게 될 거라는 걸 짐작하고 있었던 거지요. 그래서 야곱을 잘 대접하려는 생각을 함과 동시에 자신의 식구로 만들고 싶었던 거랍니다. 그런데 야곱이 라헬을 사랑하고 있는 게 보인 겁니다. 그래서 야곱을 아예 사위로 삼겠다는 마음을 먹고 접근을 한 것이었지요. 라반은 교활했던 겁니다. 일반적으로 남자가 여인을 데리고 갈 경우 지참금을 지불해야 했는데 라헬은 지참금에 대한 것은 문제를 삼지도 않았습니다. 몇 푼의 지참금보다는 얼마 후에는 이삭의 엄청난 재산이 통째로 자신의 것이 될 수 있다는 계산 때문이었던 겁니다.

라반에게는 라헬 외에 큰 딸이 하나 더 있었습니다. 이름은 레아였는데 안타깝게도 라헬과 비교하여 아름답지 못했답니다. 아니 외모에서는 여자다운

야곱의 나이를 계산해 볼까요?

야곱의 아버지인 이삭이 사십 세에 장가를 들었습니다(창 25:20). 그리고 이십 년 후, 육십 세에 쌍둥이를 낳았지요. 에서와 야곱이었습니다(창 25:26). 그 후 에서가 사십 세에 장가를 들었으니 이삭의 나이는 백 세였던 겁니다(창 26:34). 물론 야곱은 에서와 한 날에 태어났으니 그 역시 사십 세였구요. 여기까지는 계산이 잘 됩니다.

그렇다면 야곱이 하란의 라반의 집에 도착한 때는 몇 살 때일까요? 이걸 계산하기 위해서는 그의 열한 번째 아들인 요셉 이야기에서부터 거꾸로 시작해야 합니다. 우선 야곱의 백 사십칠 세(147세) 때의 기록이 있습니다(창 47:28). 야곱이 요셉의 초청을 받아 애굽에서 산 년 수가 십칠 년이라고 기록하면서 그 때의 야곱 나이가 백 사십칠 세(147세)라고 알려 주고 있는 겁니다. 그 기록은 야곱이 애굽에 들어간 나이가 백삼십 세(130세)였다고 하는 말입니다. 대가뭄으로 인해 고생하고 있을 때 요셉이 초청을 한 겁니다. 그러니 기근이 시작 전에는 애굽에 오지 않았다는 말이지요.

하여간 기근이 시작하자마자 애굽에 온 것을 합해 십칠 년을 산 것이지요. 그리고 기근 전에는 대풍년의 기간이 칠 년 있었습니다. 그렇다면 여기서 풍년이 시작될 때 야곱의 나이는 백이십이 세(122세)라는 계산이 나옵니다. 바로 이때, 세상에 대풍년이 시작될 때 요셉이 총리가 되었는데 성경은 요셉이 총리가 된 때와 나이를 알려 주고 있지요. 그의 나이가 삼십 세였다지요(창 41:46). 여기까지 정리해서 말하면 요셉이 총리가 된 때 (30세) 야곱은 백 이십이 세(122세)입니다. 요셉이 형제들에게 팔린 나이는 열일곱 살(17세)이었습니다(창 37:2). 이때 야곱의 나이는 백구 세(109세)입니다. 요셉이 태어날 때 야곱의 나이는 구십이 세(92세)였다는 말이구요. 야곱이 요셉을 낳은 곳은 그의 삼촌인 라반의 집이었습니다(창 30:22-24). 야곱은 요셉을 낳고 약 육 년(6년)을 더 라반 집에 있었던 것 같습니다(창

31:41). 그 기간 동안 자기 재산을 만들었고 거부가 되었지요(창 30:25-43). 요셉을 낳은 후 6년 더 라반의 집에 있었다면 야곱이 라반의 집을 떠날 때의 나이가 계산됩니다. 98세이지요. 반면에 라헬과의 결혼을 위해서 14년 무료 봉사를 하였으니 그가 하란의 라반의 집에서 살기 시작한 때의 나이 계산은 간단히 나옵니다. 칠십팔 세(78세)인 거지요.

재미있는 것은 야곱이 에서에게서 장자권을 산 것이 사십 세(40세) 이전이었을 것이라는 것과 그 후 약 27년 동안은(이삭이 야곱에게 축복을 한 때, 이삭의 나이 137세) 장자의 문제로 형제 간 아무런 문제가 없었을 가능성이 많다는 해석입니다. 그러다가 야곱이나 에서가 아주 어른이 되었을 나이(77-78세)에 축복을 받는 문제로 형제 간의 문제가 생긴 거라는 말이지요.

아름다움을 찾아보기가 어려웠습니다. 특히 레아의 눈은 예쁘지가 않았습니다. 그에게는 매력이라는 게 없었던 거지요. 야곱도 레아에 대하여는 사촌 이상도 이하도 아니었습니다. 반면에 예쁜 라헬에게는 사촌 관계를 넘어서 이성의 감정이었습니다. 라반은 야곱이 라헬을 좋아하는 것을 알았지만 이참에 레아까지도 야곱에게 주어야겠다는 생각을 한 겁니다. 그렇게 되면 훗날 야곱이 이삭의 재산을 상속받게 될 때 두 딸의 것이 된다는 계산이었던 것이지요.

❷ 창 29:21-30
사기당한 사람

행복한 칠 년이었습니다. 한 사람을 사랑하는 것이 이렇게 좋고 마음을 들뜨게 하는 것인줄 예전에는 미처 몰랐습니다. 한 방에서 한 솥 밥을 먹으면서 사랑을 나누는 것이 아니었습니다. 마음만 나누는 사랑이라서 그런지는 몰라도 칠 년을 지내는 동안 사랑을 주고 싶고 받고 싶은, 그러면서도 마음만을 주어야 하는 안타까움이 충만해서 그런지 시간이 무척이나 빨리 지나갔습니다. 고생도 보람이 있었습니다. 하루하루를 사랑하는 사람을 얻을 것이라는 목표로 충실히 지냈지요. 사랑은 무서운 거였습니다.

얼마 있으면 약속한 칠 년째가 됩니다. 야곱은 그날이 가까워올수록 흥분

되는 마음으로 인해 잠을 이루지를 못하는 겁니다. 얼마 후면 그날인데 그날까지의 시계는 멈춰있는 것처럼 답답하게 흐르고 있었죠. 그 마음은 라헬도 마찬가지였답니다.

야곱이 아침부터 싱글벙글입니다. 남들이 일어나기 전부터 부산을 떨면서 정중한 옷차림을 하는 겁니다. 오늘이 바로 라헬을 얻기 위해 고생한 칠 년이 끝나고 첫 날이기 때문입니다. 라반에게 당당한 모습으로 라헬을 달라고 할 수 있는 날이거든요.

한 여인을 기다리는 마음이 칠 년을 수일처럼 지나게 했답니다.
우리의 주님을 기다리는 마음은 어떤지요?
신랑되신 주님을 만날 날이 다가오기에
어려움도 억울함도, 힘든 것도 답답함도, 눈물도
이겨내고 있는지요.
칠 년이 아니라 그보다 더한 세월이라도
주님을 기다리는 사람이기에
수 일처럼 지내는 거룩한 성도이길 바랍니다.

"삼촌, 야곱입니다."

야곱은 라반이 일어난 것을 알고는 미리부터 찾아갔습니다.

"들어오게나. 마음이 급하시구먼. 내 자네가 일찍 찾아올 줄 알았지."

라반도 이날 야곱이 찾아올 것을 알고 있었습니다.

"삼촌, 오늘이 그날입니다. 제가 칠 년을 부지런히 지냈던 목표를 이루는 그날인 걸 아시지요?"

야곱은 라헬을 품에 안을 수 있다는 흥분으로 가득 찬 말투였습니다.

"암, 알다마다. 그 동안 수고가 많았네. 내 약속을 지킬 것이니 염려하지 말게나. 나도 알고 미리 사람들을 초청했지. 그래도 내 딸이 시집을 가는 날이 아닌가? 그러니 저녁에는 손님들이 가득할 것일세. 오늘은 온 종일 먹고 마시게나. 저녁에 내 딸을 자네 처소로 들여 보내겠네."

『야곱이 라반에게 이르되 내 기한이 찼으니 내 아내를 내게 주소서 내가 그에게 들어가겠나이다』(:21)

온 종일 손님이 끊어지지 않았습니다. 라반의 딸이 시집을 간다니 주변 사람들이 축하하기 위해 찾아온 겁니다. 라반도 기뻐하고 있었고 주인공인 야곱도 축하를 받았지요. 야곱은 손님들로부터 받아마신 축하주로 인해 정신이 혼미할 만큼 취해가고 있었습니다. 그러나 정신을 바짝 차렸답니다. 첫날밤을 잘 치뤄야 하겠기 때문입니다. 아니, 라헬과 함께 있을 그 생각만 하면 취했던 술이 깨는 것 같았습니다. 지난 칠 년 동안 라헬을 그리도 사랑했지만 사실 손 한번 제대로 잡아보지를 않았거든요! 그렇기에 더 오늘밤이 기다려졌습니다.

"라헬!"

라반이 라헬을 불렀습니다.

야곱과의 결혼이 이루어진다는 것에 라헬도 흥분이 되어있었습니다. 아버지가 자신을 부른 것은 의심할 여지없이 오늘 저녁 야곱에게 들어가라는 말을 하실 거라는 생각이었습니다.

"예, 아버지."

"너 아비의 말을 잘 들어라. 나도 네가 야곱을 연모하는 마음을 잘 안다만 네 언니가 먼저다!"

라반의 말은 단호했습니다.

"예? 언니라뇨? 언니가 먼저라는 게 무슨 말씀이세요?"

라헬은 뜻밖의 말에 어리둥절했습니다.

"오늘 야곱의 아내가 될 사람은 네가 아니라 네 언니 레아야. 레아가 야곱의 아내가 된다는 말이야!"

"아버지? 그게 말이나 되는 말씀이세요? 그리고 언니가 그걸 받아들이겠어요? 언니도 나와 야곱의 관계를 잘 알고 있는데 말이에요. 아니 온 집안 사람들이 다 알고 있는 일인데 어떻게 그런 생각을 하실 수가 있는 거예요?"

라헬은 다시 소리를 지르며 대들었습니다.

"아버지, 언니가 그러겠다고 하나요?"

레아의 이야기를 하는데도 라반은 담담한 표정이었습니다. 마치 모든 일이 잘 진행되고 있고 라헬만 양보해주면 된다는 반응이었습니다.

"아버지, 그럼 레아도 아버지 뜻을 따르겠다는 거예요? 아하, 그래서 온종일 레아가 보이지를 않는 거군요. 이제야 알겠네요. 모두들 너무하네요. 나를 속이고 야곱을 속여요? 그럴 수는 없는 거지요!"

"내가 다 생각이 있어서 결정한 것이니 너무 섭섭해하지 말거라. 그래야 집안에 질서가 잡히는 것이야. 그러니 오늘 야곱 처소에는 네 언니가 들어간다. 더 이상 아무 말도 하지마라."

라헬은 라반의 말에 어이가 없다는 표정을 짓더니 소리없는 눈물을 닦으며 그 앞을 떠나버렸습니다.

라반의 마음은 씁쓸했습니다. 그러나 다시금 종을 부르더니 묻는 겁니다.

"레아를 잘 준비시켰나?"

"예, 잘 준비했습니다."

"야곱의 처소로 데리고 가게나."

밤이 깊었습니다. 아직도 여러 사람들이 잔치에 남아 있었지만 야곱은 신부를 맞이하기 위해 이미 신방으로 꾸며진 자신의 처소에 가서 신부를 기다려야 했지요. 두근거리는 밤이었습니다. 온 종일 술을 마셨지만 두근거리는 마음은 술을 이기게 했답니다. 얼마 후 야곱의 방에 켜져 있던 불이 꺼졌습니다. 신부를 맞이할 준비가 다 되었다는 말이고 신부가 들어와도 괜찮다는 신호였습니다.

밖에서 신부를 데리고 온 시녀의 소리가 작게 들리고 있었습니다. 그러더니 칠 년을 한결같이 그리던 여인이 문을 열고 들어오는 겁니다. 야곱은 심장이 멎는 것 같았답니다. 그리고는 아무 말 없이 칠 년 동안 참은 사랑을 쏟았지요. 술로 인한 피곤함과 더불어 깊은 잠의 세계로 들어간 겁니다.

『저녁에 그 딸 레아를 야곱에게로 데려가매 야곱이 그에게로 들어가니라 라반이 또 그 여종 실바를 그 딸 레아에게 시녀로 주었더라』(:23-24)

라반이 야곱을 속였습니다.
나쁜 짓입니다.
레아도 야곱을 속이는 일에 동참했습니다.
라반이 야곱에게 못된 짓을 한다는 걸 알면서도

그 못된 짓에 동참하는 겁니다.
나쁜 짓입니다.
나이 많은 야곱이 나이 더 많은 삼촌과
어린 사촌에게 철저하게 속고 있는 겁니다.
야곱과 레아가 합방을 했다는 증인으로 삼기 위해
사람들을 여기저기서 많이 불러들이는
치밀한 나쁜 짓을 한 거였지요.
다른 이유가 아닙니다.
야곱의 노동력을 갈취하기 위해서랍니다.
딸을 미끼로 주면서 야곱을 붙잡아 두고 일을 시키면서
자신이 더 부자가 되려는 거지요.
죄악이랍니다.
우린 그런 나쁜 짓을 하고 있지는 않은지요?
하나님이 보고 계시는데 말입니다.

새가 노래를 합니다. 신선한 공기가 느껴지는 아침입니다. 야곱은 어제 아침과는 달리 옆에 누군가가 누워있는 걸 알 수 있었습니다. 그래서 행복했답니다. 사랑하는 사람이 옆에 있다는 게 이리도 좋은 것인지요? 야곱은 지난 칠 년을 이 여인만을 위해 살아왔듯이 앞으로도 이 여인만을 사랑하며 살겠다고 다짐을 합니다. 그리고는 지난 밤 한 몸이 된 여인을 다시 한번 안았지요. 정말 좋았습니다.

"라헬!"

야곱이 옆의 여인을 품에 안으며 그 이름을 따뜻하게 부릅니다.

"저..."

야곱은 그토록 사랑하면서도 전에 한번도 가까이서 보지 못했던 사랑하는 사람의 얼굴을 가까이 보려고 눈을 떴답니다. 그런데...

야곱은 너무 놀라 벌떡 일어났습니다.

"에그머니. 이게 누구요. 아, 아니 당신은? 당신이 어떻게 여기 있는 거요?"

야곱은 레아를 보고는 자신도 모르게 비명을 질렀고 심장이 멎는 것 같았습니다.

야곱은 황급히 옷을 주어 입었습니다. 그리고는 밖으로 뛰쳐나온 겁니다. 정신을 차릴 수가 없었습니다.

"삼촌!"

야곱은 화가 치밀어 라반에게 찾아가 소리를 질렀습니다.

라반은 야곱이 올 것을 알고 있었던 것처럼 침착합니다.

"삼촌, 이게 무슨 짓입니까? 어떻게 이런 일을 하실 수가 있는 겁니까? 내가 라헬을 위해 지난 칠 년 동안 죽을 힘을 다해 일을 했건만 삼촌이 나를 속이다니요! 이럴 수는 없는 겁니다."

"이보게나, 조카. 자네 심정은 내가 이해하네만 우리 지방의 관습을 저버릴 수는 없지 않는가? 나도 많은 생각을 했고 고민을 했다네. 자네와의 약속이 있는데 내가 쉽게 이런 일을 했겠는가? 그러나 아우인 라헬을 먼저 시집보내면 내가 이 마을에서 살 수가 없다네. 마을의 규례를 깨면 그 비난을 어떻게 피하겠어? 그래서 부득불 이리 했다네. 자네에겐 미안하네."

"삼촌, 그걸 말이라고 하시는 거에요? 그럼 레아의 인생은 뭐가 되고 라헬이 받은 상처는 어떻게 하실 거에요?"

야곱의 분노는 수그러들지를 않았습니다.

"이보게나. 일단 마음을 가라앉히고 내 말을 듣게나. 라헬이 자네를 사모하고 있지 않나. 그러니 그 애도 자네가 데리고 가게나. 그 아이를 데리고 가라면서 또 다시 칠 년을 기다리라고 하지는 않겠네. 나도 자네를 섭섭하게 한 것이 있으니 이렇게 하세. 칠 일만 더 일하게. 그러면 라헬을 자네 처소로 들여보내겠네. 그러면 만족하겠나? 그러나 그 아이에 대한 지참금으로 칠 년을 더 일하게나. 내가 자네에게 할 수 있는 배려야."

야곱은 기가 막혔고 억울했습니다만 이미 엎질러진 물이라 어떻게 할 수가 없었습니다. 그저 머릿속에는 이일로 인해 상처받아 괴로워하고 있을 라헬 생각뿐이었답니다.

"그렇게 하겠습니다. 내 라헬을 위해 다시 일을 할테니 약속을 지키시지요!"

야곱은 라헬을 위해 억울함도 분함도 견디고 있었답니다. 그는 라헬을 깊이 사랑하고 있었던 겁니다.

야곱은 다시 일했습니다. 지난번처럼 기쁘고 즐거움의 일이 아니었습니다. 억울한 가운데 일하는 겁니다. 분으로 가득 차 일하는 겁니다. 그러면서도 상처로 울고 있는 라헬을 데리고 와야겠다는 마음으로 일하는 겁니다. 일을 하면서 많이 울었습니다. 라헬 생각 때문이었습니다. 주변의 사람들도 그 분위기를 아는지 온 집안이 먹구름 가득한 분위기였답니다. 모두들 라반의 교활한 수단에 혀를 내두르고 있었고 반면에 야곱과 라헬을 측은히 여기고 있었던 거지요.

레아와 첫 날 밤을 지냈지만 야곱은 다시 레아에게 들어가지 않았습니다. 레아에 대한 생각은 눈꼽만치도 없었습니다. 그의 마음은 오직 라헬로 가득차 있었답니다.

칠 일이 지났습니다. 이번에는 라반에게 직접 찾아갔습니다. 기쁨으로 찾아간 게 아닙니다. 확인을 하기 위해서였습니다. 교활한 라반을 믿지 못해서 간 겁니다.

"삼촌, 오늘입니다. 약속을 지키십시오. 오늘밤 라헬을 보내셔야 합니다."

"알겠네. 그 사람 의심도 많구먼. 걱정 말고 자네 처소에 가서 기다리게나. 라헬이 들어갈 걸세."

야곱은 라반에 대해서 화가 풀리지 않았습니다만 그보다는 상처입은 라헬이 더 걱정되었답니다. 그 마음을 위로해 주어야겠다는 생각뿐이었지요. 그렇게 그날 밤 라헬을 맞이했던 겁니다. 둘은 한없이 울면서 서로 위로하고 위로를 받았지요. 라헬을 품은 야곱은 더없이 그녀가 사랑스러웠고 야곱의 품에 있는 라헬은 더없이 야곱이 믿음직했답니다.

라헬과의 첫날을 그렇게 지낸 후 야곱의 마음도 많이 풀어졌습니다. 그리고는 다시 라반과의 약속에 따라 성실하게 일을 했지요. 오직 라헬과 함께 있다는 것 때문에 그는 아무런 불평도 하지 않고 열심히 일했답니다.

『야곱이 아침에 보니 레아라 라반에게 이르되 외삼촌이 어찌하여 내게 이같이 행하셨나이까 내가 라헬을 위하여 외삼촌께 봉사하지 아니하였나이까 외삼촌이 나를 속이심은 어찜이니이까 라반이 가로되 형보다 아우를 먼저 주는 것은 우리 지방에서 하지 아니하는 바이라 이를 위하여 칠 일을 채우라 우리가 그도 네게 주리니 네가 그를 위하여 또 칠 년을 내게 봉사할지니라 야곱이 그대로 하여 그 칠 일을 채우매 라반이 딸 라헬도 그에게 아내로 주고 라반이 또 그 여종 빌하를 그 딸 라헬에게 주어 시녀가 되게 하매 야곱이 또한 라헬에게로 들어갔고 그가 레아보다 라헬을 더 사랑하고 다시 칠 년을 라반에게 봉사하였더라」(:25-30)

밤새 레아를 품었으면서도 그가 레아인지 라헬인지도
구별하지 못했답니다.
그렇다면 야곱은 지난 칠 년 동안
라헬의 몸을 몰랐다는 겁니다.
그녀의 손도, 얼굴도, 몸도 만진 적이 없다는 겁니다.
그날 밤 처음 만진 겁니다.
그래서 그녀가 당연히 라헬이라고 믿었던 거지요.
순결입니다.
하나님과 사람 앞에서 한 몸이 되기 전까지
지킬 것을 지킨 사람이 야곱인 거지요.
그의 아름다움입니다.

사랑은 감정을 솔직하게 표현하는 게 아닙니다.
감정을 감추고 지킬 것은 지키는 것이 사랑인 거지요.
사랑하기 때문에 가까이 가지만
사랑하기 때문에 지켜주는 고통을 감수해야 하는 거랍니다.
야곱의 라헬 사랑,
오늘을 사는 그리스도인들이 배워야 할 남녀 간의 사랑입니다.

❸ 창 29:31-35
치유받는 여인

레아 역시 상처를 받고 있었습니다.

야곱의 아내였지만 야곱의 사랑은커녕 관심도 받지를 못하고 있으니 미칠 것 같은 겁니다. 야곱의 마음이 온통 라헬로 가득차 있는 게 보일 뿐이었지요. 그래서 레아는 견디기 어려웠답니다.

슬픔으로 하루하루를 지내고 있는데 몸이 이상했습니다. 몇 달이 지나서야 안 거지만 임신이었습니다. 야곱과의 첫날밤을 지낸 것이 임신을 하게 된 겁니다. 첫날밤 이후 야곱을 본 적이 없거든요. 하여간 남편에게 사랑받지 못하고 찾아오지 않는 야곱으로 인해 힘들어 하고 있었는데 임신 소식은 큰 위로가 되기 시작했답니다. 동생이지만 야곱에게 사랑받고 있는 라헬이 미웠던 차에 아이를 가진 게 얼마나 자랑스러웠는지 모르겠는 겁니다. 반면에 늘 야곱의 품에서 살고 있는 라헬에게는 임신 소식이 전혀 없다는 것이 레아에게는 짜릿한 승리감까지 갖게 했답니다.

레아가 아이를 낳았습니다. 그것도 아들인 겁니다. 얼마나 좋았는지 모릅니다. 야곱의 마음에 비집고 들어가지 못하는 것이 괴로웠는데 그 괴로움이 아들로 인해 눈 녹듯이 사라지는 것 같았지요. 낳은 아들이 자랑스러운 겁니다. 그래서 그 이름을 르우벤이라고 지었답니다.

'야곱이 이제 내게 오겠지? 하나님이 나의 외로움과 괴로움을 아신 거야. 아들이 아니면 야곱은 평생 나에겐 관심도 없을 테니깐 하나님이 아들을 주셔서 야곱으로 하여금 내게 오도록 하신 걸꺼야.'

레아 혼자의 생각이었습니다. 그러나 그의 생각이 맞았습니다. 레아가 아들을 낳았다는 것이 야곱에게는 또 다른 기쁨이고 행복이었지요. 아버지 집을 떠나 하란에 도착하여 지난 칠팔 년 동안 죽을 고생하면서 지내왔는데 이제 자신의 아들을 얻은 겁니다. 자신의 나이 또한 팔십 세 중반을 넘어서서 얻은 아들이니 얼마나 예쁘고 좋은지 모르겠는 거였습니다.

아니나 다를까 전에는 레아에게 찾아가는 일이 없던 야곱이 르우벤의 출생으로 인해 발길이 잦았습니다. 아니 거의 매일 들르는 겁니다. 레아는 야곱이 오는 게 아기를 보기 위해서라는 걸 알았지만 그래도 즐거웠답니다. 그러다가 그곳에서 아기와 함께 자는 일이 빈번해진 거지요. 야곱은 자연스럽게 레아를 안고 자게 되었답니다. 그리고 레아가 두번째 임신을 하게 되었습니다.

첫 아들 르우벤을 보는 기쁨이 무르 익어갈 때 레아가 또 아들을 낳았습니다.

'하나님은 내가 못 생긴 걸 아시나봐. 내 비록 못생겼지만 애는 잘 낳도록 하셨네. 감사한 일이구먼. 나를 긍휼히 여기시는 하나님의 은혜인가봐. 이 녀석 이름은 시므온라고 해야겠구먼. 하나님이 내 소원을 들어주고 계시니 말이야.'

둘째 아이를 낳은 레아의 중얼거림이었습니다.

야곱은 정신없이 좋았습니다. 졸지에 아들을 둘씩이나 얻은 겁니다. 원래 자신의 가문에는 손이 귀하다는 걸 알고 있었는데 아들을 둘이나 얻었으니 너무 좋은 겁니다. 한 녀석은 옹아리를 하고 있고 한 녀석은 핏덩어리로 안겨 있으니 먹지 않아도 배가 불렀고 잠을 자지 않아도 피곤하지 않았습니다.

야곱은 두 아들 녀석을 보는 재미로 나날을 보내고 있었습니다. 오히려 라헬에게 들어간 적이 꽤 오래 된 것 같았답니다. 늘 아이들과 함께 있었으며 그말은 곧 레아와 함께 있는 거였답니다.

레아가 또 임신을 했답니다. 정말 신기한 일이었습니다. 레아의 몸은 합방만 하면 임신을 하는 것 같았습니다. 레아는 이번에도 아들을 낳게 된다면 야곱의 마음을 완전히 자기에게로 돌릴 수 있을 것이라 믿었답니다.

아들이었습니다. 레아도 좋았지만 야곱은 더 좋았답니다. 구십 세 가까이 된 자신에게 아들이 셋이나 생긴 겁니다. 이건 정말 축복이었습니다. 레아가 사랑스러웠고 고마웠답니다. 언제부터인가 라헬에게 소홀해져 있었답니다. 가끔은 생각이 났지만 아들 녀석들 때문에 그 생각은 곧 사라졌지요.

레아는 야곱이 늘 자신의 옆에 있는 것을 보고는 이번에 낳은 녀석의 이름을 레위라고 지었답니다. 라헬에 대해서 이제는 자신있다는 의미였습니다. 야곱의 마음을 빼앗은 자신이었습니다. 야곱이 자신과 연합하는 걸 상징해서 이름을 지은 거였지요.

그러다가 또 임신을 하면서 레아의 인생은 행복의 극치를 이루고 있었답니다. 더 기가 막힌 것은 이번에도 아들인 겁니다. 하나님이 정말 고마웠지요. 그래서 낳은 녀석의 이름을 유다라고 지었답니다. 하나님을 진심으로 찬양하는 이름이었습니다. 모든 서러움과 아픔들, 상처들이 완전히 사라졌답니다. 정말 은혜인 겁니다.

『여호와께서 레아에게 총이 없음을 보시고 그의 태를 여셨으나 라헬은 무자하였더라 레아가 잉태하여 아들을 낳고 그 이름을 르우벤이라 하여 가로되 여호와께서 나의 괴로움을 권고하셨으니 이제는 내 남편이 나를 사랑하리로다 하였더라 그가 다시 잉태하여 아들을 낳고 가로되 여호와께서 나의 총이 없음을 들으셨으므로 내게 이도 주셨도다 하고 그 이름을 시므온이라 하였으며 그가 또 잉태하여 아들을 낳고 가로되 내가 그에게 세 아들을 낳았으니 내 남편이 지금부터 나와 연합하리로다 하고 그 이름을 레위라 하였으며 그가 또 잉태하여 아들을 낳고 가로되 내가 이제는 여호와를 찬송하리로다 하고 이로 인하여 그가 그 이름을 유다라 하였고 그의 생산이 멈추었더라』 (:31-35)

이스라엘 백성이라는 공동체의 정체성을 말하고 있는 겁니다.
비록 페르시아 땅에서 살고 있지만
모두가 한 피를 받은 야곱의 자손임을 강조하는 거지요.
서로 아귀다툼을 하고 있을 수도 있습니다.
그러나 그들 모두가 야곱의 피를 받은 한 형제들이라는 겁니다.
우리의 모습을 살펴야지요.
다툴 수도 있습니다.
그러나 우리 속에 흐르는 피는 한 피입니다.
하나님을 아버지로 부르는 한 형제이고
속에는 예수 그리스도의 피가 흐르고 있는 한 형제들인 겁니다.

❹ 창 30:1-13
싸우는 여인들

아들을 넷이나 얻은 야곱은 마음이 풍성했습니다. 열심히 일해도 자기의 것이 하나도 없었지만 자라나는 아들들을 보면 라반의 집에서 일하는 게 공수는 아니라고 생각했답니다. 자식이 생겼다는 것이 가장 큰 대가라고 생각했던 겁니다.

라반도 만족했습니다. 야곱의 부지런함이 라반을 부자로 만들고 있었기 때문입니다. 나이가 들었지만

야곱의 지혜와 수단은 누구도 따라올 수 없었던 겁니다.

집안에서 가장 외롭고 힘든 사람은 다름 아닌 라헬이었습니다. 야곱이 아

이를 핑계로 레아에게만 가 있었기 때문입니다. 야곱의 마음이 어떤지는 모르지만 몸은 레아의 처소에 있었습니다. 지난날 자신을 위해 살겠다고 다짐하고 맹세했던 일들을 잊은 건지 야곱은 전과 같지 않았답니다. 야곱만 야속한 게 아니었습니다. 언니도 미운 겁니다. 어떻게 된 일인지 아이를 쑥쑥 잘 낳고 있는 게 미웠고 언제부터인가는 아들로 인해 자신을 괄시하는 게 느껴졌습니다. 라헬은 하나님도 자신을 버린 것처럼 느껴졌답니다. 그렇지 않고서야 어떻게 레아가 아들을 넷이나 낳도록 자신에겐 임신의 기척도 없는 건지요. 라헬은 외로움과 따돌림으로 상처를 받고 있었답니다.

"야곱!"

불쾌한 감정으로 오랜만에 찾아온 야곱을 불렀습니다.

"나도 애를 낳게 해줘요! 님을 봐야 뽕을 따든지 말든지 할 거 아니에요! 나로 하여금 애를 낳게 못하면 죽어버릴 거니깐 알아서 하세요."

야곱은 기가 막혔습니다. 라헬의 투정이 말도 되지 않는다고 생각했기 때문입니다. 자신은 남편으로서 충실했음에도 불구하고 라헬이 임신을 못하고 있는 것이고 그로 인해 자신도 괴로운데 무턱대고 아기를 갖게 해달라고 하니 울화가 치밀었습니다.

"이 사람 보게나. 내가 하나님인가? 애를 갖게 하는 건 사람이 아니라 하나님이라는 걸 몰라서 그래? 투덜댈 걸 투덜대야지. 다시는 그런 투정 하지도 말아요."

라헬도 지지 않았습니다.

"하나님이 내 태의 문을 열지 않으시는 거라 이거지요. 그래, 내 태가 막혔다면 내 종인 빌하를 통해서라도 아이를 낳으세요. 빌하가 낳은 아이를 내 아이로 할테니 당신이 진정 나를 위한다면 내 종을 통해서라도 내 아이를 낳으란 말이에요!"

"아니, 이 여자가 못하는 소리가 없네. 어떻게 그런 생각을 할 수가 있어. 당신 언니가 낳은 아이가 곧 내 아이고 내 아이가 곧 당신의 아이가 아니야?"

"아니에요. 언니가 낳은 아이는 언니의 아이고 내 아이는 내가 낳은 아이든지, 아니면 내 종 빌하가 낳은 아이에요. 그러니 나를 위한다면 내 종 빌하에게서 아이를 낳으란 말이에요."

라헬의 말은 강경했습니다. 당장이라도 빌하를 데리고 들어가 아이를 갖도록 하지 않으면 죽을 거 같은 분위기였던 겁니다.

"알았소. 알았다고. 내가 빌하를 통해 아이를 낳게 할테니 그 다음은 당신이 알아서 하시오. 나는 해 볼 만큼 하겠지만 아이를 갖게 하는 건 하나님이시라는 걸 잊지나 마시오."

라헬은 빌하를 아름답게 꾸미면서 꼭 임신할 것을 당부하고 기도했답니다. 야곱은 내키지 않는 기분으로 빌하를 품어야 했습니다. 기분이 찜찜했습니다. 빌하를 볼 때마다 미안하기도 하고 어떻게 해야 하는지 겸연쩍었지요. 눈치가 빠른 라헬은 그런 야곱에게 말했습니다.

"뭘 그리 어색해 해요. 빌하가 당신하고 잠자리를 같이 했으니 내 몸종이기도 하지만 당신의 마누라에요, 마누라. 그러니 빌하를 볼 때 겸연쩍어 하지 말아요. 빌하가 아이만 낳으면 다시는 레아에게 가지 않을 거라는 약속이나 하시라구요."

빌하가 임신을 했답니다. 라헬은 얼마나 기뻤는지 모릅니다. 이젠 아들을 낳아 주기만 하면 되는 겁니다. 그래야만 언니인 레아를 이길 수 있기 때문입니다.

"빌하야, 아들을 낳아야 한다! 꼭 아들을 낳아야 해! 내가 이렇게 빌마. 꼭 아들을 낳아 내 한을 풀어야 하느니라. 하나님께도 내가 기도하마."

정말 그랬습니다. 빌하가 아들을 낳은 겁니다. 빌하도 만족했지만 라헬이 얼마나 기뻐했는지 모릅니다. 십년 묵은 체증이 내려가는 것 같았답니다.

"자네가 내 억울함을 풀었다네. 수고했네. 수고했어. 하나님이 자네를 통해 아들을 주신 것은 하나님이 나의 억울함을 듣고 계셨다는 말이 아니겠나.

이 녀석 이름은 단이네. 단."

야곱도 좋았습니다. 비록 빌하의 몸을 통해 나온 녀석이지만 라헬의 아들이었던 겁니다. 라헬도 예뻤고 빌하도 고마웠답니다. 야곱은 빌하가 낳은 단을 보면서 행복해 하고 있었지요. 매일 밤 라헬과 빌하 사이에 있는 단을 보면서 아들들로 인한 풍성함을 감사하고 있었지요.

"여보, 야곱. 빌하에게서 또 아이를 낳아보세요. 저 애는 몸이 튼튼하여 당신이 마음만 먹으면 아이를 낳을 수 있을 거에요. 그러니 다시 빌하와 합방을 해 보시라구요. 분명 임신을 하게 될 테니까요. 빌하가 아들을 하나 더 낳아준다면 더 이상 바랄 게 없을 거에요. 언니는 넷이나 낳았잖아요. 나도 하나는 더 얻어야겠거든요."

야곱은 라헬의 말을 거부할 수 없었습니다. 그녀의 눈에는 아들을 넷이나 낳은 언니 레아에 대한 한이 맺혀있었답니다.

아니나 다를까 빌하가 임신을 했다고 하더니 얼마 후에 또 아들을 낳았답니다. 라헬의 소원이 성취되는 순간이었지요.

"아들이구나, 아들! 빌하가 또 아들을 낳았어. 이젠 레아에게 주눅들 필요가 없어. 내가 이긴 거야. 암, 이긴 거지. 원래부터 야곱은 레아를 사랑하지 않았었잖아. 단지 언니가 아들들을 낳아주니까 아들들 때문에 언니에게 찾아간 거였지 사랑해서 그런 건 아니었잖아. 이제 야곱이 다시 나만을 사랑할 수 있게 된 거라구. 내가 언니를 이긴 거라구."

라헬은 싱글벙글 좋아하면서 이 사람 저 사람에게 떠들고 있었답니다.

"이 녀석 이름은 납달리랍니다. 납달리. 내가 언니를 뭉개버렸다고나 할까요. 어쨌든 내가 언니를 이겼다는 걸 온 세상 사람들에게 남겨 놓기 위해서라도 이 녀석의 이름을 납달리라고 지어놓아야지요. 오, 내 승리의 증거 납달리요!"

라헬은 어쩔 줄을 몰라 하면서 좋아하고 있었습니다.

『라헬이 자기가 야곱에게 아들을 낳지 못함을 보고 형을 투기하여 야곱에게 이르되 나로 자식을 낳게 하라 그렇지 아니하면 내가 죽겠노라 야곱이 라헬에게 노를 발하여 가로되 그대로 성태치 못하게 하시는 이는 하나님이시니 내가 하나님을 대신하겠느냐 라헬이 가로되 나의 여종 빌하에게로 들어가라 그가 아들을 낳아 내 무릎에 두리니 그러면 나도 그를 인하여 자식을 얻겠노라 하고 그 시녀 빌하를 남편에게 첩으로 주매 야곱이 그에게로 들어갔더니 빌하가 잉태하여 야곱에게 아들을 낳은지라 라헬이 가로되 하나님이 내 억울함을 푸시려고 내 소리를 들으사 내게 아들을 주셨다 하고 이로 인하여 그 이름을 단이라 하였으며 라헬의 시녀 빌하가 다시 잉태하여 둘째 아들을 낳으매 라헬이 가로되 내가 형과 크게 경쟁하여 이기었다 하고 그 이름을 납달리라 하였더라』(:1-8)

두 여자를 데리고 사는 게 얼마나 힘든 일인지요.
결혼은 오직 한 남자와 한 여자가 만나서 하도록 해 놓았는데
이 규칙을 깨고 두 여자와 살려고 하니 힘이 든 겁니다.
여자는 사랑을 먹고 사는 존재인데
전부 와야 하는 사랑이 조금이라도
다른 사람에게 가는 게 허락되지를 않는 겁니다.
그런데 야곱의 사랑이 분산되고 있으니
완벽한 사랑을 바라는 두 여인 모두가 만족하지를 않는 겁니다.
그러니 서로 사랑을 독차지하려고 싸우는 거지요.
두 여자를 데리고 사는 걸 보면 부러울지도(?) 모르지만
두 여자를 데리고 사는 사람은 지옥에서 사는 거랍니다.
누구도 야곱이 지옥같은 삶을 살고 있다고는 상상도 못할 겁니다!

라헬이 빌하를 통해 아들들을 낳았다는 소식이 레아를 시기나게 만들었습니다. 게다가 원래부터 야곱의 사랑을 받지 못했다는 열등감과 불안함이 다시 그녀를 괴롭히기 시작한 겁니다. 그건 자신의 모습이 아름답지도 예쁘지도 않기 때문이라는 것을 알고 있었던 것이지요. 그래서 생각한 것이 자신보다 젊고 예쁜 자신의 시녀인 실바를 야곱 품에 안겨주어 야곱을 라헬에게서 떼어 놓아야겠다는 생각을 했답니다.

야곱이 혼자 잘 때를 기회로 삼기로 했습니다. 늘 라헬이나 빌하와 함께 하지만 어느 경우에는 혼자일 경우가 있었기 때문에 그때를 살펴서 실바를 들

여보내 그녀를 품게 하겠다는 마음이었습니다. 남자는 백이면 백 여인을 마다하지 않는다는 걸 알았던 겁니다.

정말 그렇게 일을 벌였습니다. 레아는 자신의 종인 실바를 야곱의 처소에 들어가게 하여 잠자리를 하게 했던 겁니다. 그날 밤 야곱이 놀랐습니다만 이미 쏟아진 물이라 어쩔 수가 없었지요.

라헬이 난리 법석을 떨었습니다.

"언니, 이럴 수는 없는 거지요. 어떻게 내 남편에게 여자를 넣어 주는 거에요. 이건 파렴치한 일이라구요!"

레아도 지지 않았답니다.

"야, 내가 파렴치하다고? 웃기지 마라. 네가 네 시녀를 야곱과 자게 할 땐 내 허락 받고 했냐? 따지자면 야곱의 조강지처는 네가 아니야. 내가 조강지처라고. 그런데 네가 빌하를 야곱에게 들여보낸 것은 괜찮고 내가 실바를 야곱에게 들여보낼 때는 네 허락을 받아야 한다는 거야? 웃기는 소리 하지 말어! 말이 났으니 말이지 네가 빌하를 야곱에게 들여보낼 때 내 마음이 얼마나 찢어졌는지 알기나 해?"

레아와 라헬의 싸움은 집안을 항상 긴장케 하였답니다. 그런데 지난번 야곱과 잠자리를 했던 레아의 시녀 실바가 임신을 했다는 겁니다. 그로 인해 집안의 분위기가 더욱 삭막해지고 있었지요. 그러다가 실바가 아이를 낳았답니다. 이번에도 아들이었습니다. 그의 이름을 갓이라고 불렀지요.

레아는 자신의 시녀 실바가 낳은 아들을 자신이 낳은 아이처럼 즐거워했답니다. 야곱이 자신에게 마음을 쏟을 것이라는 생각 때문인지 무척이나 좋아하고 있었지요. 그러고는 실바가 또 아들을 낳았답니다. 그의 이름은 아셀이라고 불렀지요.

『레아가 자기의 생산이 멈춤을 보고 그 시녀 실바를 취하여 야곱에게 주어 첩을 삼게 하였으니 레아의 시녀 실바가 야곱에게 아들을 낳으매 레아가 가로되 복되도다 하고 그 이름을 갓이라 하였으며 레아의 시녀 실바가 둘째 아들을 야곱에게 낳으매 레아가 가로되 기쁘도다 모든 딸들이 나를 기쁜 자라 하리로다 하고 그 이름을 아셀이라 하였더라』(:9-13)

❺ 창 30:14-24

사랑이 나눠지면 상처가 됩니다

레아가 아들들을 낳고 그녀의 몸종이 아들들을 낳아주어 기쁘기는 했지만 야곱의 마음은 여전히 라헬에게 가 있었습니다. 어떤 면으로는 부질없는 경쟁을 하고 있는 라헬이 안스러운 겁니다. 게다가 실바가 아들을 낳은 것 때문에 괴로워하는 라헬을 보니 더욱 마음이 아픈 겁니다. 물론 라헬도 아이를 안고 자신의 아들이라고 하지만 그래도 사실 그 아이는 빌하의 몸에서 낳은 것이죠. 야곱은 그 마음 때문인지 저녁은 물론 대부분의 시간에 라헬의 처소에 머물렀습니다.

레아가 낳은 아들들 가운데 장남인 르우벤은 제법 자랐습니다. 서너 살이 된 거지요. 어린 나이지만 집안 돌아가는 것도 알았고 눈치가 빨라서 작은 어머니와의 관계도 알고 있었습니다. 게다가 아버지 야곱이 라헬의 처소에만 머무는 걸 보면서 어머니 레아의 외로움도 생각했답니다. 어머니가 밤에 혼자 자는 게 불쌍해 보였답니다.

들에 나가 놀던 루우벤이 나이 많은 사람들에게서 이상한 풀을 건네 받았습니다. 작은 토마토 같으면서도 노란 열매인데 예뻤습니다. 밀을 추수하는 때였는데 밀을 추수하던 사람들이 르우벤에게 준 겁니다.

"르우벤, 너 이 풀을 어머니에게 갖다 드려라. 아마 좋아하실 게다!"

"이게 뭐에요?"

"애들은 몰라도 돼! 그냥 갖다가 드려. 그러면 어머니가 아주 좋아하실 거야."

르우벤은 그게 뭔지는 몰랐습니다만 어머니가 좋아하신다고 하기에 잘 싸서 어머니에게 드렸답니다.

"어머니, 들에서 일하던 사람이 어머니에게 갖다가 드리라고 주신 거에요. 무슨 풀 같기는 한데 먹는 건지 약초인지 모르겠네요."

레아는 르우벤이 가지고 온 것을 열어 보았습니다. 그러더니 짐짓 놀라는 겁니다. 다름 아닌 임신을 증진시킨다고 알려진 약초였던 겁니다.

"언니, 뭐유?"

옆에 있던 라헬이 르우벤이 가지고 온 걸 보고 있는 레아에게 물었습니다.

"으, 응."

레아가 겸연쩍게 대답하는 걸 보고는 손을 내밀어 집어 들어 보는 겁니다.

"아이구, 이게 뭐야? 세상에... 합환채 아니야? 이 귀한 걸 저 조그만 녀석이 어떻게 구해왔데?"

라헬은 르우벤이 가지고 온 합환채를 보면서 얼굴에 화색이 돌았습니다.

"언니, 이 합환채 날 주슈. 언니는 먹어봐야 아무런 효과가 없을 게 아니유. 그러니 내게 주슈."

합환채의 효력은 이미 여인들에게는 잘 알려진 터였기에 라헬도 그걸 보고 귀하다고 하는 거였습니다. 합환채를 먹고 남편과 잠을 자기만 하면 임신을 한다는 말이 있었던 거지요. 그런데 야곱이 레아와는 잠자리를 하지 않기에 합환채를 먹어도 소용이 없다는 말을 하는 거였습니다. 반면에 자신은 야곱과 늘 잠을 자는데도 임신이 되지를 않아 속이 상해 있는데 이것만 먹으면 임신을 할 수도 있다는 생각을 한 거지요.

"야, 라헬. 너 참 이기적이구나. 그래 네 말대로 내가 이걸 먹는다고 해서 임신을 하는 건 아니겠지. 서방은 너랑만 잠을 자니 내가 이걸 먹는다고 무슨 소용이 있겠냐? 네가 먹어야 효과가 나타나겠지. 암. 그런데 너 너무하는 거 아니야? 야곱을 독차지하는 것도 얄미운데 임신하겠으니 합환채를 달라고? 그게 이 언니한테 할 소리냐?"

라헬도 레아의 말을 듣고는 좀 미안했습니다. 사실 야곱은 언제나 자기와 잠을 자고 있기에 레아가 속이 상할 거라는 걸 알고 있었거든요. 그러나 합환채를 보자마자 임신하고픈 마음에 자신도 모르게 그걸 달라고 한 거였던 겁니다.

"언니, 미안해. 그런데 나 정말 합환채 먹고 싶다. 나에게 주라. 언니가 그걸 주면 내가 야곱에게 말해서 오늘밤은 언니와 자라고 할테니깐."

라헬이 야곱을 보내겠다는 말에 레아의 마음이 쏠렸습니다. 오랫동안 남편과 잠을 자 보지 못한 레아로서는 하룻밤만이라도 야곱의 품에 있고 싶었던 겁니다.

"정말이지? 너 그말 지켜야 한다."

"당연하지. 언니가 합환채만 주면 오늘 밤 언니는 야곱과 자는 거야. 야곱이 가기 싫다고 해도 내가 등 떠밀어서 보낼테니 어서 합환채나 주슈."

『맥추 때에 르우벤이 나가서 들에서 합환채를 얻어 어미 레아에게 드렸더니 라헬이 레아에게 이르되 형의 아들의 합환채를 청구하노라 레아가 그에게 이르되 네가 내 남편을 빼앗은 것이 작은 일이냐 그런데 네가 네 아들의 합환채를 빼앗고자 하느냐 라헬이 가로되 그러면 형의 아들의 합환채 대신에 오늘 밤에 내 남편이 형과 동침하리라』(:14-15)

저녁에 일을 마친 야곱이 라헬의 처소에 들어왔습니다. 그런데 라헬이 전에 하지 않던 말을 하는 겁니다. 그것도 아주 기분 좋은 표정으로 말입니다.

"야곱. 일을 마치고 돌아오셨군요. 그런데 오늘은 저와 계시지 마시고 언니에게 가세요. 언니에게 가신 지도 무척 오래 되셨잖아요. 오늘 밤은 언니를 즐겁게 해 주세요. 저는 혼자 있을 겁니다."

아니나 다를까 라헬의 말이 끝나자마자 레아의 목소리가 들렸습니다.

"야곱. 오늘은 저와 함께 있어야 해요."

"무슨 말들을 하는 거야?

야곱은 어리둥절했습니다.

"야곱. 오늘 내 아들이 합환채를 가지고 왔어요. 합환채가 뭔지 아시죠? 여인들이 그걸 먹으면 임신을 한다는 신비의 약초지요. 그런데 그걸 라헬이 달라는 거에요. 그래서 조건을 달았죠. 합환채를 라헬에게 주는 대신 오늘 밤 당신을 내게 보내 나와 함께 지내도록 말이에요. 그래서 당신을 데리러 온 에요. 오늘밤 내가 당신을 산 거에요. 그러니 내게 오셔야죠."

그날밤 야곱은 레아와 지냈답니다. 그런데 레아가 또 임신을 한 겁니다. 그녀는 합환채가 없어도 남편과 잠자리만 하면 임신을 했던 겁니다. 그래서 낳은 아들이 잇사갈과 스불론이었지요. 그후 레아는 또 임신을 해서 아이를 낳았는데 이번에는 딸이었습니다. 디나라고 불렀답니다.

『저물 때에 야곱이 들에서 돌아오매 레아가 나와서 그를 영접하여 이르되 내게로 들어오라 내가 내 아들의 합환채로 당신을 샀노라 그 밤에 야곱이 그와 동침하였더라 하나님이 에아를 들으셨으므로 그가 잉태하여 다섯째 아들을 낳은지라 레아가 가로되 내가 내 시녀를 남편에게 주었으므로 하나님이 내게 그 값을 주셨다 하고 그 이름을 잇사갈이라 하였으며 레아가 다시 잉태하여 여섯째 아들을 야곱에게 낳은지라 레아가 가로되 하나님이 내게 후한 선물을 주시도다 내가 남편에게 여섯 아들을 낳았으니 이제는 그가 나와 함께 거하리라 하고 그 이름을 스불론이라 하였으며 그후에 그가 딸을 낳고 그 이름을 디나라 하였더라』(:16-21)

라헬은 합환채에 대한 기대가 컸습니다. 그러나 아무리 합환채를 먹고 야곱과 동침을 해도 임신이 되를 않는 겁니다. 얼마나 괴로웠는지 모릅니다. 마치 자신이 저주를 받은 여인이라는 생각까지도 들곤 했습니다. 아무리 야곱의 마음이 자신에게만 와 있다는 걸 알아도 아이를 낳지 못하는 자신이 미웠던 겁니다. 야곱에게도 미안했구요. 그녀의 마음은 아이를 낳지 못하는 일로 인해 상처가 깊었답니다.

어느 날입니다. 평소 때와는 달리 경수가 없는 겁니다. 한번도 그런 적이 없는데 이번에는 경수가 없습니다. 조금 늦는가 했더니 그게 아닌 겁니다.

'혹시?'

라헬은 조심스럽게 임신이 아닌가 생각했지요. 그러나 아니라면 실망이 클까 하여 혼자만 고민하고 있었습니다. 그러는데 입덧이 시작되었습니다. 아주 심하게 말입니다. 임신이었습니다! 틀림없는 임신이었답니다. 얼마나 좋은지 모릅니다. 시간이 흘러 아이를 낳았지요. 아들이었습니다. 아주 예쁜 아들인 겁니다. 많이 울었습니다. 그리고 하나님께 감사했지요. 자신의 부끄러움이 씻겨졌기 때문이었답니다.

"요셉. 요셉이라고 하세요. 하나님께서 나의 부끄러움을 씻으신 거잖아요. 분명 하나님이 나에게 또 아들을 주실 거에요. 그러니 이 아이의 이름을 요셉이라고 해요."

『하나님이 라헬을 생각하신지라 하나님이 그를 들으시고 그 태를 여신 고로 그가 잉태하여 아들을 낳고 가로되 하나님이 나의 부끄러움을 씻으셨다 하고 그 이름을 요셉이라 하니 여호와는 다시 다른 아들을 내게 더하시기를 원하노라 함이었더라』(:22-24)

❻ 창 30:25-43
성실함

식구가 많았습니다. 아내만 넷이었고 자식은 열 셋입니다. 야곱은 지난 십사 년 동안 죽어라고 일했지만 빚을 갚는 일만 한 것이었고 이제 그 빚을 다 갚은 겁니다. 이젠 떠나도 되는 거였지요. 가나안 아버지 집으로 가도 되는 겁니다. 이삭에게 가서 스스로를 위해 일하고 이삭의 상속자로서 떳떳하게 살기 위해 갈 것을 결심했답니다. 나이가 백 세에 가까왔으니 아버지 이삭도 어머니 리브가도 보고 싶었고 형 에서도 보고 싶었습니다. 브엘세바에 있는 식구들이 하란에서 형성한 야곱의 아내들과 아이들을 보면 많이 좋아할 거라는 생각도 들었지요. 막내 요셉이 아직 갓난 아기라서 여행이 힘들기는 하겠지만 그래도 가야했답니다.

"삼촌. 이제 삼촌을 떠나 부모님 계신 곳으로 가야겠습니다. 저의 가족이 이렇게 많아졌고 또 빚을 갚기 위한 대가를 다 치뤘으니 이제는 떠나려 합니다. 지난 세월 제가 빚을 갚기 위해 어떻게 일했는지는 삼촌께서도 잘 아시잖아요?"

『라헬이 요셉을 낳은 때에 야곱이 라반에게 이르되 나를 보내어 내 고향 내 본토로 가게 하시되 내가 외삼촌에게서 일하고 얻은 처자를 내게 주어 나로 가게 하소서 내가 외삼촌께 한 일은 외삼촌이 아시나이다』(:25-26)

성실하게 열심히 일했습니다.
약속을 지킨 겁니다.
라반은 처음부터 성실하지 않았습니다만
야곱은 라반에게 뒤통수를 맞았음에도 불구하고(?)
끝까지 신실했습니다.
그게 하나님의 백성이 사는 모습이랍니다.
이익을 위해 살지 않습니다.
성공하기 위해 사는 게 아닙니다.
하나님의 백성의 삶은 약속을 지키는 나날인 겁니다.
약속을 이루어가는 삶을 살아야지요.
자신과의 약속을 지키세요.
사람과의 약속을 지키세요.
하나님과의 약속을 지키세요.
그것이 하나님 백성의 특성이랍니다.

야곱의 자녀 생산에 대한 계산

야곱이 라반의 집에서 14년 살면서 아내 넷과 아들 열하나, 딸 하나를 얻었습니다. 그런데 14년의 기간이라면 이 많은 아이들을 낳는 것이 계산될 텐데 처음 7년은 결혼을 하지 않은 때였기에 아이가 없었다는 게 분명합니다. 그러면 후반부 7년 동안이 모든 아이를 낳았다는 말입니다. 그게 가능한 걸까요? 가능하다면 어떻게 계산을 할 수 있는 건지요? 주석가들도 연대기순으로 자녀를 낳았다면 불가능하다고 말하면서 연대기적으로 기록된 것이 아니라 한 어머니에게서 난 자녀들이 모아져 기록되었을 거라고 합니다. 이런 해석입니다. 레아의 여섯 아들은 7년 동안 태어난 겁니다. 단지 여섯 째 아들의 경우는 1년이 잉태없이 지났다고 가정합니다. 빌하의 아들들은 제 삼년과 사년에, 실바의 아들들은 여섯째와 일곱째 해의 초기에 태어났을 겁니다. 라헬의 아들들은 7년 째 말기에 태어났고 디나는 그 후에 태어났을 거라는 주석을 한답니다. (Whitelaw의 해석입니다.)

야곱이 떠나겠다는 말을 들은 라반은 듣고 싶지 않은 말을 들은 겁니다. 사실 야곱으로 인해 자신이 얼마나 덕을 보았는지를 알고 있었거든요. 야곱은 정직한 것은 물론이고 지혜도 있었고 관리 능력도 있었고 실제적인 열매도 맺는 탁월한 사람이었던 겁니다. 그로 인해 라반이 더욱 부자가 되었구요.

그런데 그 야곱이 떠난다고 하니 약삭빠른 라반이 손익 계산을 한 거지요.

"이 사람아! 간다니 어딜 간다고 그러는가? 내 이제 와서 말이지만 하나님께서 자네와 함께 하시는 걸 봐 왔다네. 내가 이만큼 부자가 된 것은 모두 자네 덕이야. 내가 그걸 인정한다네. 자네는 나에게 복덩이라고. 그러니 내 부탁하네만 자네가 나를 사랑한다면 더 머물게나. 아니 아주 여기서 살게."

『라반이 그에게 이르되 여호와께서 너로 인하여 네게 복 주신 줄을 내가 깨달았노니 네가 나를 사랑스럽게 여기거든 유하라』(:27)

라반이 야곱을 붙들어 두기 위해
하나님의 이름을 들먹이고 있습니다.
그렇다면 라반이 여호와 신앙이 있었다는 말인 겁니다.
그런데 27절의 번역에 문제가 제기 된답니다.
원래 성경(히브리)에는 「라반이 점을 쳤다」(니카쉐티)라는
말이 들어 있는 거지요.
이말을 부드럽게 풀면
'라반이 야곱의 문제로 점을 쳤는데
점도 야곱이 하나님이 야곱을 축복해 주었다'라는
번역으로 해야 한다는 겁니다.
다른 영어 성경이나 번역에는
이런 것을 암시하는 내용들이 있습니다.
라반의 말에 하나님께서 야곱과 함께 하심을 「배웠다」는
말이 있는 거지요.
라반은 하나님을 섬긴 것이 아니고 우상을 섬기고 있었던 겁니다.
단지 그가 하나님의 이름을 운운하는 것은
야곱에게서 듣고 배운 것을
야곱의 비위를 맞추기 위해 사용하고 있을 뿐인 겁니다.

하나님을 섬기는 사람이라면 자신의 딸을
함부로 내어준다든지
그렇게 천연덕스럽게 속이는 일을 한다든지
하는 일을 할 수가 없는 거지요.
라반은 자신의 악행을 전혀 미안해하는 기색조차 없는 겁니다.
하나님을 모르는 사람이기 때문입니다.

라반은 야곱을 붙잡아두기 위해서 온갖 아부의 말을 다하고 있었습니다.

"이보게나, 조카. 지금까지는 빚을 갚기 위해 일했지만 이제부터는 정식으로 일에 대한 삯을 쳐줄테니 여기 있게나. 자네도 가족이 있으니 이젠 정당한 대가를 받아야지. 암, 내 섭섭지 않게 품삯을 줌세. 자네가 원하는 품삯을 말해 보게나. 내가 자네의 요구를 다 들어줌세."

라반의 말을 들은 야곱이 입을 열었습니다.

"삼촌, 지난 14년 동안 내가 삼촌을 어떻게 모시고 삼촌의 재산을 위해 어떻게 일했는지 삼촌께서는 아실 겁니다. 삼촌의 짐승들을 어떻게 돌보았는지 아시지요? 제가 봐도 제가 처음 삼촌 집에 왔을 때의 재산하고 지금의 재산하고는 비교도 할 수 없을 만큼 큰 차이가 나지요. 물론 제가 열심히 일한 것도 일한 거지만 하나님께서 복을 주신 겁니다."

야곱은 자신을 통해 라반이 부자가 되었다는 것을 생각나게 함과 동시에 라반이 지금까지 빚을 볼모로 해서 자신을 노예처럼 취급했다는 것과 그럼에도 불구하고 하나님께서 자신을 도와주셨음을 간증하고 싶었던 겁니다.

라반은 야곱의 이야기를 들으면서 긍정할 수밖에 없었습니다.

"하기사 지금까지는 삼촌에게 진 빚을 갚은 것이니 빚을 갚는 사람으로서 당연한 거였겠지요. 그러나 이젠 삼촌에 대한 빚을 다 갚았으니 나도 나의 가족을 위해 무언가를 해야 할 것이 아닌지요? 삼촌도 아시는 것처럼 제 가족이 많습니다."

"그래. 나도 안다이. 자네가 얼마나 성실하게 일을 했는지 알아. 누가 모른다고 했나? 그건 그것이고 이제 자네도 자네 말대로 가족을 세워야 할 거라는 걸 알지. 그래, 그렇다면 다른 말 말고 말해 보게나. 뭘 어떻게 해 주면 만족하겠다는 거야?"

"삼촌께서 그리 말하시니 대답하겠습니다."

야곱은 라반의 교활함을 잘 알고 있었습니다. 분명 지금은 약속을 할 것이지만 시간이 지나면 오리발을 내밀 것을 알고 있었던 거지요.

"삼촌, 내게 뭘 주실 필요는 없습니다. 지금까지 한 것처럼 저는 앞으로도 성실하게 일하겠습니다. 삼촌의 짐승들을 그대로 돌보지요. 단지 삼촌의 짐승들 가운데 혹 아롱진 것이나 얼룩진 것이나 검은 것이 있다면 그걸 제 것으로

해 주십시오. 그러면 삼촌 것과 제 것이 분명히 구분될 게 아니겠는지요. 혹시 나중이라도 삼촌께서 짐승들을 살피실 때 아롱진 것이나 얼룩진 것이나 검은 것 말고 제 우리에 있다면 그건 제가 도적질 한 것으로 하시면 되는 겁니다."

"그렇게 하게나. 자네 말이라면 뭐든지 들어줌세."

라반은 야곱의 제안에 두말하지 않고 승낙을 했습니다. 사실 자신의 짐승 중에는 아롱진 것이나 얼룩 진 것이나 검은 것이 별로 많지 않았기 때문입니다.

"그럼 오늘부터 아롱진 것이나 얼룩이 있는 것이나 검은 놈들을 구분하여 제 것으로 하겠습니다."

"암, 그래야지. 그런데 아예 이참에 구분해서 자네 것과 내 것을 멀리 떼어 놓게나."

"삼촌, 아예 다른 오해를 없게 하기 위해서 제 짐승은 삼촌의 아들들이 지키게 하십시오. 어차피 저는 삼촌을 위해 일하면서 삯을 받는 것이니 삼촌의 짐승은 제가 잘 돌보겠습니다. 그렇게 해야 오해가 없을 겁니다."

라반은 야곱의 제안에 따라 흰 것만을 자기 것으로 하고 아롱진 것과 얼룩 무늬 있는 것과 검은 것을 떼어서 아주 접할 수 없는 곳으로 이동을 시켰지요. 그리고 자기 아들들을 시켜 사흘거리나 되는 먼 곳으로 가게 했답니다. 야곱의 것은 얼마 되지 않았답니다. 그리고 자기 것은 야곱에게 맡긴 겁니다.

라반의 계산은 빨랐습니다. 적어도 사흘의 거리가 되어야 자기의 짐승인 흰 놈들과 야곱의 것이 만나지 못하기 때문이었지요. 혹 가까이 두면 서로 교미를 할 가능성이 있고 그렇게 되면 아롱진 것, 얼룩진 것, 검은 것이 나올 수 있을지도 모르기 때문입니다. 게다가 자신의 아들들에게 야곱의 것을 맡게 함으로 아예 교미를 하지 못하도록 원천 봉쇄를 한 겁니다.

야곱도 라반의 계산적인 행동을 알고 있었습니다. 그러나 원망하지도 않았고 투덜거리지도 않았답니다. 오히려 만족해하는 라반을 보면서 여유를 보였지요. 그러나 그 속에서는 라반이 짐작도 못한 승리를 꿈꾸고 있었답니다.

『또 가로되 네 품삯을 정하라 내가 그것을 주리라 야곱이 그에게 이르되 내가 어떻게 외삼촌을 섬겼는지, 어떻게 외삼촌의 짐승을 쳤는지 외삼촌이 아시나이다 내가 오기 전에는 외삼촌의 소유가 적더니 번성하여 떼를 이루었나이다 나의 공력을 따라 여호와께서 외삼촌에게 복을 주셨나이다 그러나 나는 어느 때에나 내 집을 세우리이까 라반이 가로되 내가 무엇으로 네게 주랴 야곱이 가로되 외삼촌께서 아무 것도 내게 주실 것이 아니라 나를 위하여 이 일을 행하시면 내가 다시 외삼촌의 양 떼를 먹이고 지키리이다 오늘 내가 외삼촌의 양 떼로 두루 다니며 그 양 중에 아롱진 자와 점 있는 자와 검은 자를 가리어 내며 염소 중에 점 있는 자와 아롱진 자를 가리어 내리니 이 같은 것이 나면 나의 삯이 되리이다 후일에 외삼촌께서 오셔서 내 품삯을 조사하실 때에 나의 의가 나의 표징이 되리이다 내가 혹시 염소 중 아롱지지 아니한 자나 점이 없는 자나 양 중 검지 아니한 자가 있거든 다 도적질 한 것으로 인정하소서 라반이 가로되 내가 네 말대로 하리라 하고 그날에 그가 숫염소 중 얼룩 무늬 있는 자와 점 있는 자를 가리고 암염소 중 흰 바탕에 아롱진 자와 점있는 자를 가리고 양 중의 검은 자들을 가려 자기 아들들의 손에 붙이고 자기와 야곱의 사이를 사흘 길을 뜨게 하였고 야곱은 라반의 남은 양 떼를 치니라』(:28-36)

성실함에 변함이 없는 야곱이 아름답습니다.
자신이 얻고 싶은 것을 얻었으니 요령을 피면서
기간만 채우면 되는데도
그는 그렇게 지내지 않은 겁니다.
성실했던 거지요.
라반이 노예처럼 취급했음에도 불구하고
그는 성실함을 포기하지 않았답니다.
그 성실함에 (교활하고 못되고 이기적인) 라반도 반한 겁니다.
하나님의 백성은 성실한 사람이랍니다.
하나님을 알지 못하는 사람조차도 인정할 만큼
성실하게 살아야 하는 겁니다.
나를 미워하고 괴롭히는 사람의 일이라고 소홀히 하지 마세요.
나를 이용해 먹으려는 게 보이더라도
자신에게 맡겨진 일에는 성실해야 합니다.
기분에 따라서 대우에 따라서 일하는 사람이 아니라
자신의 가치 때문에 성실의 수준을 유지하는 겁니다.

❼ 창 30:37-43
지혜

야곱은 자신의 짐승들을 볼 수 없었습니다.

자기의 짐승들은 라반의 아들들이 지키고 있었고 자신은 라반의 짐승들을 지키고 있었기 때문입니다. 자신의 짐승들이 교미를 잘해야 자신도 부자가 될 터인데 라반의 아들들이 짐승들로 하여금 그런 일을 도와 줄 리가 없음을 알고 있었던 거지요. 일단 자신의 짐승들로 인해 번성케 되기는 틀린 겁니다. 라반도 그런 목적으로 야곱과 야곱의 짐승 사이를 떼어 놓은 것이였구요. 만일 야곱이 자신의 양을 돌볼 수 있는 거리에 있다면 분명 부지런을 떨면서 번식을 시키려고 애를 쓸 것이라는 걸 알고 있었지요. 그렇게 되면 야곱이 자기보다 더 부자가 될 것이라는 걸 염려했던 겁니다.

자기 짐승에게 가보지도 못하고 라반의 짐승들만을 지켜야 하는 야곱은 라반의 짐승들 중에 아롱지고 얼룩지고 검은 것만이 있기를 바랬습니다. 아니 어떻게 하면 아롱지고 얼룩지고 검은 놈들이 생기게 할까 궁리를 하고 있었지요. 라반의 짐승들 가운데서도 아롱진 놈이나 얼룩진 놈이나 검은 놈은 자신의 것이니까요.

수십 년을 양이나 염소만을 키워온 야곱에겐 남이 알지 못하는 짐승들에 관한 지식이 있었습니다. 짐승들이 언제 교미를 하고 언제, 어떤 방법으로 임신을 하며 그 방법에 따라 어떤 종류의 새끼를 낳는지를 알고 있었던 겁니다. 야곱 스스로가 발견한 지식이었습니다.

새끼 밴 짐승들로 하여금 아롱지고 얼룩지고 검은 새끼를 낳게 하는 일은 야곱에겐 별 일은 너무 쉬운 일이었습니다. 교미를 할 때가 된 짐승들에게 버드나무와 살구나무와 단풍나무의 푸른 가지를 꺾어 껍질을 벗긴 후 흰 무늬를 낸 다음 그걸 물구유에 놓아두고 그 물을 마시게 하면 틀림없이 새끼가 아롱진 놈이거나 얼룩진 놈이거나 검은 놈인 겁니다.

이런 기가 막힌 원리는 그 어느 목동도 알지 못했었지요. 야곱은 이런 일을 하면서도 별 것 아닌 것처럼 천연덕스럽게 했답니다. 물론 짐승들이 새끼를 낳을 땐 야곱의 의도대로 아롱진 것과 얼룩진 것과 검은 것들을 낳았구요! 그뿐이 아니었습니다. 야곱의 장난은 계속되었답니다. 건강한 놈이 새끼를 밸 때는 그렇게 했지만 비실비실한 놈이 새끼를 배려 할 때는 보통 물을 먹게 했던 겁니다.

라반의 짐승이 모여 있는 곳이었지만 아롱지고 얼룩지고 검은 놈들이 차츰차츰 많아지는 겁니다. 야곱은 라반이 와서 볼 때 자신의 짐승과 라반의 짐승이 섞여 있다가 교미를 하게 되면 아롱진 것이나 얼룩무늬의 짐승이나 검은 짐승이 나올 거라는 오해를 피하기 위해서 부지런히 따로 떼어 놓았답니다.

라반이나 사람들이 야곱이 있는 곳에 들르곤 했습니다. 분명 얼마 전까지만 해도 모두 흰 놈들뿐이었는데 한 쪽에는 죄다 아롱진 놈이거나 얼룩진 놈이거나 검은 놈들인 겁니다. 분명 야곱의 것이었습니다. 반면에 흰 놈들이 있었는데 숫자는 좀 늘은 것 같았지만 그 녀석들은 하나같이 비실비실한 놈이었고 그나마 병에도 잘 걸리더니 죽기도 많이 죽었답니다.

멀리 떨어져 있는 야곱의 짐승들에게서도 새끼가 생겼습니다. 그곳의 새끼들은 당연히 아롱지고 얼룩지고 검은 것이었지만 야곱이 지키고 있는 라반의 지역에도 아롱진 것과 얼룩진 것과 검은 것이 눈에 띄게 많았답니다. 온통 야곱의 짐승들인 것처럼 보였답니다. 야곱의 짐승은 기하급수적으로 늘고 있었던 겁니다. 큰 부자가 되어가고 있었습니다.

『야곱이 버드나무와 살구나무와 신풍나무의 푸른 가지를 취하여 그것들의 껍질을 벗겨 희 무늬를 내고 그 껍질 벗긴 가지를 양 떼가 와서 먹는 개천의 물구유에 세워 향하게 하매 그 떼가 물을 먹으러 올 때에 새끼를 배니 가지 앞에서 새끼를 배므로 얼룩얼룩한 점이 있고 아롱진 것을 낳은지라 야곱이 새끼 양을 구분하고 그 얼룩무늬와 검은 빛 있는 것으로 라반의 양과 서로 대하게 하며 자기 양을 따로 두어 라반의 양과 섞이지 않게 하며 실한 양이 새끼 밸 때에는 야곱의 개천에다가 양 떼의 눈앞에 그 가지를 두어 양으로 그 가지 곁에서 새끼를 베게 하고 약한 양이면 그 가지를 두지 아니하니 이러므로 약한 자는 라반의 것이 되고 실한 자는 야곱의 것이 된지라 이에 그 사람이 심히 풍부하여 양 떼와 노비와 약대와 나귀가 많았더라』(:37-43)

부자는 부지런할 때 되는 겁니다.
그것도 지혜롭게 부지런해야 되는 거지요.
지혜가 없는 부지런함은 열매가 없답니다.
지혜만 있고 부지런함이 없는 사람도 열매가 없지요.
부유함의 열매는 지혜를 가진 부지런함이랍니다.

야곱의 삶이 간사하고 교활한 삶일까요?
성경을 읽으면 그런 것 같지 않습니다.
그가 형의 발을 잡고 태어났다는 것이 그의 의도가 아니잖아요.
그가 장자권을 팥죽 한 그릇에 산 것이
사기를 친 것이 아닌 겁니다.
장자 역할을 전혀 하지 않는 게으르고
멋대로인 에서가 장자가 되느니
장자의 책임을 다하는 자신이 장자가 되겠다고 할 때
에서가 그러라고 한 거잖아요.

이삭으로부터 장자의 축복을 받은 것도 자신의 의도보다는
어머니 리브가의 계획이었고 적극적인 행동이었으며
야곱은 리브가가 하라는 대로 한 것뿐입니다.
하란의 삼촌 라반의 집에서의 생활을 보더라도
야곱은 간사하지 않았습니다.
그는 매우 정직했고 억울한 가운데서도 희생하면서
부당한 약속임에도 지켰습니다.
그는 아내를 넷을 얻었지만 그럴 의도는 없었고
오직 라헬만을 사랑했었지요.
그런데 자신의 의도와는 상관없는 아내가 셋이나 더 생겼고
그녀들로 인해 자식들이 생긴 것일 뿐이지 의도는 없었던 겁니다.
그는 악한 동기를 가진 적이 없습니다.
게다가 빚으로부터 자유의 몸이 된 후
라반과의 계약에 따라 일을 하여 자신의 재산을 모았는데
나쁜 짓을 해서 부자가 되었다고 해석하기보다는
놀라운 지혜를 가지고 부지런했기에 부자가 된 겁니다.
필자는 아무리 야곱을 연구해도 그가 왜 간사하고
교활하고 나쁜 사람인지 이해가 되지를 않네요.
그는 철저한 신용의 사람입니다.
자기 관리를 잘하는 사람이고 부지런한 사람입니다.
그는 지혜롭고 지식이 있으며
인생을 적극적으로 사는 사람입니다.
그는 혼자서도 인생을 멋지게 살 수 있다고 믿고
또 그렇게 사는 사람이지요.

잘못도 연약함도 인정하기 싫어하는 완벽주의자입니다.
그런 사람은 결코 하나님을 의지하지 않습니다.
그래서 하나님이 그를 무너뜨리시는 겁니다.
하나님 찾는 사람으로.
그것이 야곱이 받은 은혜랍니다.

8 창 31:1-16
아픔이 있는 사람

기분 나쁜 소문이 퍼지고 있었습니다.

야곱의 짐승이 많아지면서 부자가 되고 있는 것을 두고 라반의 아들들이 퍼트린 소문입니다. 야곱이 부자가 된 것은 자신들의 아버지인 라반의 것들을 훔쳐서 된 것이라고 말을 만든 거지요. 게다가 야곱을 대하는 라반의 태도도 전과는 확연히 달랐습니다. 노골적으로 불쾌한 표정이었고 말 한마디까지도 언짢음이 묻어 있었던 겁니다. 어느 경우는 아는 체도 하지 않았지요. 야곱 역시 그런 라반과 그의 아들들을 대하는 것이 어색했고 몹시 불편했습니다.

야곱은 자신에 대한 음해의 소문이 퍼지고 있는 것을 들으면서 무척 기분이 나빴습니다만 그래도 생각이 깊은 야곱은 잘 참아내었답니다. 구십칠 세(97세)라는 나이답게 어른스러웠던 겁니다. 누가 뭐라고 하면 허허 하면서 웃어 넘겼지요.

『야곱이 들은 즉 라반의 아들들의 말이 야곱이 우리 아버지의 소유를 다 빼앗고 우리 아버지의 소유로 인하여 이같이 거부가 되었다 하는지라 야곱이 라반의 안색을 본즉 자기에게 대하여 전과 같지 아니하더라』(:1-2)

사촌이 땅을 사면 배가 아프다는 말이 있다지요.
야곱의 사촌들이 그랬답니다.
자신의 아비나 자신들보다 사촌인 야곱이 잘 되는 게
배가 아픈 겁니다.
어른인 라반도 똑같습니다.
조카가 잘되면 좋아해야 하는데 그렇지가 않았답니다.
미운 겁니다.
우리 마음 구석에도 이런 마음이 있을 겁니다.
그건 쫀쫀하고 미숙한 사람이기 때문이지요.
주님의 마음으로 충만한 사람은 그렇지 않습니다.
이웃이 잘되는 걸 행복해 하는 마음이지요.
우리의 마음이 풍성한 마음이면 좋겠습니다.

미움은 거짓말을 만들어 퍼뜨립니다.
미움은 상대방을 곤란하게 만들고 불편하게 만듭니다.
미움은 미움받는 사람보다 미워하는 당사자를 망치는 거랍니다.

미워하지 마세요.
반면에 사랑해야지요.
그것이 하나님이 원하시는 것이고
나 자신이 행복해지는 거랍니다.

야곱은 무척이나 괴로웠습니다. 라반과 그의 아들들이 자신을 괴롭히는 것도 그랬고, 퍼진 소문으로 인한 주변 사람들의 눈총을 그냥 넘어가기에는 버거웠지요. 그것으로도 괴로운데 처자식들에게까지 고통이 미친 것이 이만저만 어려운 게 아니었습니다. 아무리 참으려 해도 잘 참아지지 않았답니다.

"야곱!"

하나님의 음성이었습니다. 평소 때도 늘 묵상하던 하나님이었지만 고통이 밀려올 때는 더욱 하나님을 생각하였었지요. 그런데 오래 전 들었던 음성과 똑같은 음성이 들려온 겁니다.

"야곱아, 이젠 네 조상의 땅, 네 족속이 있는 땅으로 돌아가거라. 내가 너와 함께 있으마."

『여호와께서 야곱에게 이르시되 네 조상의 땅 네 족속에게로 돌아가라 내가 너와 함께 있으리라 하신지라』(:3)

하나님께서 야곱의 고통을 아시는 겁니다.

음해로 인해 괴로워하는 걸 아시는 겁니다.
왕따 당하고 있는 걸 아시는 겁니다.
더 이상 살기 어려운 걸 아시는 겁니다.
그래서 피하라고 하시는 겁니다.
야곱의 하나님은 그렇게 친절하신 분이랍니다.

우리에게 말씀하셨지요.
고통을 이기게 하실 것이라고.
그러나 고통이 더 이상 견디기 어려울 것이라면
피할 길을 주시겠다 하시는 친절한 분이
우리 하나님이신 거랍니다.
괜시리 억울함과 어려움, 따돌림받는 것이
고통스럽다 하더라도 잘 견디세요.
우선 우리가 하나님의 자녀이기에 그런 고통을 받는 거랍니다.
그리고 우린 그런 고통을 이길 힘도 있는 사람이잖아요.
게다가 고통이 너무 힘들면 하나님께서 피할 길을 주실 거랍니다.
그 하나님이 우리의 아버지이십니다.

하나님의 음성을 들은 야곱은 조심스럽게 라헬과 레아를 양들 있는 곳으로 불렀습니다. 누가 봐도 자기 양떼에게 간다는 것으로 여길 뿐 특별한 이유가 있어서 간다는 느낌을 받지 않도록 하기 위한 것이었지요. 들판에는 얼룩진 짐승들이 평화롭게 풀을 뜯고 있었습니다.

"부인, 내 당신들에게 할 말이 있소이다. 다름 아니라 내 당신들의 아비 집에 머무는 것이 무척이나 불편하구려. 삼촌께서 나를 대하는 것이 전과 같이 않은 게 보통 어려운 일이 아니외다. 게다가 당신들도 들었겠지만 당신들의 오라비들이 나를 음해하는 소문까지 퍼트림으로 인해 마음이 여간 불편한게 아니라오. 이런 일이 어제 오늘의 일이 아니오만 그래도 내 아버지의 하나님께서 나와 함께 하셨으므로 잘 견뎌왔소이다. 그런 와중에도 내 당신들의 아버지를 위해 할 수 있을 만큼 최선을 다해 섬겼다고 생각하오. 그런데 내게 돌아오는 건 그게 아니었소. 나를 속여 품삯을 열 번이나 변역하기도 했다오. 정말 억울했지. 그러나 당신들의 아버지가 나를 그리 대한다고 내가 무너지진 않았소이다. 그건 하나님께서 나를 보호하셨기 때문이라 믿소. 그렇지 않았다면 내가 어찌 이토록 부자가 되었겠소? 당신들도 아는 것처럼 얼룩지고 아롱진 짐승이라면 모두 내 것이라고 당신 아버지와 약속을 하지 않았소? 그런데 짐승들이 낳는 새끼들마다 얼룩지고 아롱진 것들이었으니 그것이 다 내 것이 된 것이 아니겠소? 이게 내가 꾀를 낸다고 되는 것이 아닌 줄은 당신들도 아실 것 아니요. 이는 하나님께서 당신의 아비로부터 나에게 주신 것이 아니면 뭐라고 하겠소?"

라헬과 레아는 남편의 말을 진지하게 듣고 있었습니다. 자신들도 그렇게 생각이 들긴 했지만 야곱의 마음이 그리도 힘들었다는 걸 들으니 속이 상했답니다. 늘 신중하고 생각이 깊은 남편이라는 걸 알고 있는 라헬과 레아는 오죽했으면 저리 이야기할까 하는 생각이 들었지요.

"지금까지는 내가 당신들에게 아무 말하지 않았지만 나의 짐승이 많아진 이유가 있소이다. 저놈들이 새끼를 밸 때쯤이면 내게 꿈이 보이더이다. 암놈들에게 새끼를 배게 하는 숫놈들 모두가 얼룩 무늬 있는 놈이거나 점이 있는 놈이거나 아롱진 놈들이더라는 거요. 그러면서 내게 하나님의 음성이 들리곤 했지요. 그 말씀은 다른 게 아니라 당신들의 아비가 나에게 한 일을 하나님이 알고 계신다는 말씀이었고 라반은 나에게 못되게 하였으나 하나님이 대신 갚아 주신다는 말씀을 하시는 거였지. 짐승들이 점 있는 놈이나 얼룩 무늬 있는 놈이나 아롱진 놈이 많은 것은 모두 하나님이 내게 은혜를 주신 덕이라오."

라헬과 레아는 야곱의 말에 고개를 끄떡이고 있었습니다.

"부인, 그건 그렇다손 치더라도 하나님이 내게 중요한 말씀을 하셨기에 이 말을 하려고 불렀소이다."

"뭐에요?"

라헬과 레아는 다른 말이 있다는 야곱의 말에 귀를 기울였습니다.

"하나님께서 이렇게 말씀하시더이다. '나는 벧엘의 하나님이다. 네가 전에 거기서 돌로 기둥을 삼아 거기에 기름을 붓고 내게 서원한 것이 있지 않느냐? 그러니 이제 일어나 여기를 떠나 네가 태어난 곳으로 돌아가라' 이렇게 말씀하셨다오. 그러니 우리가 여길 떠나야겠기에 부인들을 조용히 불러 말씀을 드리는 것이요."

야곱의 말을 듣고 있던 라헬과 레아가 똑같이 입을 열었습니다.

"떠나야지요. 우리가 봐도 아버지가 당신과 우리에게 하시는 일에는 희망이 없어요. 어떤 것도 주지 않으려고 하신다는 걸 알아요. 사실 말이 났으니 말이지 아버지가 우릴 팔고 우리의 돈을 다 먹어치웠잖아요. 우리를 대할 때도 꼭 이방인처럼 대했다구요. 정말 너무했어요. 그러니 당신이 하나님께 들은대로 이곳을 떠나자구요. 전에 약속한 것처럼 우리의 재산은 분명히 구분할 수 있으니 그것을 가지고 간다면 아버지도 아무런 말을 못하실 거에요. 우리 걱정은 하지 말고 당신이 계획하신대로 하세요."

『야곱이 보내어 라헬과 레아를 자기 양 떼 있는 들로 불러다가 그들이게 이르되 내가 그대들의 아버지의 안색을 본즉 내게 대하여 전과 같지 아니하도다 그러할지라도 내 아버지의 하나님은 나와 함께 계셨느니라 그대들도 알거니와 내가 힘을 다하여 그대들의 아버지를 섬겼거늘 그대들의 아버지가 나를 속여 품삯을 열번이나 변역하였느니라 그러나 하나님이 그를 금하사 나를 해치 못하게 하셨으며 그가 이르기를 점 있는 것이 네 삯이 되리라 하면 온 양 떼의 낳은 것이 점 있는 것이요 또 얼룩 무늬 있는 것이 네 삯이 되리라 하면 온 양 떼의 낳은 것이 얼룩 무늬 있는 것이니 하나님이 이같이 그대들의 아버지의 짐승을 빼앗아 내게 주셨느니라 그 양 떼가 새끼 밸 때에 내가 꿈에 눈을 들어보니 양 떼를 탄 숫양은 다 얼룩 무늬 있는 것, 점 있는 것, 아롱진 것이었더라 꿈에 하나님의 사자가 내게 말씀하시기를 야곱아 하기로 내가 대답하기를 여기 있나이다 하매 가라사대 네 눈을 들어보라 양 떼를 탄 숫양은 다 얼룩 무늬 있는 것, 점 있는 것, 아롱진 것이니라 라반이 네게 행한 모든 것을 내가 보았노라 나는 벧엘의 하나님이라 네가 거기서 기둥에 기름을 붓고 거기서 네게 서원하였으니 지금 일어나 이곳을 떠나서 네 출생지로 돌아가라 하셨느니라 라헬과 레아가 그에게 대답하여 가로되 우리가 우리 아버지 집에서 무슨 분깃이나 유업이나 있으리오 아버지가 우리를 팔고 우리의 돈을 다 먹었으니 아버지가 우리를 외인으로 여기는 것이 아닌가 하나님이 우리 아버지에게서 취하신 재물은 우리와 우리 자식의 것이니 이제 하나님이 당신에게 이르신 일을 다 준행하라』(:4-13)

야곱은 진지하고 생각이 깊은 사람입니다.
나이 또한 백 세(100세) 가까이 되었으니
보통 사람이 아닌 겁니다.
그는 억울한 대우를 받으면서도 잘 참았던 사람일뿐 아니라
억울하다 하여 자신을 억울하게 하는
악한 사람의 일을 망치거나 소홀히 하지 않은 사람입니다.
우리가 배워야 할 성숙된 태도랍니다.
살다보면 억울할 때가 얼마나 많은지 모릅니다.
그러나 그 억울함을 하나님이 알고 계시다는
믿음으로 이겨내야 하는 거랍니다.
더 바람직한 것은 억울함에도 불구하고
항상 최선을 다하는 태도이어야 하는 거지요.
그럴 때 하나님이 기뻐하신답니다.
하나님이 그 억울함을 해결해 주신답니다.

하나님의 갚아 주심이 있는 거지요.
야곱의 태도를 본받아 하나님을 감동케 하는 성도가 되자구요!

야곱의 말 한 마디 한 마디에 하나님이 묻어 있습니다.
삶 속에서 늘 함께 하신 하나님을 잊지 않고
살아온 자의 표현의 자연스러움입니다.
자신의 두뇌의 탁월함이라고 말하지 않았습니다.
자신의 경험으로 인한 지혜라고도 하지 않았습니다.
하나님의 은혜요 축복이라고 말할 뿐입니다.
그리고 하나님의 음성을 듣는다고 말하고 있는 거지요.
우리의 삶도 늘 하나님을 인식하면서 살아야 한답니다.
그래서 누구와 어떤 상황에서 어떤 대화를 한다 하더라도
자연스럽게 하나님을 묻혀 말하는 사람이어야겠지요.

라반은 딸들에게도 인정을 받지 못했네요.
그는 욕심스러운 사람이었기 때문이랍니다.
우리는 자녀들에게 혹은 다른 사람들에게
어떻게 보여지고 있나요?
라반처럼 욕심쟁이로 보여지면 안되겠지요.
반면에 야곱처럼 성실하고 틀림없는 사람으로
보여져야 한답니다.
그런 사람이 아름다운 사람이고 권위가 있는 사람이랍니다.

⑨ 창 31:17-42

당당한 사람

아내들의 동의를 얻은 야곱은 본격적으로 떠날 계획을 세웠습니다. 라헬과 레아도 자신들의 종들과 자녀들에게 떠날 것을 준비시켰답니다. 물론 라반과 그의 아들들에게는 비밀로 하고 준비를 한 겁니다.

그날이 되어 야곱은 자식들 열 둘과 아내들 넷을 미리 준비한 약대에 태웠습니다. 얼룩지고 아롱지고 점 있는 짐승들은 하나도 빼놓지 않고 모았고 자신의 것이라고 생각되는 다른 재물들까지도 잘 챙겼습니다. 그리고는 아비 이삭이 있는 가나안으로 가려는 겁니다.

떠나는 길이지만 삼촌 라반에게는 인사도 하고 싶지 않았습니다. 벌써부터 서먹한 관계이기도 했고 또 간다고 하면 무슨 핑계를 대서라도 못가게 하면서 시끄러울 것이 뻔했기 때문입니다. 마침 라반이 양털을 깎으러 가는 기간이 있기에 그 사이의 한 날을 잡아 떠나기로 한 겁니다. 집안 사람들도 하나같이 양털을 깎는 곳에 가 있었기에 집은 텅 비어 있었지요.

막 떠나려 하던 차에 약대에 올라타고 있던 라헬이 급히 내리겠다고 합니다. 해야 할 일이 있다고 하면서 평소에 라반이 가장 신성한 곳으로 구분해 놓은 작은 신당에 다녀온 거지요. 다른 사람들은 그가 마지막 기도를 하러 들어갔다 온 줄 알았습니다. 그러나 라헬은 그곳에 놓인 아주 값비싼 조그만 드라빔을 꺼내 온 겁니다. 아무도 몰랐습니다.

"자, 준비들 되었나? 그럼 이만 떠나세. 모두들 먼 여행이 될터이니 각오들 단단히 하게나."

"아버지, 삼촌 할아버지에게 말도 하지 않고 떠나도 되는 거에요?"

아들들 중에 한 놈이 묻는 겁니다.

"그래 말이다. 인사를 하고 떠났으면 좋겠다만 삼촌 할아버지는 양털을 깎으러 가셨기에 언제 오실지 모르잖아. 양털 깎는 일이 얼마나 바쁜지 너도 알지? 그렇다고 마냥 기다릴 수도 없고. 그러니 삼촌 할아버지께는 미안하지만 조용히 떠나야겠다. 갈 길이 아주 멀거든, 그러니 어서 가자."

야곱은 아들 녀석의 질문에 찔리기는 했습니다만 적당히 대답을 하고는 지난 이십 년을 살았던 밧단아람 라반의 집을 떠나 고향으로 향했답니다.

『야곱이 일어나 자식들과 아내들을 약대들에게 태우고 그 얻은 바 모든 짐승과 모든 소유물 곧 그가 밧단아람에서 얻은 짐승을 이끌고 가나안 땅에 있는 그 아비 이삭에게로 가려 할새 때에 라반이 양털을 깎으러 갔으므로 라헬은 그 아비의 드라빔을 도적질하고 야곱은 그 거취를 아람 사람 라반에게 고하지 않고 가만히 떠났더라』(:17-20)

하나님이 떠나라고 했는데 당당하게 떠날 것이지
몰래 떠나는 게 보기 좋지 않네요.
믿음이 없어서라기보다는 삼촌과의 관계가 떨떠름해서
그런 것이라 생각이 듭니다.
많은 상처를 받은 사람의 모습이라 생각되네요.
그래도 이십 년을 함께 지낸 삼촌인데
도망가는 것처럼 떠나는 건 좋아 보이지 않는 겁니다.
기왕 여기까지 참았다면 조금 더 참고 인내하면서
밧단아람 생활의 마지막을 아름답게 했으면
좋았을 거라는 생각이 듭니다.

야곱은 행여나 라반이 따라올까 하여 길르앗 산 쪽으로 향했습니다. 라반이 돌아와 자신들이 없어진 것을 안다 하더라도 자신들이 길르앗 산 쪽으로 행

라헬이 드라빔을 왜 훔쳤을까요?

유대주의나 초대 교부들은 이렇게 생각했답니다. 우선, 자신의 부친인 라반을 골탕 먹이기 위해 훔쳤다고 해석하기도 했고 두 번째는 드라빔 우상을 섬기는 라반으로 하여금 우상 숭배를 하지 못하게 하기 위해 드라빔을 훔친 것이라고 해석하기도 했답니다. 세 번째는 드라빔이 금이나 은으로 만들어진 것이기에 훔쳤다고 해석하기도 했지요. 그러나 이런 해석보다는 다른 해석이 설득력 있습니다. 드리빔이 주는 축복을 빼앗기 위한 행동이었다는 겁니다. 즉 라헬은 드라빔이 축복을 준다고 믿고 있었던 사람이라는 말입니다. 그녀는 야곱과는 달리 우상을 숭배하는 미신적인 사람이었던 겁니다.

했을 거라는 생각은 전혀 하지 못할 것이라는 계산 때문이었습니다.

들에서 기분 좋게 양털을 깎고 있는 라반에게 누군가가 다가와 야곱 소식을 물었지요.

"라반, 야곱은 잘 떠났습니까? 그 대식구와 짐승들을 끌고 가는 게 쉽지 않을 텐데 잘 가고 있는지 궁금하네요. 참 부지런하고 본받을 만한 사람이었는데. 라반도 많이 서운하시겠습니다. 사위도 사위지만 두 딸도 그렇고 손자들과 손녀도 떠나보냈으니 얼마나 적적하시겠소?"

그는 라반이 야곱의 떠난 것을 허락하고 또 당연히 알고 있었던 것이라 생각하고 말을 했던 겁니다.

"뭐라구요? 지금 뭐라하셨소? 야곱이 그 처자들과 짐승들을 데리고 떠났다고요? 언제 떠났단 말이요? 난 그런 소릴 들은 적이 없는데."

"아니 그럼 그걸 모르고 있었소? 동네에서는 다 알고 있는데 그가 좀 많은 짐승을 가지고 있어야지. 그 큰 행렬이 떠나는 걸 온 동네는 다 알고 있는데 라반만 몰랐다니 그게 말이나 됩니까? 하기사 삼 일전에 떠났으니 야곱이 몰래 떠났다면 여기서 양털을 깎고 있는 당신은 알 수도 없었겠지만."

라반은 울화통이 터질 것 같았습니다. 그렇지 않아도 밉게 보였는데 떠났다고 하니 더 미운 겁니다. 아니 미운 놈이 떠나면 좋아야 할 것 같은데 이상하게도 떠나게 둘 수는 없다는 생각이 들었지요. 그러더니 양털 깎는 일은 다른 사람에게 맡기고 몇 사람을 데리고 야곱을 추격하기 시작했답니다.

야곱을 따라가는 건 어렵지 않았습니다. 야곱은 길르앗 산 쪽으로 우회하여 가면서 라반으로 하여금 따라오지 못하게 하려 했으나 그 큰 행렬을 본 사람들이 많기에 라반의 추격은 쉬웠던 거지요. 이리저리 물어서 칠 일째가 되는 날에 야곱을 따라 잡았답니다.

'이놈의 녀석을 잡기만 해봐라.'

라반은 야곱을 따라 가면서 별별 생각을 다 했습니다만 사실 어떻게 할 것도 없으면서 이만 갈고 있었던 겁니다.

『그가 그 모든 소유를 이끌고 강을 건너 길르앗 산을 향하여 도망한 지 삼일 만에 야곱의 도망한 것이 라반에게 들린지라 라반이 그 형제를 거느리고 칠 일 길을 쫓아가 길르앗 산에서 그에게 미쳤더니』(:21-23)

왜 쫓아가나요?
그리도 못마땅하게 생각했던 사람이 떠나는데 말입니다.
왜 화가 났을까요?
어떻게 할 수도 없는 입장인데 말입니다.
이유가 있다면 화를 내기 위한 것 말고는 아무 것도 없네요.
자신이 잘못한 것은 전혀 생각하지 않고 마냥 밉기만 한 겁니다.
혹시 우리도 누군가에게 상처를 주면서
그를 미워하고 있지는 않은지요?
그를 계속 옆에 두고 계속 미워하면서
괴롭히고 싶은 마음은 없는지요?
인간은 그 만큼 악한 존재랍니다.
옆에 두고 미워하면서 괴롭히고 싶어하는
그런 존재라는 거에요.

오늘밤을 지내고 다음 날 야곱을 만날 겁니다. 바로 눈 앞에 있으니 오늘밤은 여유를 부리다가 내일 만나 하고 싶은 말을 해야겠지요. 오늘밤에는 많은 생각을 하고 말입니다.

"라반!"

꿈인지 생시인지는 모르지만 생전 들어보지 못한 음성이 들렸습니다. 아주 또렷하면서도 무서운 음성이었습니다.

"누구십니까?"

라반은 덜덜 떨면서 들리는 음성 앞에서 물었습니다.

"야곱을 추격해 왔느냐? 내 분명히 이르노니 야곱에게 쓸데없는 말을 하지 말거라"

"예?"

소리는 사라졌습니다. 라반은 무서워서 죽을 것 같았습니다. 밤새 한숨도 자지를 못했답니다.

『밤에 하나님이 아람 사람 라반에게 현몽하여 가라사대 너는 삼가 야곱에게 선악간 말하지 말라 하셨더라』(:24)

하나님의 개입하심을 보십시오.

자기 백성을 향한 하나님의 일하심이랍니다.

야곱은 라반이 싫고 그의 추격을 두려워하고 있을 겁니다만

하나님께서는 야곱도 모르게 문제를 처리하고 계신 겁니다.

우리도 우리 모르는 사이 우리에게 찾아오는 문제를 해결하고 계신 하나님을 안다면 그분을 찬양하지 않을 수 없답니다.

「선악간에 말하지 말라」

「선악간에 말하지 말라」는 말은 아무 말도 하지 말라는 말이 아니라 돌아가자는 말이나 책망의 말을 하지 말라는 말이지요. 화를 내지 말라는 말도 됩니다. 다정히 말하라는 말이랍니다.

밧단아람에서 길르앗 산까지 갔다는 기록이라면 길르앗 산은 어디를 말하는 걸까요? 아마도 당시 길르앗의 경계는 다메섹에 아주 가까웠을 거라는 추측입니다. 야곱이 가족과 짐승을 이끌고 삼 일을 간 거리라면 아무리 빠르게 잡는다 하더라도 45-50마일 정도 갔을 겁니다. (그의 나이와 짐승들을 고려할 때 보통 하루에 15-10마일을 걸었을 것이라고 생각됩니다.) 그러므로 당시의 길르앗 경계는 다메섹까지 뻗어 있었던 것이 분명하다는 생각이지요.

"이 사람 야곱! 자네 여기 와 있구먼."

라반은 이른 새벽 야곱이 장막을 친 곳에 찾아가 인사를 하였습니다. 야곱은 얼마나 놀랐는지 모릅니다.

"삼촌!"

실상 라반은 야곱을 향해 욕을 하고 싶었고 감정을 쏟아 놓고 싶었습니다만 지난 밤 야곱에게 이래저래 말하지 말라는 음성으로 인해 친절하게 말하는 거였지요.

"산 위에 장막을 치고 있구먼. 나와 내 사람들도 자네와 함께 장막을 쳐도 되겠나?"

라반이 하는 말이었습니다.

"그, 그러시죠."

야곱은 능청스럽게 다가오는 라반의 태도가 불안했습니다만 싫다고 할 수 있는 입장도 아니었던 겁니다.

"이보게나, 조카. 내 많이 섭섭하이. 그래서 자네를 만나러 달려왔네. 어째 이렇게 행동을 하는가? 한두살 먹은 어린아이도 아니고 말이야. 자네는 내 조카이기도 하지만 내 딸들의 남편이 아닌가? 내 사위일세! 그런데 내 집을 떠나는 게 마치 도적놈들이 도망가는 것처럼, 아니 내 딸을 유괴한 유괴범처럼 아무런 말도 없이 도망나온 것 같으니 하는 말이야! 그럴 수는 없지 않는가!"

야곱은 라반의 하는 말에 아무런 대답도 할 수가 없었습니다.

"이보게나, 자네가 내 집을 떠난다고 했다면 내가 그냥 보낼 거라 생각했나? 내가 그리도 모진 사람인가? 만일 자네가 떠날 것을 말했다면 내 얼마나 즐거운 마음으로 자네를 환송했겠는가? 아마 환송 잔치를 크게 했을 것이네. 그런데 자네가 나 몰래 도망치듯 떠났으니 내 얼마나 섭섭하고 가슴이 아픈지 모르겠어! 자네는 참으로 어리석은 사람이구먼. 적어도 내 손자들에게 할아버지로서 작별 인사는 하게 했어야 하지 않았겠어? 내 딸들에게도 그렇고 말이야. 답답한 사람 같으니라고!"

야곱은 라반의 말이 허풍이라는 걸 알았지만 묵묵히 듣고 있을 뿐입니다.

"..."

"이보게나. 내 사실 무척이나 화가 나서 이리 황급히 달려온 것이네. 자네의 그 못된 버르장머리를 고쳐줄 상 싶어 달려온 거야!"

라반은 이내 참지 못하고 격앙된 목소리로 화를 내면서 말을 이었습니다.

"나에게 자네 인생을 뒤집을 능력이 있는 걸 아는가? 내 그럴 심사였네만 어젯밤에 자네 아버지가 섬기는 하나님이 나타나서 자네에게 그리 하지 말라고 하셨기에 꾹 참고 있는 걸세. 그분이 자네에게 이렇다 저렇다 선악간에 말하지 말라고 하시더구먼. 그래, 그건 그렇다손 치고 자네가 고향으로 돌아간다 하세. 다 좋다 이거야. 그런데 왜 나의 신(神)을 도적질했나? 그걸 도적질하고 나서 겁이나 이리도 황급히 내뺀 것이로구먼."

라반의 말을 잠잠히 듣고 있던 야곱은 깜짝 놀랐습니다. 다른 것은 다 참고 들을 수 있었습니다만 신(神)을 도적질 했다는 말에는 어이가 없었던 겁니다.

"뭐라고 하셨습니까? 삼촌의 신(神)을 훔쳤다고 하셨습니까?"

야곱은 어이가 없다는 듯이 대구를 했습니다.

"삼촌. 삼촌의 말씀을 잘 들었습니다. 저도 삼촌의 말씀을 듣고 가만히 있으려 했습니다만 저를 도적놈이라 하니 몇 마디 드려야겠습니다. 우선 내가 삼촌이 안 계실 때 부랴부랴 나온 것은 삼촌이 제 아내를 내게서 빼앗을 것이 두려워서 그런 겁니다. 그건 그렇다고 하고, 제가 삼촌의 신(神)을 도적질 했다 하셨는데 그 문제를 분명히 하시자구요. 다 뒤져 보십시오. 제 식구 누구에게서든지 삼촌이 말씀하시는 신(神)이 나온다면 그 사람은 죽어 마땅할 겁니다. 아니 제 식구들 가운데 삼촌의 것이라 생각되는 물건이 하나라도 발견된다면 당연히 가지고 가셔야지요."

야곱은 라반의 말에 자신이 있었던 겁니다. 라헬이 라반의 드라빔을 훔친 걸 모르고 있었거든요.

"그래? 잘됐구먼. 자네가 그렇게 말하지 않아도 난 내 신(神)을 찾기 위해 자네들의 장막들을 뒤질 참이었네."

라반은 자신의 사람들과 함께 야곱의 장막은 물론 레아와 라헬의 장막과 실바와 빌하의 장막까지도 뒤지기 시작했습니다.

라헬의 심장이 뛰고 있었습니다. 자신이 라반의 드라빔을 훔쳤기 때문입니다. 라반이 레아의 장막을 뒤지는 동안 라헬은 식은땀을 흘리고 있었지요.

"라헬 있느냐?"

라반의 소리였습니다.

"예, 아버지. 들어오세요. 제 장막도 뒤지셔야죠? 찬찬히 뒤지세요. 저는 밖에 나가 있을테니깐."

라헬은 비꼬듯 말하고는 자신의 장막을 빠져나왔습니다. 그러더니 약대 앞으로가서 훔친 라반의 드라빔을 약대 안장 밑에 감추는 거였답니다.

"내 가있을 곳이 없으니 약대 위에 앉아 쉬어야겠구먼."

라헬은 자신의 장막을 뒤지고 있는 라반 들으라는 것처럼 큰 소리로 말하는 거였습니다.

라헬의 처소를 한참동안 뒤진 라반은 아무 것도 발견하지 못하고 밖으로 나왔습니다.

"아버지, 제 장막에서 뭘 발견하셨어요?"

라헬은 친절한 목소리로 라반에게 말을 걸었습니다.

"제가 경수중이라 몸이 불편하여 일어나기가 힘이 드네요. 아버질 모시고 싶어도 어쩔 수 없음을 용서해 주세요."

"괜찮다. 그냥 있거라."

라반은 레아와 라헬의 장막을 모조리 뒤졌습니다만 아무 것도 발견하지 못하자 이내 아쉬움과 분이 교차하고 있었답니다.

『라반이 야곱을 쫓아 미치니 야곱이 산에 장막을 쳤는지라 라반이 그 형제로 더불어 길르앗 산에 장막을 치고 라반이 야곱에게 이르되 네가 내게 알리지 않고 가만히 내 딸들을 칼로 잡은 자 같이 끌고 갔으니 어찌 이같이 하였느냐 내가 즐거움과 노래와 북과 수금으로 너를 보내겠거늘 어찌하여 네가 나를 속이고 가만히 도망하고 내게 고하지 아니하였으며 나로 내 손자들과 딸들에게 입맞추지 못하게 하였느냐 네 소위가 실로 어리석도다 너를 해할 만한 능력이 내 손에 있으나 너희 아버지의 하나님이 어젯밤에 내게 말씀하시기를 너는 삼가 야곱에게 선악간에 말하지 말라 하셨느니라 이제 네가 네 아비 집을 사모하여 돌아가려는 것은 가하거니와 어찌 내 신을 도적질하였느냐 야곱이 라반에게 대답하여 가로되 내가 말하기를 외삼촌이 외삼촌의 딸들을 내게서 억지로 빼앗으리라 하여 두려워하였음이니이다 외삼촌의 신은 뉘게서 찾든지 그는 살지 못할 것이요 우리 형제들 앞에서 무엇이든지 외삼촌의 것이 발견되거든 외삼촌에게로 취하소서 하니 야곱은 라헬이 그것을 도적질한 줄을 알지 못함이었더라 라반이 야곱의 장막에 들어가고 레아의 장막에 들어가고 두 여종의 장막에 들어갔으나 찾지 못하고 레아의 장막에서 나와 라헬의 장막에 들어가매 라헬이 그 드라빔을 가져 약대 안장 아래 넣고 그 위에 앉은지라 라반이 그 장막에서 찾다가 얻지 못하매 라헬이 그 아비에게 이르되 마침 경수가 나므로 일어나서 영접할 수 없사오니 내 주는 노하지 마소서 하니라 라반이 그 드라빔을 두루 찾다가 얻지 못한지라』(:25-35)

라반이라는 사람, 허풍쟁이랍니다.
야곱을 붙들어두려는 건 그가 일을 잘하기에 덕을 보려는 것이고
떠나가는 야곱을 쫓아가 하는 말을 들어보니
허풍만 떨고 있는 겁니다.
마음에도 없는 환송(?)을 운운하면서 말입니다.
아무런 능력도 없으면서 능력이 있는 것처럼 말이지요.
허풍쟁이는 말이 많은 법이지요.
빈수레가 요란하다고 했나요?
야곱처럼 속이 꽉 찬 사람은 잠잠할 뿐입니다.
우리의 모습에 라반과 같은 허풍이 있지 않기를 소원합니다.
반면에 야곱처럼 여유있고 당당한 사람이 되어야겠지요.

라반이 아무 것도 발견하지 못하자 야곱이 나섰습니다.

"삼촌. 뭘 발견하셨습니까?"

지금까지 보지 못한 야곱의 태도였지요. 아주 화가 많이 나 있었고 또 큰 소리로 삼촌에게 대드는 거였답니다.

"도대체 나의 허물이 무엇이기에 삼촌은 사사건건 나를 죄인 취급하시는 겁니까? 내가 뭘 그리도 잘못했기에 이리도 다급히 쫓아와 온 집안을 뒤집어 놓으시는 건지 모르겠습니다. 다 뒤져 보셔서 아시겠지만 제가 왜 삼촌 것을 훔쳤겠느냐는 말입니다. 찾으신 게 있으면 내놔 보시지요. 그걸 여기 놓고 삼촌

의 사람들이나 내 집 사람들이 판단케 하십시다. 이들이 증인이 될 겁니다."

라반은 야곱이 이처럼 화를 내면서 하는 말을 처음 듣는 겁니다. 아무 것도 발견하지 못한 라반은 무색했답니다.

"말이 나왔으니 말이지 제가 삼촌 집에 이십 년 있었습니다. 그런데 이십 년 동안 삼촌의 양과 염소를 위해 어떻게 일했는지 삼촌도 잘 아시지 않습니까? 암양이나 암염소가 낙태한 적이 있었습니까? 그거 쉬운 거 아닙니다! 다른 양들을 먹이지 않은 적이 있었나요? 나는 죽을 힘을 다해 삼촌의 짐승들을 위해 일했다구요. 혹간 짐승에게 찢긴 양이나 염소가 있다면 삼촌께서 괴로워 하실까봐 그 놈들 숫자를 채우기 위해 내 양이나 염소로 채워 둔 것을 아십니까? 삼촌은 한 마리 양이나 염소도 손해가 없었지요? 그게 가능한 말입니까? 천지가 양과 염소를 훔치려는 도적 떼로 우글거리는 게 들판인데? 도적놈들이 훔쳐 간 것이 없는 것이 아니라 훔쳐 가면 제가 그 숫자만큼 채워 둔 겁니다. 저는 삼촌을 위해 더위도 추위도 견디면서 일했고 잠도 제대로 자지 못하면서 일했다구요! 내가 이십 년을 삼촌 집에 살면서 십사 년은 딸들을 위해 일한 것이고 육 년 또한 삼촌이 있어 달라고 해서 일한 세월이었습니다. 그런데 삼촌은 나에게 품삯을 주신다고 하면서도 이런 저런 핑계를 대시면서 열 번이나 말을 바꾸시지 않았어요? 삼촌은 그걸 아십니까? 그래요, 그건 지나간 일이니 더 이상은 말을 하지 않겠습니다. 그러나 분명히 알아 두십시오. 삼촌은 나를 그렇게 대하셨을지 모르지만 제 아버지의 하나님, 아브라함의 하나님은 나와 함께 하셨다는 겁니다. 삼촌은 나를 빈손으로 보내려 하셨을지 모르지만 하나님은 나의 수고와 고난을 아시고 나를 보호하셨던 겁니다. 그리고 삼촌의 그런 마음을 아신 하나님이 어젯밤에 나타나셔서 나에게 아무런 말도 하지 말라고 하신 겁니다."

『야곱이 노하여 라반을 책망할새 야곱이 라반에게 대척하여 가로되 나의 허물이 무엇이나이까 무슨 죄가 있기에 외삼촌께서 나를 불같이 급히 쫓나이까 외삼촌께서 내 물건을 다 뒤져 보셨으니 외삼촌의 가장 집물 중에 무엇을 찾았나이까 여기 나의 형제와 외삼촌의 형제 앞에 그것을 두고 우리 두 사이에 판단하게 하소서 내가 이 이십 년에 외삼촌과 함께 거하였거니와 외삼촌의 암양들이나 암염소들이 낙태하지 아니하였고 또 외삼촌의 양 떼의 숫양을 내가 먹지 아니하였으며 물려 찢긴 것은 내가 외삼촌에게로 가져가지 아니하였고 그것을 보충하였으며 낮에 도적을 맞았든지 내가 외삼촌에게 물어내었으며 내가 이와 같이 낮에는 더위를 무릅쓰고 밤에는 추위를 당하며 눈붙일 겨를도 없이 지내었나이다 내가 외삼촌의 집에 거한 이 이십 년에 외삼촌의 두 딸을 위하여 십사 년 외삼촌의 양 떼를 위하여 육 년을 외삼촌을 봉사하였거니와 외삼촌께서 내 품값을 열 번이나 변역하셨으니 우리 아버지의 하나님, 아브라함의 하나님 곧 이삭의 경외하는 이가 나와 함께 계시지 아니하였더면 외삼촌께서 이제 나를 공수로 돌려보내셨으리이다마는 하나님이 나의 고난과 내 손의 수고를 감찰하시고 어젯밤에 외삼촌을 책망하셨나이다』(:36-42)

성실함과 부지런함이 당당함의 근원이랍니다.
정직함과 책임 다함이 당당함의 뿌리이지요.

그것은 구원의 문제는 아닙니다.
그러나 인생을 살아가는 당당함에 절대적인 영향을 끼치기에
중요한 겁니다.
힘들고 억울할 때가 있을 겁니다.
변명해야 할 때도 있을 겁니다.
손해를 봅니다만
그러나 야곱처럼 최선을 다해 성실하게 사십시오.
누가 보건 보지 않건 간에 최선을 다해 선한 마음으로 사십시오.
훗날 반드시 그런 삶이 자산이 되어
당당함을 보이게 될 것이기 때문입니다.

⑩ 창 31:43-55
겁쟁이

야곱의 말에 망신을 당하고 있던 라반은 미안하다는 반성은 커녕 상황을 반전시킬 생각만 하고 있었습니다. 자존심 싸움을 하고 있는 거였습니다.

"이보게 야곱, 자네가 그렇게 말한다만 사실 자네의 아내들은 모두 내 딸들이 아닌가? 자네의 자식들도 내 자식이란 걸 모르나? 짐승들도 모두 내 것이란 말이네."

말도 되지 않는 억지를 부리고 있는 거였지요. 그러면서 말을 이었습니다.

"이 모든 것이 내 것이니 내가 내 것을 어떻게 함부로 할 수 있겠는가? 이들이 잘되기를 바랄 뿐이라이. 그러니 데리고 가서 잘되기를 바라네. 그러나 한 가지 언약을 하게나. 여기다가 돌기둥을 세우고 형제들을 다 모아 증인을 삼으면서 언약을 하자고."

"무슨 언약을 하자는 겁니까?"

"내 것인 내 딸들을 박대하지 않겠다는 언약이네. 그리고 내 딸들 말고 다른 여자를 아내로 취하지 않을 것이라는 언약일세."

라반은 야곱에게 딸들을 잘 돌보고 가슴 아프지 않게 하겠다는 언약을 세우라고 하는 거였습니다만 야곱은 속으로 웃었습니다. 말같지도 않은 걸 약속하라고 하면서 돌기둥까지 세워 약속을 삼으라고 하는 게 우스웠던 겁니다. 그런데 얼마 후 그게 목적이 아님이 드러났지요.

"그걸 약속하겠나?"

"그걸 말이라고 하십니까? 걱정하지 마십시오. 삼촌의 딸들이기도 하지만 제 아내들입니다. 제가 사랑하는 제 아내들이라고요!"

"그리고 또 하나 있네."

"뭡니까?"

야곱은 라반의 눈을 쳐다보면서 물었습니다.

"이 기둥을 중심으로 해서 나는 이 기둥을 넘어 자네에게로 가지 않을 걸세. 자네를 괴롭게 하지 않겠다는 말이야. 그러니 자네도 약속을 하게. 자네도 이 돌기둥을 넘어오지 않겠다고 약속을 하란 말일세."

야곱은 또 한번 웃었습니다. 라반은 자기가 조카에게 못되게 한 걸 알고 조카 야곱이 가나안에 들어가서 힘을 키운 다음 억울한 일을 보복하기 위해 군사를 이끌고 올지도 모른다는 두려움으로 인해 언약의 돌기둥을 세우자고 한 것이라는 걸 알았기 때문입니다.

"삼촌, ... 그렇게 하십시다. 돌기둥을 세워 언약을 삼으시자구요. 아니, 돌무더기를 세우자고 하지요. 제가 사람들을 시켜 돌무더기를 세우겠습니다. 세월이 지나도 없어지지 않을 만큼의 큰 무더기를 세우지요."

야곱은 자신이 원한을 가지고 공격할지도 모른다는 두려움에 젖은 라반을 측은히 여기면서 돌무더기를 세우라고 한 겁니다.

"그래. 그래야지. 그게 자네를 위한 것일세."

"..."

"자, 그럼 사람들을 모으고 음식을 준비해서 증인들과 함께 축제를 열자고"

야곱은 라반의 말대로 따랐습니다. 여러 사람들이 모여 돌기둥과 무더기를 세웠고 그 주위에서 음식을 먹으며 어색한 즐거움의 시간들을 보내고 있었지요. 이내 라반은 연설을 했습니다.

"자, 모두들 여기를 보게나. 이제 이 돌기둥과 돌무더기의 의미를 설명하겠네. 여러분들이 모두 증인일세. 이 돌기둥과 돌무더기는 특별한 의미가 있는 거야. 우선은 야곱이 내 딸들을 잘 돌본다는 약속이 있고 또 다른 아내를 취하지 않겠다는 언약일세. 그러니 야곱의 식구들은 가나안에 들어가서 야곱이 이 약속을 잘 지키는가를 살펴주게나."

"..."

"또 하나는 나도 야곱도 이 돌기둥과 돌무더기를 서로 넘지 않겠다는 언약이네. 서로 싸움을 하지 않겠다는 언약이야. 이것도 잘 지키도록 여러분이 증인이라이. 그 증거로 나는 이 돌기둥과 무더기를 「여갈사하두다」라고 할 것이라네. 우리 아람 사람들의 말로는 '증거의 무더기'(heap of testimony)라는 말이지. 그리고 야곱은 히브리 말로 「갈르엣」이라 한다 했네. 그 말은 '증인의 무더기'(heap of witness)라는 말이지. 이 돌기둥은 서로가 침략을 하는지에 대한 망대야, 망대. 미스바라는 말이야."

라반은 뭔가 자신의 뜻대로 되었다는듯이 흥분해서 연설을 하고 있었습니다.

"이보게 야곱, 자네 조부의 하나님이 자네 편에서 증인이라면, 내 편에서는 내 조부인 나홀의 하나님이 증인이 되셔서 우리 사이를 판단하실 걸세. 자네 신(神)과 내 신(神)이 판단하신다는 거야. 알겠나?"

야곱은 라반의 말을 듣고만 있었습니다. 그가 하나님을 말하고 있었습니다만 그는 자신의 보호를 위해 아무 신(神)이나 갖다붙이고 있다는 걸 알았기 때문입니다.

"삼촌, 삼촌이 뭐라고 하시든지 간에 나는 내 아버지께서 경외하는 신(神)만을 가리켜 맹세할 뿐입니다."

"좋도록 하게나 그것도 괜찮아. 약속만 지키면 되는 게 아니겠어?"

야곱은 라반과 더 이상 대화가 되지를 않는다는 걸 알았는지 자리를 떠나 산 한쪽에서 하나님께 제사를 드렸지요. 감사 제사였습니다. 라반과의 문제가 깨끗하게 처리된 것에 대한 감사였답니다. 그리고 돌아와서는 형제들을 모아 함께 떡을 먹으면서 밤을 지냈답니다. 내일이면 라반과도 영영 헤어질 것이기에 즐거운 시간들을 갖게 한 겁니다.

아침이 밝았습니다. 야곱도 떠나야겠지만 라반도 고향으로 가야 했습니다.

야곱은 라반에게 먼저 가라고 했지요. 라반은 딸들과 손자 손녀에게 아쉬운 작별의 입맞춤을 하고 고향으로 돌아갔습니다.

『라반이 야곱에게 대답하여 가로되 딸들은 내 딸이요 자식들은 내 자식이요 양 떼는 나의 양 떼요 네가 보는 것은 다 내 것이라 내가 오늘날 내 딸들과 그 낳은 자식들에게 어찌할 수 있으랴 이제 오라 너와 내가 언약을 세워 그것으로 너와 나 사이에 증거를 삼을 것이니라 이에 야곱이 돌을 가져 기둥으로 세우고 또 그 형제들에게 돌을 모으라 하니 그들이 돌을 취하여 무더기를 이루매 무리가 거기 무더기 곁에 서서 먹고 라반은 그것을 여갈사하두다라 칭하였고 야곱은 그것을 갈르엣이라 칭하였으니 라반의 말에 오늘날 이 무더기가 너와 나 사이에 증거가 된다 하였으므로 그 이름을 갈르엣이라 칭하였으며 또 미스바라 하였으니 이는 그의 말에 우리 피차 떠나 있을 때에 여호와께서 너와 나 사이에 감찰하옵소서 함이라 네가 내 딸을 박대하거나 내 딸들 외에 다른 아내들을 취하면 사람은 우리와 함께 할 자가 없어도 보라 하나님이 너와 나 사이에 증거하시느니라 하였더라 라반이 또 야곱에게 이르되 내가 너와 나 사이에 둔 이 무더기를 보라 또 이 기둥을 보라 이 무더기가 증거가 되고 이 기둥이 증거가 되나니 내가 이 무더기를 넘어 네게로 가서 해하지 않을 것이요 네가 이 무더기, 이 기둥을 넘어 내게로 와서 해하지 않을 것이라 아브라함의 하나님, 나홀의 하나님, 그들의 조상의 하나님은 우리 사이에 판단하옵소서 하매 야곱이 그 아비 이삭의 경외하는 이를 가리켜 맹세하고 야곱이 또 산에서 제사를 드리고 형제들을 불러 떡을 먹이니 그들이 떡을 먹고 산에서 경야하고 라반이 아침에 일찍이 일어나 손자들과 딸들에게 입맞추고 그들에게 축복하고 떠나 고향으로 돌아갔더라』(:43-55)

라반이 말이 많습니다.

용어도 이 용어 저 용어를 사용합니다.

혼자 분주합니다.

속이 비었고 자신의 잘못을 알며

그로 인한 두려움이 있기 때문이랍니다.

진실한 사람, 당당한 사람은 말이 많지 않습니다.

감출 것도 포장할 것도 없기 때문이지요.

삶을 진실하게 만드세요.

여유가 생긴답니다. 자신감이 있답니다.

두려움도 없고 상황을 정확하게 보게 되지요.

진실을 소유할 수 있는 능력은 주님만을 사랑할 때 생긴답니다.

주님께 집중하면 그런 능력이 생기는 거랍니다.

그래서 말씀하셨지요.

너희 안에 그리스도 예수의 마음을 품으라고.

10

>> 열 번째 이야기 창 32-36장

훈련장을 나온 이야기

라반의 뒷모습은 애처로웠습니다. 비록 야곱에게는 못되게 굴었지만 그래도 백 세가 훨씬 넘은 노인이 딸들과 손주들과 입을 맞추고 돌아가는 모습은 처량해 보였답니다. 그러나 순간의 정은 과감하게 떼어야 했습니다. 야곱은 뒤를 돌아 아비 집으로 발길을 향했답니다. 요단강 동쪽 길을 따라 가다가 강을 건널 수 있는 곳이 있으면 건너가야겠다는 여행 계획이었습니다. 지친고 고생이지만 아내들과 자식들, 그리고 많은 짐승을 이끌고 가는 것이 쉬운 길이 아닌 겁니다. 무척이나 힘들었답니다. 얼마 전까지만 해도 라반의 추격에 대한 생각으로 신경이 곤두섰었는데 그 문제가 해결되고 나니깐 이번에는 에서가 생각나는 겁니다. 그에 대한 생

❶ 창 32:1-12
에서를 만날 준비

라반의 뒷모습은 애처로웠습니다.

비록 야곱에게는 못되게 굴었지만 그래도 백 세가 훨씬 넘은 노인이 딸들과 손주들과 입을 맞추고 돌아가는 모습은 처량해 보였답니다. 그러나 순간의 정은 과감하게 떼어야 했습니다. 야곱은 뒤를 돌아 아비 집으로 발길을 향했답니다.

요단강 동쪽 길을 따라 가다가 강을 건널 수 있는 곳이 있으면 건너가야겠다는 여행 계획이었습니다. 자신도 그렇지만 아내들과 자식들, 그리고 많은 짐승을 이끌고 가는 것이 쉬운 길이 아닌 겁니다. 무척이나 힘들었답니다. 얼마 전까지만 해도 라반의 추격에 대한 생각으로 신경이 곤두섰었는데 그 문제가 해결되고 나니깐 이번에는 에서가 생각나는 겁니다. 그에 대한 생각은 별로 없었는데 막상 곧 에서와 만날 것을 생각하니 두려움이 밀려왔답니다.

'그도 많이 늙었을텐데...'

지나간 세월로 인해 변했을 형의 모습을 상상해 보기도 했습니다. 비록 책임감이 없어서 집안일을 돌보지 않고 사냥하는 것만 좋아한 게 답답하기는 했었지만 천성적으로는 착한 에서라는 걸 야곱도 알고 있었거든요. 그럼에도 불구하고 분명 한 지역을 정복하고 왕초가 되어 있을 거라는 생각은 떨쳐 버릴 수가 없었습니다.

'어머니께서 상황을 보고 연락을 하신다 했는데 지난 이십 년 동안 아무 소식이 없었던 걸 보면 에서의 분노가 풀리지가 않았다는 말이겠지.'

야곱은 한걸음 한걸음 걸으면서 지난 이십 년의 일들을 상상하고 있었습니다.

걸을 때마다 두려움이 엄습해옵니다. 아내들과 자식들과 종들은 라반의 문제가 해결되었기에 가벼운 발걸음으로 걷고 있었습니다만 야곱은 오히려 더 마음이 무겁고 두려운 거였습니다. 가고 싶지 않았답니다.

'그래. 만나야 하는 거라면 만나야지. 결국 겪어야 할 일이 아닌감. 그나저나 만나되 어떻게 만나야 한단 말인가?'

야곱의 생각과 마음이 복잡하고 두려움과 어두움으로 가득차 있을 땝니다. 주변의 식구들은 그냥 그대로 있는데 그들 말고 다른 무리가 자신과 식구들을 둘러싸고 있는 거였습니다. 정말 놀라운 광경인 겁니다. 유심히 보니 지난 이십 년 전 아버지 집을 떠나 하란으로 가는 길에서 만난 그 천사들인 겁니다. 전에는 사닥다리를 오르락 내리락 했었는데 이번에 나타난 저들은 조직된 군대의 모습인 거였지요. 분명 호위 군대였던 겁니다!

저들을 본 야곱은 두려움이 사라졌습니다. 오히려 용기가 나고 힘이 생겼지요. 하나님께서 자신과 식구들을 보호하신다는 걸 확신하게 된 겁니다.

'그래. 하나님이 함께 하시는 거야! 그분이 라반의 집을 떠나라고 하신 것이고 나와 함께 하시겠다고 한 그분이 그 약속을 지키시는 걸 보여주시는 것이로구나. 분명 이들은 나를 지키라고 보낸 하나님의 군대로다. 하나님의 군대! 마하나임이야, 마하나임!'

야곱은 자신을 지키기 위해 온 천사들을 보고는 그곳을 '하나님 군대'를 본 곳이라는 뜻으로 그곳 이름을 '마하나임'이라고 불렀던 겁니다.

『야곱이 그 길을 진행하더니 하나님의 사자들이 그를 만난지라 야곱이 그들을 볼 때에 이르기를 이는 하나님의 군대라 하고 그 땅 이름을 마하나임이라 하였더라』(:1-2)

고민하던 문제가 해결되면 인생이 행복으로 들어갈 것 같지만
그 문제가 해결되면 또 다른 문제가
앞에서 기다리고 있는 것이 인생입니다.
그렇기에 인생은 고달픈 것이라고 말한답니다.
그러나 하나님의 사람들은 앞에 놓여 있는 문제를 보면서
한숨을 쉬고 주저앉는 사람들이 아니랍니다.
문제가 보이지만 함께 하시겠다고 하신
하나님을 보는 사람들인 것이지요.
하나님은 당신의 사람들 주변에 당신의 사자들을
준비시켜놓고 계신 거랍니다.
야곱에게도 말씀하셨었지만
우리에겐 더 확실하게 말씀하셨답니다.
『모든 천사들은 부리는 영으로서 구원 얻은 후사들을 위하여
섬기라고 보내심이 아니요』(히1:14)
그래요. 천사는 우리를 호위하도록
보내심을 받은 존재들이랍니다.
그러므로 문제를 보지 말고
우리 주변에 우리를 위해 보내진 천사를 보는
영적 실력을 갖추세요!

야곱은 주변에 둘러싸인 하나님의 천사들을 의식하면서 남쪽으로 가고 있었습니다. 그러나 다른 사람들은 알지 못하는 반드시 해결해야 하는 에서와의 문제로 인해 고민을 하면서 여행을 하고 있었던 거지요. 천사가 자신과 가

천사들을 누가 어떻게 보았을까요?

성경에는 꿈에 보았다는 말이 없고 많은 사람이 보았다는 말도 없습니다. 그리고 다른 사람들은 에서의 문제를 심각하게 생각하기는커녕 에서라는 존재 가치를 알지도 못했던 겁니다. 그렇다면 에서의 문제로 두려워하는 사람은 오직 야곱 한 사람이기에천사를 볼 필요가 있는 사람도 야곱뿐이었다는 말이지요.분명 야곱은 그의 영적인 눈으로 천사를 보았을 거라는 해석입니다.그는 이미 하나님의 음성을 듣고 움직이는 깊은 영적인 사람이었으니까요.

족들과 재산을 호위할 것을 알고 있었지만 그렇다고 에서를 만나지 않을 수 있다는 건 아니었습니다. 한번쯤은 반드시 만나야 하는 상대인 겁니다. 그것이 길에서일지 아니면 아버지 집에서일지는 모릅니다만 피할 수 없는 일이었지요.

'에서가 아직도 분노하고 있을까? 아니면 세월이 지나고 나이가 들었으니 어느 정도 관대해지지는 않았을까? 그가 어떤지를 알아야 그를 만날 준비를 할 텐데...'

야곱의 머리는 무척이나 복잡했답니다.

"이곳이 어딘가?"

거친 숲이 많은 한 장소를 지나다가 사람들에게 물었지요. 숲이 무성했습니다.

“보면 모르시겠소? 이 지역에 여기 만큼 숲이 많은 지역이 없소이다. 해서 이곳을 세일이라고 부르는 게 아니겠소. 이 지역의 주인은 에서라는 사람이요. 그래서 우린 이 땅을 에돔 지경이라고도 부른다오. 오래 전에 에서가 이곳에 살고 있던 호리(Horites) 족속을 점령하고 주인이 된 것이라오.”

야곱은 깜짝 놀랐습니다. 자신이 들어가고 있는 지역의 주인이 ‘에서’라는 겁니다. 짐작은 하고 있었지만 에서가 이리도 큰 땅을 차지하고 있을 거라는 생각은 미처 하지 못했지요.

‘에서가 주인이라고?’

야곱은 생각이 복잡했습니다. 분명 이 땅이 에서의 땅이라면 자신과 같은 큰 무리가 여기까지 온 걸 이미 들었을 것이고 자신들이 누구인지에 대한 정보를 벌써 입수하고 있을 것이라는 생각 때문이었지요.

‘에서에게 사람을 보내야 되겠구먼. 얼른 사람을 보내서 그가 우리를 어떻게 생각하고 있는지를 알아 봐야 하겠는데...’

야곱은 사람을 불렀습니다.

“이보게들, 자네들이 이 땅 주인인 에서에게 다녀오게나. 그가 이미 우리 소식을 들었을 텐데 도대체 무슨 생각을 하고 있는지 알아보고 오게나. 그 분은 이 땅의 주인이 아닌가. 그리고 그분을 만나서 이렇게 전하게나. 그분은 나의 형님이라네. 그러니 그분 앞에 가서 말하기를 야곱이 보내서 왔다고 정중하게 인사를 하고 야곱이 지금까지 라반에게 붙어살다가 소와 나귀와 양 떼와 노비 얼마를 얻어 가지고 오다가 이곳 주인인 에서께 은혜를 입기 원한다고 아뢰게나. 겸손히 잘 전해야 한다네."

『야곱이 세일 땅 에돔 들에 있는 형 에서에게로 사자들을 자기보다 앞서 보내며 그들에게 부탁하여 가로되 너희는 이같이 내 주 에서에게 고하라 주의 종 야곱이 말하기를 내가 라반에게 붙여서 지금까지 있었사오며 내게 소아 나귀와 양 떼와 노비가 있사오므로 사람을 보내어 내 주께 고하고 내 주께 은혜 받기를 원하더이다 하더라 하라 하였더니』(:3-5)

야곱의 생각이 주밀합니다.
자신으로 인해 화가 났던 형 에서의 마음을
헤아려야겠다는 마음이고
혹 아직도 에서가 오래 전의 일로 인해
화가 나 있다면 풀어야겠다는 마음인 거지요.
사람을 보내면서도 성숙된 말과 상대방의 기분을
좋게 하는 말을 하도록 알려 주는 겁니다.
형의 마음을 편하게 하기 위한 지혜랍니다.
우리가 배워야 할 주밀한 생각이라 생각됩니다.
내 마음대로 생각하지 말아야지요.

상대방의 마음을 헤아리려는 차분함이 필요합니다.
상대방과 싸우려는 생각이 아니라
상대방을 이해하려는 자세가 필요하지요.
상대방을 설득하려는 겸손한 마음이 필요한 거랍니다.

야곱이 보낸 사람들이 에서를 만났습니다. 자기 장막에 있는 에서를 만난 것이 아니라 야곱을 만나기 위해 오고 있는 에서를 길에서 만난 거지요. 그가 데리고 오고 있는 사람들은 무장을 한 사백 여명의 군사들이었습니다.

"자네들은 처음 보는 사람들인데 누군고?"

에서가 야곱의 보낸 사람들을 보고 물었습니다.

"저희들은 야곱의 사람들입니다. 이곳 주인이신 에서를 만나기 위해 왔습니다. 야곱께서 보냈습니다."

"그래? 내가 에서니라. 그래 야곱이 이 땅을 지난다는 말을 들었는데 야곱이 어째서 자네들을 나에게 보내었는가?"

야곱의 사람들은 기세가 당당한 에서의 말에 주눅이 들었습니다. 게다가 그를 호위하고 있는 사백 여명의 군사들로 인해서도 오금이 떨렸습니다.

"예. 야곱께서 이곳의 주인이신 에서를 만나 이렇게 전하라 하셨습니다."

"말하거라."

"야곱께서는 라반의 집에 붙여서 지금까지 지냈음을 말씀하라 하셨습니다. 그리고 소와 나귀와 양 떼와 노비가 있기에 주인되신 에서께 은혜를 입고 싶다고 하셨습니다."

"그래? 야곱이 그렇게 말하더냐? 그가 나를 주인이라고 했어? 허허허. 그것 참 재미있는 일이로구먼. 알았다. 그만 돌아가거라. 내 직접 야곱을 만나러 간다고 전하거라."

야곱의 사자들은 에서의 말을 듣고는 뒤를 돌아 야곱에게로 달려갔습니다. 저들 생각에는 사안이 심상치 않다고 생각했지요.

"야곱 어르신!"

"그래. 에서를 만났는가? 어찌 되었는가?"

야곱은 급했습니다. 에서의 태도를 빨리 듣고 싶은 거였습니다.

"주인 어른. 에서가 사백 명의 군사를 데리고 이리로 오고 있습니다. 주인 어른을 만나기 위해 온다는 말만 했습니다."

종들의 보고를 받은 야곱은 속이 답답했습니다. 아니 무슨 마음으로 자신을 만나러 오는지가 궁금하기도 했고 '혹시나' 하는 마음으로 두렵기도 했지요.

'그래. 기도해야지. 하나님만이 이 문제를 푸실 수가 있는 게 아닌가! 기도해야 한다고.'

"이보게들, 일단은 이렇게 하세. 모든 짐승들을 두 떼로 나누게나. 에서가 우리를 치러 오는 것이라면 한꺼번에 모두 잃을 수는 없잖아. 한 떼를 잃는다 하더라도 한 떼는 잃지 않아야 할 걸세. 그러니 어서들 두 떼로 나누게나. 그리고 에서가 무슨 연유로 나를 만나러 오는지 알 수 없으나 혹 그가 분한 마음으로 내게 오고 있다면 그의 마음을 누그러뜨려야 할 것이 아닌가? 그러기 위해서는 오고 있는 에서를 위해 넉넉한 만큼의 예물을 준비하게나. 섭섭하지 않게 준비해야 할 걸세. 그는 이곳의 주인이야. 그 위상에 맞는 예물을 준비하도록 하게나. 나는 이 일을 하나님께 아뢰겠네. 우리가 최선을 다할 것이지만 하나님께 기도해서 하나님이 이 문제를 해결할 수 있는 지혜주시기를 아뢰야지."

야곱의 말을 들은 종들은 그가 시키는대로 했습니다.

"예. 주인 어른, 그렇게 하겠습니다. 주인께서 시키신 일을 차질없이 할테니 주인 어른께서는 하나님께 기도하십시오."

야곱은 장막으로 들어가 하나님께 무릎을 꿇고 기도했답니다.

"나의 조부 아브라함의 하나님, 내 아버지 이삭의 하나님 여호와시여! 주께서 전에 제게 고향으로 돌아가라고 말씀하지 않으셨나이까? 그 말씀을 듣고 따르면 당신께서 은혜를 베푸시겠다고 하셨기에 제가 그 말씀을 듣고 고향으로 향하고 있나이다. 여호와여, 종은 당신께서 지난날 제게 감당할 수 없는 큰 은혜를 베푸셨음을 알고 있나이다. 전에 지팡이 하나만을 가지고 요단을 건넜던 제가 당신의 은혜로 이렇게 큰 부자가 된 것을 알고 있나이다. 하나님이시여, 이제 내가 당신께 간구하오니 형 에서의 손에서 나를 건져주시옵소서. 그가 무슨 마음으로 내게 오고 있는지를 알 수 없기에 두렵사옵니다. 혹 그가 아직도 마음에 분이 가득차 나와 나의 처자들을 치지나 않을까 하는 생각 때문이옵니다. 주여, 전에 나에게 큰 은혜를 베풀 것이라 말씀하시면서 나의 씨로 바다의 셀 수 없는 모래와 같이 많게 하실 것이라 하셨사오니 나를 여기서 구하옵소서!"

야곱의 기도는 간절하고도 진지했습니다. 지난날 약속의 말씀들을 생각하면서 변함없으신 하나님의 성품에 호소를 하고 있는 거였지요.

『사자들이 야곱에게 돌아와 가로되 우리가 주인의 형 에서에게 이른즉 그가 사백 인을 거느리고 주인을 만나려고 오더이다 야곱이 심히 두렵고 답답하여 자기와 함께한 종자와 양과 소와 약대를 두 떼로 나누고 가로되 에서가 와서 한 떼를 치면 남은 한 떼는 피하리라 하고 야곱이 또 가로되 나의 조부 아브라함의 하나님 나의 아버지 이삭의 하나님 여호와여 주께서 전에 내게 명하시기를 네 고향, 네 족속에게로 돌아가라 내가 네게 은혜를 베풀리라 하셨나이다 나는 주께서 주의 종에게 베푸신 모든 은총과 모든 진리를 조금이라도 감당할 수 없사오나 내가 내 지팡이만 가지고 이 요단을 건넜더니 지금은 두 떼나 이루었나이다 내가 주께 간구하오니 내 형의 손에서 에서의 손에서 나를 건져내시옵소서 내가 그를 두려워하옴은 그가 와서 나와 내 처자들을 칠까 겁냄이니이다 주께서 말씀하시기를 내가 정녕 네게 은혜를 베풀어 네 씨로 바다의 셀 수 없는 모래와 같이 많게 하리라 하셨나이다』(:6-12)

두려우면 두렵다고 솔직하게 표현하세요.
누구에게나 두려움과 답답함이 있기 마련인 겁니다.
그러나 중요한 건 두렵다고 솔직하게 표현하면서
두려렵고 답답한 마음을 가지고 하나님께 나아가는 거랍니다.
하나님은 당신에게 나아오기를 기다리신답니다.

받은 은혜를 알고 있나요?
야곱은 그걸 알고 있었답니다.
발등에 떨어진 불을 끄기 위해서 안달하는 게 아니라
지금의 문제가 두렵고 답답하더라도
이전에 받았던 축복이 있었음을 인정하고
감사하는 게 그에게서 배울 거랍니다.
지금 좀 어렵기에 전에 받은 은혜를 기억하지 않는다면
그건 바른 것이 아닙니다.
야곱에게서 배울 점이랍니다.

말씀을 붙잡고 기도하는 야곱을 배워야지요.
그 기도가 하나님의 마음을 움직이는 거랍니다.

예수께서도 그렇게 기도하라고 가르치셨잖아요.
'너희가 내 안에 거하고 내 말이 너희 안에 거하면
무엇이든지 원하는대로 구하라 그리하면 이루실 것'이라고.
하나님은 당신이 하신 말씀을 이루시는 신실한 분이시거든요.

❷ 창 32:13-32

고요한 밤에 거친 싸움

애절하게 기도를 하였지만 두려움과 답답함은 마찬가지였습니다. 그러나 하나님께서 들으셨다는 것으로 위안을 삼으면서 종들에게 명령했답니다.

"이보게들, 어서 서두르게나. 에서가 오기 전에 준비해 두어여 한다네. 넉넉하게 준비해야 해! 우선 암염소와 암양은 각각 이백 마리씩 준비하고 숫염소와 숫양은 각각 이십 마리씩을 준비하게나. 젖나는 약대 삼십하고 그 새끼까지 예물로 준비하게나. 소도 예물로 준비해! 암소는 사십 마리로 하고 수소는 열 마리로 하게나. 나귀도 준비해야겠지. 얼마나 할까? 그래, 암나귀 이십과 그 새끼들을 주자고. 이 정도면 넉넉하리라 생각되는구먼."

종들은 야곱이 에서에게 줄 예물들을 직접 챙기는 걸 보고 의외라는 생각을 했습니다. 생각보다 많은 걸 준비했기 때문입니다.

"주인 어른, 너무 많지 않습니까?"

"아니야. 이 정도는 해야 하지 않겠어? 그는 이 지역의 주인 아닌가? 에서는 생각보다 통이 큰 사람이라고."

"…"

"이보게들, 어서 이것들을 나눠서 가지고 가게나. 어떻게 나누는고 하면 맨 처음 사람이 염소 이백 이십 마리를 가지고 가게나. 그리고 다음 사람은 양 이백 이십 마리를 가지고 가는 거야. 그 다음 사람은 약대 육십 마리를 가지고 가고 다음 사람은 소 오십 마리를 가지고 가는 걸세. 마지막 사람은 나귀 삼십 마리를 끌고 가게나. 어여들 에서가 오는 방향으로 가서 그를 맞이하게나. 나보다 먼저 가게. 나는 뒤에 따라 가겠네. 아마 가다가 에서를 만날 것인데 분명 그가 자네들에게 물을 것이네. 자네들은 누구며 이 짐승들이 뭐냐고 말이야. 어디로 가는지도 물을지 모르겠구. 그러면 잘 대답해야 한다네. 야곱이 에서에게 드리는 예물들이라고 말해야 해! 그리고 야곱은 뒤에 오고 있다고. 맨 처음 예물을 가지고 가는 사람도 그렇지만 두 번째나 세 번째 가는 자네들도 같은 말을 해야 한다네. 자네들이 말을 잘해야 에서의 마음이 즐거울 것이고 그렇게 되면 혹 그의 마음이 푸근해질 것이 아니겠어? 사람은 예물에 약한 거잖아. 어차피 내가 에서를 만날 것이지만 그의 마음이 좀 누그러진 후에 만나도 만나야 할 것 아니겠나. 하여간 자네들이 먼저 가게나. 나는 자네들 뒤를 따라 가겠네. 잘 해야 한다네!"

에서의 마음을 알지 못하는 야곱은 자신이 할 수 있는 모든 지혜를 쏟아내면서 치밀하게 준비를 한 겁니다만 두려운 마음은 사라지지를 않았답니다. 야곱은 준비한 예물과 함께 하룻밤을 그곳에서 지냈지요. 그러나 잠을 이룰 수는 없었답니다. 동이 트면 예물들을 보낼 것입니다.

새벽을 기다릴 수 없었습니다. 불안하고 초조했던 겁니다. 결국 야곱은 한밤중에 사람들을 깨워 길을 갈 것을 명령했답니다.

"자, 어서들 일어나게나. 준비하고 떠나게나. 아침까지 기다리지 말고 지금 가게나. 그게 좋겠구먼."

야곱은 사람들을 깨워 에서를 위한 예물과 함께 떠나도록 했습니다.

"여보, 당신들도 떠나시오. 아이들도 지금 떠나라고 하고. 나는 조금 있다가 뒤 따라 가리이다."

야곱은 에서에게 줄 예물과 더불어 아내들과 자식들을 함께 보냈답니다.

"일단은 시내를 건너야 하니 조심들 하게나. 여기가 얍복 나루지. 그래 어서 건너자구."

사람 건너는 것도, 짐승들을 건너게 하는 것도 쉽지가 않았습니다. 더군다나 깜깜한 밤중에 시내를 건너는 건 보통 어려운 일이 아니었답니다. 그러나 살기 위해서는 그렇게 해야 했습니다.

『야곱이 거기서 경야하고 그 소유 중에서 형 에서를 위하여 예물을 택하니 암염소가 이백이요 숫염소가 이십이요 암양이 이백이요 숫양이 이십이요 젖 나는 약대 삼십과 그 새끼요 암소가 사십이요 황소가 열이요 암나귀가 이십이요 그 새끼나귀가 열이라 그것을 각각 떼로 나눠 종들의 손에 맡기고 그 종들에게 이르되 나보다 앞서 건너가라 각 떼로 상거가 뜨게 하라 하고 그가 또 앞선 자에게 부탁하여 가로되 네 형 에서가 너를 만나 묻기를 네가 뉘 사람이냐 어디로 가느냐 네 앞엣 것은 뉘 것이냐 하거든 대답하기를 주의 종 야곱의 것이요 자기 주 에서에게로 보내는 예물이오며 야곱도 우리 뒤에 있나이다 하라 하고 그 둘째와 셋째와 각 떼를 따라가는 자에게 부탁하여 가로되 너희도 에서를 만나거든 이같이 그에게 고하고 또 너희는 말하기를 주의 종 야곱이 우리 뒤에 있다 하라 하니 이는 야곱의 생각에 내가 내 앞에 보내는 예물로 형의 감정을 푼 후에 대면하면 형이 혹시 나를 받으리라 함이었더라 그 예물은 그의 앞서 행하고 그는 무리 가운데서 경야하다가 밤에 일어나 두 아내와 두 여종과 열한 아들을 인도하여 얍복 나루를 건널새 그들을 인도하여 시내를 건네며 그 소유도 건네고』(:13-23)

궁금한 게 있습니다.
기도한 사람이 왜 그리 초조해하고 있는냐는 겁니다.
본문의 모습을 그렇게 그릴 수도 있습니다만
초조해하는 모습이 아니라 무엇인가 해야 할
행동을 준비하는 거라는 생각입니다.
기도는 아무 것도 하지 않는 것이 아니라
무엇을 어떻게 해야 하는지를 깨닫게 하여 행동할
지혜와 지침을 주는 것이지요.
야곱이 기도했기에
이 상황에 이런 준비를 할 수 있는
지혜를 얻은 것이 아닐까요?
야고보서에서 이렇게 기록되어 있답니다.
『너희 중에 누구든지 지혜가 부족하거든 모든 사람에게 후히
  주시고 꾸짖지 아니하시는
하나님께 구하라 그리하면 주시리라』(약1:5)
야곱의 행동은 이런 상황 속에서
어떻게 지혜롭게 해야 하는지를 응답받은 거랍니다.

모두를 건넸습니다. 에서에게 줄 예물(짐승)들은 물론이고 아내들과 자식들까지도 얍복 나루를 건너게 했지요. 모든 일이 잘 되기를 소망할 뿐입니다. 하나님의 손에 있다는 걸 믿어야 할뿐이었답니다.

고독했습니다. 지난날의 파란만장한 시간들이 주마등처럼 지나갑니다. 오

래 전 아버지 집에서부터 자신이 할 수 있는 일에 최선을 다해 살아왔다고 생각을 했는데 일이 꼬이고 꼬여 외삼촌 집에서 이십 년을 지낼 줄을 누가 알았겠는지요. 힘든 이십 년을 지내고 이제 고향으로 돌아가는데, 돌아만 가면 모든 것이 해결되고 고생도 그칠 것이라 생각했는데 예상하지 못했던 에서의 문제로 이런 고생을 한다고 생각하니 자신의 인생이 가엽기도 했답니다.

'잘들 가야 할텐데...'

그래도 아내들과 자식들에 대한 책임이 있기에 이 위기를 잘 넘겨야겠다고 다짐을 하고 있었지요.

'하나님, 나를 긍휼히 여기시고 도와 주십시오.'

애절한 기도가 입으로 흘러나왔습니다.

강 나루를 건네 보내고 깜깜한 밤 쏟아지는 별들을 보고 있는데 저쪽에서 누군가가 가다오는 겁니다. 마음이 섬짓했습니다.

'누굴까?'

"당신은 뉘시오? 이 밤중에 이곳을 지나다니?"

"그럼 당신은 뉘시길래 이 밤중에 여기 있는 거요?"

그 사람이 야곱의 물음을 되받아서 물었답니다.

"나요? 나야..."

야곱은 멋쩍게 대답을 흐렸답니다.

"모르기는 몰라도 이 밤중에 여기 혼자 있는 걸보니 사연이 큰가 보구려. 허허, 인생이 다 그런 게 아니겠소. 무슨 일인지는 모르지만..."

야곱은 이상한 느낌이 들었습니다. 예사로운 사람이 아님이 느껴진 겁니다.

"당신은 뉘시오?"

"나요? 글쎄 내가 누구인 것 같소? 이나저나 길이나 비키시오. 난 가던 길을 가야겠소."

나그네는 천연덕스럽게 길을 가려고 하는 겁니다.

"이보시오. 길을 가는 건 막지 않겠소만 그냥은 못가시오. 나를 이기고 가시지요?"

"뭐라구요? 당신을 이기고 가란 말이요? 이 땅이 당신 땅이나 되오?"

"아니, 그런 게 아니라 기왕 만났으니 나에게 축복을 하고 가시라는 말이요. 내 마음이 초조하여 이러고 있으니 당신에게 축복을 받고 싶소이다. 그러니 지나가시려거든 나를 축복하고 가시오. 그렇지 않고는 길을 내드리지 않을 것이외다. 나도 고집이 있는 사람이오."

나그네는 야곱의 말에 아랑곳하지 않고 길을 가려 했습니다만 야곱은 길을 가지 못하게 그를 막았고 또 막았답니다.

"어허 이사람 좀 보게나. 길을 비키시오."

"안 된다고 하지 않았습니까? 축복하시기 전에는 못가십니다!"

나그네는 손으로 야곱을 밀치고 지나가려 했습니다. 휘청거리던 야곱은 이내 중심을 잡더니 다시 그를 끌어당기는 겁니다.

"축복을 하고 가시라 하지 않았습니까?"

야곱이 나그네를 꽉 붙들고 애원하였답니다.

"어허!"

둘은 그렇게 밀치고 끌고 하면서 땀을 흘리고 있었습니다. 나이가 든 야곱이지만 황소같은 고집으로 그를 보내지 않으려 했던 겁니다. 그 시간이 얼마나 흘렀는지 모릅니다. 둘은 지쳐서 쓰러지곤 했지만 그래도 야곱은 나그네의 몸에서 손을 놓지 않았답니다.

"아, 이 사람 대단한 고집이로구먼."

나그네는 야곱의 손을 뿌리치더니 무릎으로 야곱의 허벅지를 치면서 넘어 뜨렸습니다."

"아아악!"

야곱의 비명이었습니다. 그의 허벅지가 부러진 겁니다. 온 몸을 칼로 베는 것 같은 통증이왔습니다. 그런데도 야곱은 나그네의 바지춤을 놓지 않는 겁니다.

"그 사람 여간한 사람이 아니구먼. 이보시오. 해가 뜨니 나를 보내시오. 난 가야 한단 말이요."

나그네는 야곱에게 자신을 보내라고 애원했습니다만 야곱은 고개를 저으면서 말했답니다.

"아니요. 아닙니다. 내가 간절히 부탁하오. 당신에게 축복을 받기 전에는 절대로 당신을 보내지 않을 거요. 그러니 가길 원한다면 어서 축복하시오."

야곱은 땀이 피가 되는 것 같은 경험을 하고 있는 겁니다. 죽을 것만 같았습니다만 죽더라도 축복을 받아야겠다는 고집이었답니다.

"이보시오. 도대체 당신 이름이나 압시다. 당신 이름이 무엇이요?"

나그네가 물었습니다.

"내 이름이요? 내 이름은 야곱이라오."

야곱의 목소리는 부들부들 떨렸습니다. 부러진 엉덩이뼈로 인해 도무지 숨을 쉴 수가 없는 겁니다.

"야곱이라. 그래 이젠 야곱이라 다시는 부르지 마시구려. 내가 새 이름을 주리이다. 이스라엘이라고 하시오."

"이스라엘이라고요? 그게 무슨 말입니까?"

나그네는 부러진 엉덩이뼈로 인해 숨도 제대로 쉬지 못하면서 괴로워하는 야곱의 등을 어루만지면서 말을 했습니다. 그런데 그가 만져주는 손길이 이상하리만치 따듯한 겁니다.

"당신이 하나님과 사람으로 더불어 이겼다는 말이요. 당신이 하나님과 싸워 이겼다는 거요!"

"예?"

야곱은 나그네의 말을 듣자 소름이 끼치는 것 같았습니다.

"하나님과 싸워 이겼다는 말이라구요?"

『야곱이 홀로 남았더니 어떤 사람이 날이 새도록 야곱과 씨름하다가 그 사람이 자기가 야곱을 이기지 못함을 보고 야곱의 환도뼈를 치매 야곱의 환도뼈가 그 사람과 씨름할 때에 위골이 되었더라 그 사람이 가로되 날이 새려하니 나로 가게 하라 야곱이 가로되 당신이 내게 축복하지 아니하면 가게 하지 아니하겠나이다 그 사람이 그에게 이르되 네 이름이 무엇이냐 그가 가로되 야곱이니이다 그 사람이 가로되 네 이름을 다시는 야곱이라 부를 것이 아니요 이스라엘이라 부를 것이니 이는 네가 하나님과 사람으로 더불어 이기었음이니라」(:24-28)

힘든 순간이 있습니다.
인생은 원래 힘든 것이기도 하구요.
그래서 그 힘든 순간과 인생을 승리하기 위해
열심히 사는 겁니다.
최선을 다해 사는 거지요.
그런데도 내 힘으로 되지 않는 게 있습니다.
남들은 잘 모릅니다.
그렇게 열심히 자신만만하게 사는 나를 존경하기도 합니다만
사실 내 속에는 불안과 두려움과 답답함이 충만할 뿐입니다.
아무리 발버둥을 쳐도 안 되기에 하나님을 붙잡는 겁니다.
몸과 혼과 영을 부숴뜨리면서 하나님을 붙잡는 겁니다.
살려달라고, 힘을 달라고 하나님께 매달리는 겁니다.
호세아 선지자는 야곱의 씨름을 이렇게 주석했답니다.
"울며 그에게 간구하였다"고.(호12:4)

인간의 힘으로는 안 됩니다.
그렇기에 하나님께 매달려야지요.

육신을 부수면서 매달리세요. 혼이 나가도록 기도해야 합니다.
영이 성령의 기름으로 적셔지도록 간구해야 하는 거랍니다.
하나님의 은총이 아니면 살 수 없는 걸 알고 있나요?
정말 하나님의 은혜가 아니면 살 수 없다고
흐느끼고 있느냐는 겁니다.

야곱은 은혜받은 사람입니다.
하나님 없이는 아무 것도 아니라는 걸 알게 된 게
은혜라는 말입니다.
최선을 다했기에 결과가 어떻든 간에
부끄러울 것이 없다고 하면서
은근히 교만한 생각을 하고 있는 게 아니라
자신이 최선을 다한 것은 아무 것도 아니라고 고백하는 겁니다.
그걸 고백하는 게 얼마나 큰 은혜인지요!
주님, 나에게도 주님 없이는 아무 것도 아니라는 걸 아는
은혜를 주옵소서!

하나님이 항복하셨네요.
하나님이 져주신 겁니다.
자식에게 이기는 부모가 없다잖아요.
기도하세요. 매달리세요.
그것이 하나님을 원하는 기도와 매달림이라면
하나님이 행복해 하신답니다.
하나님은 그걸 기다리고 계신답니다.

"이보시오. 당신은 누구시오? 당신의 이름이 무엇이고 당신의 정체가 뭐냔 말이요?"

야곱은 나그네에게 정중히 물었습니다.

"나 말이요? 당신이 알 필요가 있겠소? 당신은 나에게 축복을 해 달라고 밤새 달라붙은 게 아니요. 내 당신의 소원을 들어주리이다. 당신에게 축복하리이다."

나그네는 야곱의 머리에 손을 얹고 축복하였지요. 그러더니 바람처럼 사라진 겁니다.

"…"

한참 동안 어안이 벙벙해 있던 야곱이 나지막한 소리로 말했습니다.

"하나님을 보았구먼. 내가 하나님을 뵌 거야. 그런데 이리 살아 있다니 이게 웬 일인가? 오, 주여! 내가 당신을 뵈었나이다. 브니엘! 브니엘!"

쓰러져 있던 야곱이 다시 힘을 내어 일어서려 했습니다만 부러진 엉덩이뼈로 인해 도무지 걸을 수가 없는 겁니다. 마침 옆에 있던 지팡이 될 만한 나무를 의지하여 강을 건너야 했답니다. 그는 절뚝거리고 있었답니다.

"어르신?"

환도뼈는 어느 부분일까요?

필자는 엉덩이뼈라고 해석해놓았습니다만 정확한 것은 아닙니다. 히브리 발음으로는 '기드 한쉐나'라고 하는데 어떤 해석은 좌골 신경이라고 하기도 하고 어떤 해석은 뒷다리에 있는 내정맥과 외정맥, 그리고 그들의 지맥(ramification)이라고 합니다. 그 부분이 정확히 어디인지는 알 수 없으나 분명한 것은 그 부분의 뼈가 부러지면 힘을 쓸 수 없게 된다는 것이지요. 이스라엘 백성들은 '지금까지' 환도뼈의 큰 힘줄을 먹지 않는다고 합니다. 자신들의 조상인 야곱이 상처를 입은 부분을 기념하기 위해서지요.

'지금까지'라는 말을 보면 이 본문이 기록되고 있는 당시를 말하는 것일 겁니다. 만일 바벨론 포로기 때 분문이 하나님의 말씀으로 편집되고 전해졌다면 그 시절에도 환도뼈의 큰 힘줄을 먹지 않았고 먹지 않는 이유를 독자들에게 알려 줌으로 민족적인 정체성에 대한 교육을 하고 있는 겁니다. 자신들은 야곱(이스라엘)의 자손이라는 정체성이겠지요. 나아가서는 하나님께 축복을 받은 백성이라는 뿌리 교육을 하는 겁니다. 다른 말로 하면 나라를 빼앗기고 고난이 있고 억울함이 있고 심지어는 배고픔이 있다 하더라도 자신들은 굶어 죽으면 죽었지 환도뼈의 큰 힘줄을 먹지 않음으로 해서 하나님의 축복을 받은 백성임을 분명히 하고 있는 거였지요.

얍복 나루를 건너 먼저 가 있던 사람들을 만났습니다. 얼마나들 놀랬는지요. 야곱의 모습은 한바탕 싸움을 한 모습이었고 게다가 다리를 심하게 절며 나타난 모습에 당황하고 있었습니다.

"걱정 말게나. 내 꼴이 이렇다 하여 놀랄 필요없네. 좋은 일이야. 내가 지난밤에 큰 은혜를 받았다네. 하나님을 뵈었어. 하나님을. 내 엉덩이뼈를 하나님이 부수셨다네. 하나님이 이젠 내 힘이 되신다는 말씀이 아니겠는가!"

야곱은 사람들에게 지난 밤에 있었던 일을 소상히 말했지요.

『야곱이 청하여 가로되 당신의 이름을 고하소서 그 사람이 가로되 어찌 내 이름을 묻느냐 하고 거기서 야곱에게 축복한지라 그러므로 야곱이 그곳 이름을 브니엘이라 하였으니 그가 이르기를 내가 하나님과 대면하여 보았으나 내 생명이 보존되었다 함이더라 그가 브니엘을 지날 때에 해가 돋았고 그 환도뼈로 인하여 절었더라 그 사람이 야곱의 환도뼈 큰 힘줄을 친 고로 이스라엘 사람들이 지금까지 환도뼈 큰 힘줄을 먹지 아니하더라』(:29-32)

하나님을 만나야지요.
몸이 부숴지더라도 하나님을 만나는 것이 복이랍니다.
철저하게 부숴지면 그 자리에 하나님이 힘되어 주시는 거지요.
나의 환도뼈는 약한 거지만
그 자리에 하나님이 계시다면 누가 나를 무너뜨릴 수 있겠는지요!

야곱이라는 이름,
간사하다고 해석하곤 합니다.
그 해석보다는 스스로 빈틈없이 살려고 하는 사람이라고 하는 게 더 어울리는 것 같네요.
그리도 빈틈없이 사는 사람임에도
하나님 보시기에는 거듭나야 하는 죄인에 불과한 거랍니다.

그렇기에 그를 부수시는 겁니다.
사람들의 칭찬을 받는 훌륭한 사람이라 할지라도
하나님이 인정하시는 생명체로 다시 태어나야 하겠기에
그를 철저하게 부수신 겁니다.
그 입에서 '나처럼 열심히 살아라' 하는 말이 아니라
'하나님 없는 인생은 아무 것도 아니다'라는 말을
하게 만드신 것이지요.
그게 하나님의 열심이랍니다.

❸ 창 33:1-17

해결되어 있던 일인데...

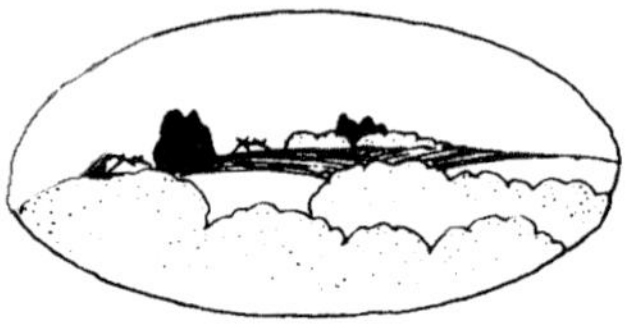

절뚝거리는 야곱의 모습은 사람들의 마음을 아프게 했습니다. 흰 머리카락과 쭈글쭈글한 얼굴도 안쓰러운데 이젠 도무지 민망해서 볼 수 없을 정도의 고통스런 걸음을 걷는 겁니다.

"주인 어르신, 나귀에 오르시지요?"

종들은 절뚝거리는 늙은 야곱을 부축하여 나귀에 오르게 했습니다.

"고맙네. 무척 고통스럽구먼."

"여기 고통을 진정시키는 약초가 있습니다. 이걸 좀 드시면 통증이 가라

앉을 겁니다."

종들은 야곱의 고통을 덜기 위해 여러모로 애를 썼습니다.

"자, 어서들 가세. 강도 건넜으니 부지런히 가야지. 가다가 분명 에서를 만날 것이네만..."

야곱은 에서를 만날 시간이 가까워오는 것으로 인해 마음에 부담을 갖고 있는 겁니다. 한참 걸었습니다. 그러다가 본 것이 저 멀리서 오는 한 무리였지요.

"이보게들, 저 먼지 일어나는 걸 보니 분명 에서와 그 무리들일거란 생각이 드는구먼. 저들을 만나기 전에 이렇게 하세나. 우선 레아와 라헬, 그리고 빌하와 실바는 각각 자기 자식들을 데리고 있게나. 누구에게 맡기지 말고 직접 데리고 있어! 빌하와 실바는 아이들을 데리고 맨 앞에 가게. 그 다음에는 레아와 그 자식들이 서고 그 뒤엔 라헬이 요셉을 데리고 따르게나. 요셉은 아직 여섯 살박이 어린아이니 조심하고! 나는 맨 앞에서 에서를 맞이할 걸세."

야곱은 에서를 맞이하기 위해 예의 바른 정렬을 한 겁니다.

에서와 그의 무리는 생각보다 빨리 다가왔습니다. 수백 명의 무리가 말을 타고 오는 모습은 과연 큰 군사 떼였지요. 장엄하기도 했습니다만 야곱에겐 두려움이었지요.

달려온 무리 중에 나이 많은 노인이 있었습니다. 야곱은 그가 에서임을 단번에 알 수 있었습니다. 두려움도 있었지만 한 구석에서는 이십 년 만에 보는 형님의 얼굴에 반가움도 있었답니다.

다가온 에서는 말 위에서 야곱의 진영을 살폈습니다.

'야곱은 여전히 야곱이로군. 뭔가 질서정연한 게 야곱다워.'

잘 정렬된 행렬을 보고는 지난날 야곱을 생각하고 있었지요.

그 앞에 야곱이 다가가 몸을 땅에 엎드리면서 일곱 번 절을 하는 겁니다. 그 지역의 군주임에 대한 예의였습니다. 에서도 자신에게 절하는 그가 이십 년 전에 보았던 동생 야곱인 것을 알 수 있었지요. 에서도 무척이나 반가웠습니다만 표현을 하지는 않았답니다.

"주여, 야곱이옵니다."

야곱은 에서에게 자신을 정중히 소개하였습니다.

"자네가 내 동생 야곱인가?"

에서는 자신에게 다가오는 야곱에게 다가가 손을 내밀었답니다. 야곱은 가슴이 두근거렸습니다. 에서의 다음 말과 행동이 초조하게 기다려졌기 때문이지요.

"이보게나. 야곱!"

에서는 야곱을 끌어안았습니다. 뜻밖의 일이 일어난 겁니다. 에서가 야곱을 끌어안고 목을 어긋맞기고 입을 맞추면서 동생을 만난 기쁨에 어쩔 줄을 몰라 하는 겁니다. 그리고는 감격을 이기지 못하고 엉엉 우는 겁니다. 야곱도 그간 두려워하던 마음이 사라지면서 에서의 반가워함에 감동이 되어 함께 울었지요. 에서를 따라온 사내들이나 야곱의 식구들 모두는 이들의 상봉 모습을 보면서 누시울이 뜨거워졌답니다.

『야곱이 눈을 들어 보니 에서가 사백 인을 거느리고 오는지라 그 자식들을 나누어 레아와 라헬과 두 종들에게 맡기고 여종과 그 자식들은 앞에 두고 레아와 그 자식들은 다음에 두고 라헬과 요셉은 뒤에 두고 자기는 그들 앞에서 나아가되 몸을 일곱 번 땅에 굽히며 그 형 에서에게 가까이 가니 에서가 달려와서 그를 맞아서 안고 목을 어긋맞기고 그와 입맞추고 피차 우니라』 (:1-4)

일곱 번 땅에 절을 했다는 건 왕에 대한 예절을 말합니다.
야곱이 에서를 왕, 군주로서 인정한다는 표현이지요.
전에는 에서를 무시했던 야곱입니다.
그의 나타함, 책임감 없음, 덜렁거림, 모든 것이 불만이었고
그런 에서를 무시하던 마음이 장자권을
빼앗는 사건으로 발전한 것이며
아버지 이삭의 축복을 받는 사건의 계기가 된 것이었죠.

정돈 잘하는 사람 야곱

야곱은 정렬을 잘하는 사람인가 봅니다.
그의 식구들을 세우는 걸 보면 그런 생각이 듭니다.
단정한 것이 그의 성품이 아닌가 합니다.
그는 인생을 그렇게 살아왔던 겁니다.
짐승을 돌볼 때도 그랬을 것이고 집안일을 할 때도
그랬을 겁니다.
그는 매사에 정돈된 생각과 행동으로 지냈던 거지요.

에서도 야곱이 자신을 그렇게 생각하고 있다는 걸
어느 정도는 알고 있었던 겁니다.
그래서 에서는 야곱을 교활한 놈이라고 비난한 것이구요.
그런데 지금은 아닙니다.
야곱이 에서를 왕이요 세일 땅의 군주로 인정하는
행위를 하는 겁니다.
에서에게도 뜻밖의 일이었습니다.
지난날의 야곱이 아닌 겁니다.
분명 교활한 야곱이었는데 겸손한 야곱으로 바뀐겁니다.
누구에게도 머리를 숙이지 않는 야곱인줄 알고 있었는데
머리를 숙이는 정도가 아니라 땅에 엎드리는
야곱이 되어 있는 겁니다.
그 변화된 야곱의 모습에 에서의 마음이 움직인 거랍니다.

사람을 변화시키고 싶으세요?
내가 변화되면 상대방이 변화된답니다.
(물론 그렇지 않은 강팍한 사람도 있기는 합니다만)
분에 가득찼던 에서의 변화는 야곱이 변해 있었기 때문에
가능한 겁니다.
야곱이 하나님의 사람, 빈 마음의 사람으로 변해 있었기에
야곱에 대한 에서의 마음이 변한 거지요.
우리의 마음은 성령에 의해 하나님의 사람으로 변해야 합니다.
그러면 상대방은 변화된 나로 인해
나에 대한 생각과 태도가 바뀌는 거랍니다.

"자네가 내 동생 야곱이로구먼. 분명 야곱이야. 반갑네. 정말 반가와."

에서는 야곱을 어루만지며 기뻐하면서 주변을 돌아보았습니다.

"여기 여인들과 자식들은 누구고 이 사람들은 누구냐?"

"예, 형님. 하나님께서 종에게 은혜로 주신 자식들이옵니다."

에서에게 대답을 한 야곱은 서 있는 아내와 자식들을 에서 앞으로 나오게 했답니다.

"이보게들, 나와서 인사를 드리게나. 나의 형님일세."

야곱은 에서에게 가족을 소개했습니다.

"여기는 빌하고 그의 자식들이며 이쪽은 실바이며 그의 자식들입니다. 저 뒤에는 레아라고 하며 그 자식들입니다. 마지막에 있는 여인은 라헬이며 그와 함께 있는 어린 놈은 막내 요셉입니다."

야곱의 소개에 따라 아내들과 자식들은 에서에게 큰 절을 올렸답니다.

"그래. 아주 귀한 가족이로구먼. 집을 떠날 때는 장가도 못갔던 자네가 이리 아내들도 많이 얻고 자식들도 많이 얻었으니 복을 많이 받았구먼."

에서는 야곱 식구들의 인사를 받으면서 야곱을 칭찬했답니다.

"저기 많은 짐승들은 무엇이냐?"

에서는 여기저기 정렬된 염소들과 양들과 소들, 나귀들을 보고 물었습니다.

"형님. 제가 형님의 은혜를 입어야 하지 않겠습니까? 그래서 형님께 드릴 예물을 준비한 겁니다."

"이보게나 동생. 무슨 그런 말을 하는가? 나는 이곳 군주야. 이 세일 땅의 주인인 내가 뭐가 더 필요하겠는가? 나는 이미 족하니 이런 것은 필요없다네. 그러니 자네에게 그냥 두게나."

"아닙니다. 형님. 제가 형님께 은혜를 입지 아니하였습니까? 그러니 제가 준비한 이 예물들을 받으셔야지요. 제가 형님을 뵈오니 하나님의 얼굴을 뵈온 것같이 기쁘나이다. 지난날 하나님께서 제게 은혜를 베푸시어 많은 소유물을 주신 것이 족하니 이것들은 형님이 받으시지요. 이 동생의 정성이고 마음이니 꼭 받으셔야 합니다."

『에서가 눈을 들어 여인과 자식들을 보고 묻되 너와 함께한 이들은 누구냐 야곱이 가로되 하나님이 주의 종에게 은혜로 주신 자식이니이다 때에 여종들이 그 자식으로 더불어 나아와 절하고 레아도 그 자식으로 더불어 나아와 절하고 그후에 요셉이 라헬로 더불어 나아와 절하니 에서가 또 가로되 나의 만난 바 이 모든 떼는 무슨 까닭이냐 야곱이 가로되 내 주께 은혜를 입으려 함이니이다 에서가 가로되 내 동생아 내게 있는 것이 족하니 네 소유는 네게 두라 야곱이 가로되 그렇지 아니하니이다 형님께 은혜를 얻었사오면 청컨대 네 손에서 이 예물을 받으소서 내가 형님의 얼굴을 뵈온즉 하나님의 얼굴을 본 것 같사오며 형님도 나를 기뻐하심이니이다 하나님이 내게 은혜를 베푸셨고 나의 소유도 족하오니 청컨대 내가 형님께 드리는 예물을 받으소서 하고 그에게 강권하매 받으니라』(:5-11)

하나님이 종에게 은혜로 주신 자식...(:5하)
하나님이 내게 은혜를 베푸셨고...(:11상)
야곱 이야기를 읽으면서 감동스러운 야곱의 표현들입니다.
그는 늘 하나님의 은혜를 말하는 사람인 거지요.
야곱처럼 생각해야 합니다.
야곱처럼 표현해야 하는 겁니다.

하나님의 은혜를 받고 산다고 말입니다.
정말 그랬습니다.
하나님의 은혜는 야곱도 모르게 활동하고 있는 겁니다.
그리도 초조하고 두려워하고 있었는데
이미 하나님은 야곱이 걱정하는 것을 해결할 수 있는
지혜를 주신 것이지요.
그는 하나님의 은혜 안에 있는 축복을 누리고 있었던 겁니다.

우리는 초조함과 두려움으로 하루하루를 살아갑니다.
그러나 하나님의 은혜 안에 있다는 걸 결코 잊지 마세요.
우리가 초조해하고 두려워하고 있을 때
우리의 그 모습을 하나님은 잘 알고 계시답니다.
우리의 문제를 열심히 해결하고 계신 분이지요.
단지 우리는 하나님이 주시는 지혜를 가지고
최선을 다할 뿐인 거지요.
은혜를 은혜로 여기는 사람이 아름다운 사람입니다.

에서의 얼굴을 보니 하나님의 얼굴을 본 것 같답니다.
에서를 향한 아부가 아닙니다.
내 속에 은혜가 충만하니 세상이 아름답게 보이는 겁니다.
야곱은 자신에게 임한 하나님의 은혜를 생각하며
자신에게 은혜를 베푸시는 하나님의 손 안에
에서가 들어와 있음을 발견한 거지요.
그렇기에 에서에게서 하나님이 보인다는 고백을 하는 겁니다.

은혜 속에 사십시오.
모든 것이 하나님의 손에 있다는 걸 보면서
모든 것에서 하나님을 보게 될 것입니다.

"이보게 동생. 가세나. 내가 자네를 호위하고 가겠네."

에서는 험난한 광야길을 통과하여 아비 집으로 갈 동생을 보호해 주고 싶었습니다.

"아닙니다. 주께서 아시겠지만 제 자식들이 아직도 어리고 약합니다. 양 떼도 그렇고 소 떼도 새끼들이 있기에 천천히 가야만 합니다. 하루를 쉬지 않고 급히 내몰면 짐승들이 견디지를 못하고 죽습니다. 우리는 천천히 갈 것이니 주께서는 종을 앞서 가소서. 주께서 먼저 가시면 천천히 뒤따라가서 세일 땅에 이르러 주를 뵙겠나이다."

정말 그랬습니다. 야곱의 장남인 르우벤만 하더라도 겨우 열두 살이었고 게다가 막내인 요셉은 여섯 살밖에 안 되었기에 에서의 장정들과 다함께 간다는 건 무리였던 겁니다. 그뿐 아니라 짐승들 역시 무리하게 몰고갈 수 없다는 걸 야곱은 알고 있었지요. 에서의 호의를 받아들였다면 처음은 괜찮을지 모르지만 성격이 급한 에서가 느릿느릿 행보하는 아이들과 짐승으로 인해 짜증을 부릴 것도 예상되었답니다. 그것도 그렇지만 한편으로는 사람의 힘을 빌리고 싶지 않았습니다. 지금까지 하나님의 음성에 따라 움직이면서 하나님의 보호하심 가운데 살아왔는데 이제 와서 에서의 힘을 빌리고 싶지가 않았던 겁니다. 끝까지 하나님만을 의지해야겠다는 마음이었던 겁니다.

"정말 괜찮겠는가? 길이 험할텐데."

"괜찮습니다. 저희들은 걱정하지 마십시오, 천천히 여행하려 합니다."

"그렇다면 내가 수하 몇 명을 자네와 함께 있게 하겠네. 저들이 도움이 될 수도 있으니 말이네."

에서는 야곱에 대한 마음이 안타까웠는지 몇 명의 사람이라도 두고 가겠다는 겁니다.

"고맙습니다. 형님. 주의 은혜가 크십니다."

야곱은 더 이상 사양하지 않았습니다. 에서의 마음을 알 수 있었기 때문에 그 만한 친절은 받아들인 겁니다.

『에서가 가로되 우리가 떠나가자 내가 너의 앞잡이가 되리라 야곱이 그에게 이르되 내 주도 아시거니와 자식들은 유약하고 내게 있는 양 떼와 소가 새끼를 데려왔은즉 하루만 과히 몰면 모든 떼가 죽으리니 청컨대 내 주는 종보다 앞서 가소서 나는 앞에 가는 짐승과 자식의 행보대로 천천히 인도하여 세일로 가서 내 주께 나아가리이다 에서가 가로되 내가 내 종자 수인을 네게 머물리라 야곱이 가로되 어찌하여 그리하리이까 나로 내 주께 은혜를 얻게 하

숙곳

숙곳이라는 말은 짐승들을 위한 「우릿간」이라는 말입니다.
야곱이 터를 닦고 짐승들을 위해 우릿간을 세웠다는
뜻에서 붙여진 이름이지요.
이곳이 가나안 땅인 겁니다.
야곱은 분명 약속의 땅인 가나안에 들어왔기에
그곳에 장막을 치고 삶의 터전을 삼으려 했던 것 같습니다.

소서 하매』(:12-15

전체를 생각하는 지혜를 배우십시오.
어린 아이들의 약함을 생각하는 지혜
짐승들을 보호하는 지혜를 배우는 겁니다.
사람과 재산을 잃지 않고 보존하는 지혜인 거지요.
순간의 감정과 이득으로 인해 미래를 잃어버리는
실수를 하지 않아야 하는 겁니다.
가능하면 신세를 지지 않으려는 야곱의 태도를 배우십시오.
무조건 신세를 지지 않으려는 건 아니고
하나님을 믿고 의지하기 때문에 사람의 신세를
지지 않으려는 겁니다.
사람에게 신세를 지면 빚이 됩니다만
하나님의 도움으로 살면 후유증이 없잖아요!

에서는 자기의 길인 세일로 향했고 야곱은 식구들과 함께 길을 가다가 숙곳이라는 곳에 이르러 그곳에서 머물기 위해 진을 쳤답니다. 자신과 가족들을 위해서 장막을 세운 겁니다. 짐승들을 위해서는 우릿간을 만들기도 했구요. 그곳에서 머물 생각이었던 겁니다.

『이날에 에서는 세일로 회정하고 야곱은 숙곳에 이르러 자기를 위하여 집을 짓고 짐승을 위하여 우릿간을 지은 고로 그 땅 이름을 숙곳이라 부르더라』(:16-18)

④ 창 33:18-20

여정 요약

라반의 집에서 이십 년을 지냈습니다.

그리고 그곳 밧단아람을 떠나 하나님이 약속하신 가나안을 향해 긴 여행을 한 것입니다. 밧단아람을 출발해 길르앗 산과 마하나임을 거쳐 브니엘을 지났었습니다. 그리고 얍복 나루에서 요단강을 건너 마침내 가나안 땅에 이르렀기에 그 땅에 집을 지어 살면서 짐승을 키우며 정착하려 했던 겁니다. 그곳이 숙곳입니다. 그 앞에는 세겜이라고 하는 사람이 세운 유명한 성이 있었습니다. 성은 세겜의 이름을 따서 세겜 성이라고 불렸구요.

야곱은 세겜 성 앞의 숙곳에서 살기 위해 세겜 성의 주인이자 근방 땅의 주인이었던 세겜의 형제들에게 은 일백 개를 주고 땅을 샀답니다.

가나안 땅에 들어와 정착을 위한 준비가 잘 진행되고 마쳐지자 야곱은 그곳까지 인도하신 하나님께 단을 쌓았지요. 이제는 하나님의 약속을 따라 살면서 주실 축복을 기대하며 열심히 살 것을 다짐했답니다.

"이보게들, 나의 온 식구들은 이곳에서 살 것이네. 하나님께서 밧단아람에 있던 나를 이곳으로 가라 하셨고 나는 하나님의 말씀에 따라 이 가나안 땅에 평안히 들어왔네. 이제 이곳에서 하나님의 뜻을 이룰 것이라네. 그러니 나와 함께 열심히 하나님을 섬기며 살게나. 우리가 정착한 이곳 이름은 숙곳이네. 앞에는 큰 성 세겜이 있지만 저들과도 좋은 관계를 유지하게나. 나는 하나님의 뜻을 따라 이곳에 머물기 위해 저들에게 은 일백 개를 주고 땅을 샀다네. 그리고 오늘 하나님께 제사를 드린 이 장소를 이름하여 「엘엘로헤이스라엘」라고 함세. 하나님은 이스라엘의 하나님이시라는 뜻이야."

『야곱이 밧단아람에서부터 평안히 가나안 땅 세겜 성에 이르러 성 앞에 그 장막을 치고 그 장막 친 밭을 세겜의 아비 하몰의 아들들의 손에서 은 일백 개로 사고 거기 단을 쌓고 그 이름을 엘엘로헤이스라헬이라 하였더라』(:18-20)

단을 쌓는 야곱의 모습과 그 단에 이름을 붙인
야곱의 모습을 보면서

성경에는 숙곳을 은(銀) 일백 개로 산 땅이라고 합니다만

히브리 성경에는 은(銀)이라는 말이 없습니다.
정확하게 당시의 주화를 알 길은 없답니다.
야곱이 산 이땅이 야곱 족속에겐 인상적이었답니다.
라반의 집에서는 자기들의 것이 없었는데
이젠 자기들의 땅이 생긴 겁니다.
야곱도 기뻤겠지만 야곱의 아들들에겐 더없는 감격이었지요.
르우벤을 비롯한 열한 명의 아들들에게 잊지 못할 땅이 된 겁니다.
훗날 요셉의 뼈가 묻힌 곳이 이땅이었음을 생각하면 (수 24:32)
이스라엘 자손들에게 이땅은 남다른 의미가 있는 거랍니다.

아브라함의 모습을 닮았다는 생각이 듭니다.
아브라함이 자신의 신앙 행위를 자손들에게
전해 주려고 했던 것처럼
야곱도 자신의 하나님에 대한 신앙을 후손들에게
전해주려는 의도였겠지요.
신앙은 전달되는 것이거든요.
하나님 섬기는 유산을 물려주세요.
예배의 유산, 기도의 유산, 섬김의 유산,
봉사의 유산을 물려주는 것이
부모된 도리랍니다.
야곱의 아름다움, 우리가 배워야 할 아름다움이랍니다.

5 창 34:1-17

겁탈당한 외동딸

숙곳에서의 생활이 정착되자마자 야곱을 비롯한 온 식구들은 부지런하게 움직였습니다. 야곱의 사려 깊은 계획과 추진력, 그리고 빈틈없는 행동이 그와 그의 식구들을 움직이게 했고 또 좋은 결과를 가지고 오게 했던 겁니다. 밧단아람에서의 번성했던 속도와는 확연히 달랐습니다.

수년(대략 10년이 지나지 않았겠나 하는 해석입니다.)을 머무르면서 아이들도 제법 컸습니다. 하나뿐인 딸 디나도 이젠 제법 성숙한 여인 냄새가 물씬 풍겼지요. 십대 중반이 되었으니 빠르면 시집도 갈 만한 나이가 된 겁니다.

야곱은 물론 야곱의 아들들도 디나를 예뻐했습니다. 디나는 사랑을 독차지 했지요. 그래서 그런지 디나는 형제들 누구보다도 여유있는 시간들을 보냈답니다. 부잣집 외동딸이기에 그런 대접을 받은 거랍니다.

디나는 종종 세겜 성을 찾아가 친구를 사귀기도 하고 저들과 어울려 놀곤 했습니다. 재미있는 친구들을 많이 만나기도 했지만 세겜 성 여자 아이들은 자신과는 다르게 치장을 하고 다니는 겁니다. 화장은 물론 귀걸이도 그렇고 목걸이나 반지, 입은 옷들과 신발들까지도 무척 예뻐 보였던 거지요. 디나는 자기도 그렇게 하고 싶었고 또 그런 것들을 구해 치장을 하기도 했답니다. 그렇지 않아도 아름다웠는데 치장을 하니 모든 남자들의 눈길을 끌기에 충분했던 겁니다. 성 밖 야곱이라고 하는 부자의 하나뿐인 딸이기에 세겜 사람들은 그녀에 대해 관심을 갖고 있었지만 누구도 그녀에게 함부로 할 수는 없었습니다.

디나가 만나는 사람은 그의 부와 걸맞은 세겜 성의 성주의 식구들이었습니다. 성주는 물론 그의 식구들은 무척이나 디나를 예뻐했지요. 게다가 성 밖 갑부의 딸이기에 그녀와 관계를 잘 맺으면 자신들에게도 큰 유익이 될 거라는 생각까지도 했답니다. 이런저런 생각으로 세겜 성의 남자들은 디나에 대한 욕정이 있었지요.

디나는 남자들의 응큼한 마음을 몰랐습니다. 그냥 자신에게 잘해주는 게 좋았답니다. 말도 따뜻했고 종종 귀한 선물을 주면서 자신을 예쁘다고 해주는 말이 얼마나 좋았는지 모릅니다. 어느 경우는 세겜 성에서 하루 종일 저들과 재미있게 지내다가 느지막히 집으로 돌아오기도 했지요. 물론 아버지 야곱과 오빠들에게 잔소리를 들었지만 말입니다. 아니, 야곱과 그녀의 오빠들은 세겜 성을 너무 좋아하는 디나를 못마땅하게 생각했답니다. 그래도 디나는 세겜 성이 무척 좋았답니다.

이날도 세겜 성에 들어가 자기를 예뻐하는 성주인 세겜에게 갔습니다. 세겜은 오래 전부터 디나에 대한 욕정이 있었던 것은 물론이고 그녀를 통해 야곱의 식구들과 결속을 다져야겠다는 생각으로 기회를 노리고 있었답니다. 그러다가 이날 끔찍한 일이 일어났습니다. 세겜이 디나를 겁탈한 겁니다. 아직 어린 디나가 욕을 본 거랍니다.

평소에 좋아하던 세겜이었는데 이런 일을 벌일 줄은 상상도 못했습니다. 자신에게 잘 해주고 친절하게 해 주기에 친오빠처럼 따르고 좋아했을 뿐인데 생각도 못한 일을 당한 겁니다. 디나는 겁이 났고 챙피하기도 하고 무서웠습니다. 이일을 어떻게 받아들여야 할지 죽고 싶을 뿐인 겁니다.

디나의 행동이 세겜에게는 이해하기 어려운 일이었습니다. 성의 모든 여자가 자신의 여자가 되고 싶어서 안달이 나 있음에도 그 모든 걸 무시하고 디나만을 귀여워하고 사랑해줬는데 디나는 그까짓(?) 잠자리 한번 한 후로는 자신을 대하는 태도가 180도 달라졌기 때문입니다. 마치 죽을 것 같은 서러움으로 통곡을 하는 겁니다. 세겜은 얼마나 무안했는지 모릅니다.

"디나. 왜 그리 슬퍼하는 거야? 내가 자네에게 이렇게 한 건 자네를 사랑하기 때문이야. 그걸 모르겠어? 내 마음에는 오직 디나뿐이 없다구. 나의 진심을 보여주고 싶었던 건데 그게 그리도 잘못된 건가? 슬퍼만 하지 말고 나를 이해해 줘! 사랑해. 디나."

세겜은 디나의 몸을 빼앗은 걸 진심으로 미안해 하면서도 그녀를 사랑한다는 말로 위로하는 겁니다.

"이렇게 하자. 내가 내 아버지 하몰에게 당신을 내 아내로 맞이하겠다고 할게. 그러면 되잖아! 아버지가 내 제안을 거절하지 않으실 거야. 그러니 너무 슬퍼하지 말아!"

디나의 슬픈 울음이 그치지 않자 세겜은 당혹스러웠습니다. 자신이 디나를 아내로 맞이하겠다는 말을 믿지 않는다는 생각 때문이었지요.

"잠깐만 있어. 내가 당장 아버지에게 가서 결혼 승락을 받아올 테니깐. 그래야 당신 마음이 편하겠구먼."

세겜은 울고 있는 디나를 두고 아비 하몰에게로 갔지요.

"아버지. 저 결혼할 겁니다. 야곱의 딸 디나를 사랑해요. 그러니 그녀와 결혼 할 걸 허락해 주세요."

『레아가 야곱에게 낳은 딸 디나가 그 땅 여자를 보러 나갔더니 히위 족속 중 하몰의 아들 그 땅 추장 세겜이 그를 보고 끌어들여 강간하여 욕되게 하고 그 마음이 깊이 야곱의 딸 디나에게 연련하여 그 소녀를 사랑하여 그의 마음을 말로 위로하고 그 아비 하몰에게 청하여 가로되 이 소녀를 내 아내로 얻게 하여 주소서 하였더라』(:1-4)

세겜 사람을 비롯한 다른 족속들에게는
이상한 개념이 있었습니다.
다른 족속 처녀들을 겁탈해도 괜찮다는 생각이었지요.
오래 전 이야기입니다만
애굽 왕 바로와 블레셋 왕 아비멜렉도
사래가 처녀인 줄 알고 겁탈하려고 한 적이 있잖아요.
(창12:15, 20:2, 26:7)
세상은 그렇습니다.
윤리가 없는 세상이고 자기들 좋은대로 하는 세상이랍니다.
하나님의 백성들은 그런 세상을 조심해야 하는 겁니다.
하나님의 백성을 망가뜨리는 일에 대하여
조금도 양심의 가책을 받지 않거든요.

하나님을 모르는 사람들에게 마음을 두지 마세요.
저들의 풍습과 행동은 자기를 사랑하는 풍습이고
행동들이랍니다.

저들의 자기 사랑은 하나님이 싫어하는 일을 향해
달려가고 있답니다.
반면에 저들이 하나님의 자녀인 우리들을
부러워하게 해야 하는 거랍니다.
그렇지 않으면 우리가 저들에게 욕을 당한답니다.

그리스도인이 가면 안 되는 곳이 있습니다.
만나면 안 되는 사람도 있답니다.
하나님이 정해 주신 구역을 떠나면 안 되는 겁니다.
하나님이 정해 주신 구역이 아름다운 곳이고
생명의 장소이지요.
만나야 할 사람만을 만나는 게 아름다움이고 생명이랍니다.
우리의 장소가 아니고 우리의 사람이 아닌데 가고
만나야 할 경우라면 한 가지 이유일 뿐이지요.
우리 속에 있는 그리스도의 생명을 소개하기
위해서일 뿐인 겁니다.

몸을 빼앗긴 디나는 집으로 갈 수가 없었습니다. 창피함과 수치스러움으로는 아비 집으로 갈 수가 없는 겁니다. 세겜도 그런 디나의 처지를 알고 디나를 자기 집에 머무르게 했답니다.

디나가 세겜에게 겁탈당했다는 소문은 삽시간에 퍼지고 있었습니다. 성 주인의 아들이 성 밖 지주인 이스라엘의 딸을 취했다는 건 큰 뉴스거리였던 겁니다. 게다가 디나의 모습은 며칠째 보이지를 않았지요.

"디나가 며칠 동안 보이지를 않으니 어찌된 일인가? 아들 녀석들은 들판에 있어 조용하다만 그렇다고 디나도 들에 나간 건 아닐텐데 보이지를 않아. 어디 갔어?"

늙은 야곱은 걱정스러운 듯 물었습니다.

"저..."

디나의 몸종이 입을 열었습니다.

"디나에게 무슨 일이 있는 거냐? 그래 말 좀 해봐라."

"사실은요... 디나는 지금 세겜 성에 있어요. 지난번에 세겜 성에 갔다가 세겜에게 겁탈을 당하셨어요. 그리고는 집에도 오지도 못하고 거기 그냥 머물러 있어요. 며칠 동안 먹지도 않고 울기만 한대요."

야곱은 피가 거꾸로 솟는 것 같았습니다. 도무지 참기가 어려웠습니다만 깊이 생각을 합니다. 아들들이 들에서 돌아오면 의논을 해야겠다는 생각이었지요. 아니, 아들들에게 알려 세겜 성에 있는 디나를 집으로 데려와야겠다는 생각을 하고 사람을 아들들이 있는 들로 보냈답니다.

"야곱께서 얼른 돌아오시랍니다."

야곱이 보낸 종들이 하는 말이었습니다.

"뭐라구요? 집으로 돌아오라고 하신다구요? 아니, 아버지께서 왠 일로 돌아오라고 그러시나? 아직 몇날은 더 양들에게 풀을 뜯기고 물을 마시우게 해야 하는데. 집에 무슨 일이라도 있소?"

"사실..."

심부름을 온 종은 디나가 세겜에게 겁탈당한 일과 그로 인해 집안이 발칵 뒤집혀 있는 일을 소상하게 말했습니다.

"뭐? 디나가 세겜에게 겁탈당했다고? 이런 젠장! 죽일 놈 같으니라고!"

형제들은 얼굴이 시뻘개지면서 분을 삼키지 못하고 있었습니다.

"당장 집으로 가자고. 개 만도 못한 세겜 놈을 가만 두지 않겠어!"

형제들은 한마디씩 하면서 이를 갈고 있었습니다. 특히 디나와 같은 배에서 나온 레아의 아들들은 더욱 분개하고 있었지요.

"아버지! 디나가 어떻게 되었다구요?"

원통을 품고 집으로 돌아와 야곱을 부르고 있는데 야곱이 아들들에게 조용하랍니다. 세겜의 아비인 하몰이 야곱과 이야기를 나누고 있었던 겁니다. 그 옆에는 디나에게 못된 짓을 한 세겜이 뻔뻔스럽게 앉아 있었구요. 그러나 누군가가 소리를 지르며 말했답니다.

"아버지, 이런 해괴한 일이 있을 수는 없습니다. 이는 아버지에게 부끄러운 일입니다. 이는 디나가 문제가 아닙니다. 디나에게 한 일이 곧 아버지 이스라엘을 욕되게 한 거나 다름이 없는 겁니다."

보고 있던 하몰은 야곱의 아들들이 저리도 펄쩍 뛰면서 난리를 치는 게 민망했습니다.

"이보게들, 그리 흥분만 하지 말고 내 말을 좀 들어보게나. 내 이 문제를 해결하기 위해 직접 오지 않았나. 자네들의 부친과 이일을 상의 하고 있으니 좀 기다리게."

하몰은 흥분이 되어 있는 야곱의 아들들을 진정시키려고 애를 쓰고 있었습니다.

"내 아들 세겜이 자네들의 누이 디나를 진심으로 사랑한다네. 그래서 그런 일이 일어난 것이고. 그러니 이참에 자네들의 누이를 내 아들 세겜에게 주어 아내를 삼도록 하길 바라네. 내가 그걸 제안하기 위해서 이곳까지 직접 온 거라네. 그뿐 아니라 이참에 자네들도 이젠 우리 세겜 성의 사람들과 혼인을 하는 게 어떤가! 자네들도 우리 성의 여자들을 데리고 살고 우리도 자네 식구들의 여자들을 아내로 맞이하도록 하는 거지. 그러면 우리는 형제가 될 것이고 이 지역에서 누구도 넘보지를 못하는 큰 힘을 갖게 될 것이 아니겠는가? 함께 물건도 매매를 하면서 세력을 견고히 하는 거지. 그러면 우리뿐 아니라 당신들도 이 땅에서 크게 될 것이라는 생각이네."

하몰의 말을 마치자 그 옆에 있던 세겜도 입을 열었습니다.

"야곱 어르신, 그리고 여러 형제들! 제가 여러분들의 은혜를 입기 원합니다. 제가 디나를 아내로 맞이할 수 있도록 허락해 주십시오. 그렇게만 해 주신다면 어르신과 디나의 오라비들께서 원하시는 모든 것을 수용하겠습니다. 그녀를 위한 어떤 지참금도 치룰 것입니다. 그러니 디나를 꼭 제게 주십시오."

『야곱이 그 딸 디나를 그가 더럽혔다 함을 들었으나 자기 아들들이 들에서 목축하므로 그들이 돌아오기까지 잠잠하였고 세겜의 아비 하몰은 하몰에게 말하러 왔으며 야곱의 아들들은 들에서 이를 듣고 돌아와서 사람 사람이 근심하고 심히 노하였으니 이는 세겜이 야곱의 딸을 강간하여 이스라엘에게 부끄러운 일 곧 행치 못할 일을 행하였음이더라 하몰이 그들에게 이르되 내 아들 세겜이 마음으로 너희 딸을 연련하여 하니 원컨대 그를 세겜에게 주어 아내를 삼게 하라 너희가 우리와 통혼하여 너희 딸을 우리에게 주며 우리 딸을 너희가 취하고 너희가 우리와 함께 거하되 땅이 너희 앞에 있으니 여기 머물러 매매하며 여기서 기업을 얻으라 하고 세겜도 디나의 아비와 남형들에게 이르되 나로 너희에게 은혜를 입게 하라 너희가 내게 청구하는 것은 내가 수응하리니 이 소녀만 내게 주어 아내가 되게 하라 아무리 큰 빙물과 예물을

청구할지라도 너희가 내게 말한 대로 수응하리라』(:5-12)

세겜은 디나에게 잘못했다는 말을 해야 하는 겁니다.
그런데 결혼을 하면 그 전의 행위가 무마될 것이라고
생각하는 겁니다.
세겜의 아비도 그렇게 생각했구요.
아닙니다. 죄가 발생한 겁니다.'
그렇다면 잘못했다고 인정하고 회개하는 게 우선입니다.
그 후에 그 잘못에 대한 책임이나 대가를 치루는 거지요.
죄를 덮기 위한 책임을 지면서 죄를 무마하려는 건
세상적인 생각이랍니다.
하나님의 백성은 지은 죄를 회개하고
그 후에 자신이 만든 일에 대한 책임을 져야 하는 거랍니다.

하몰과 세겜의 말을 듣고 있던 야곱과 그의 아들들은 기가 막혔습니다. 더욱이 야곱의 아들들의 마음에는 분노가 치밀었답니다.

'하나님을 알지도 못하는 놈들이 하나님의 선택을 받은 우리 가문과 통혼을 하겠다고? 망할 놈들 같으니라고!'

"우리에게 의논할 시간을 주시오."

하몰과 세겜의 말을 들은 야곱의 아들들 가운데 누군가가 말했습니다.

"그럽시다. 암요. 생각을 하셔야지요. 좋은 대답이 있기를 바랍니다."

하몰과 세겜은 야곱의 아들들의 말을 듣고 반가운 소식이 있을 거라 생각했답니다.

"어찌해야 되는 거야?"

"어쩌긴 뭘 어째. 지금은 저놈들의 말을 수용한다고 하면서 안심을 시키자고. 그런 후 날을 잡아 다 죽여 버려. 세겜 성의 남자 놈들을 다 죽이자고."

"그렇게 하자. 까짓것 우리 형제들이 못할 게 뭐야! 살아도 같이 살고 죽어도 같이 죽는 거야. 알겠지?"

야곱의 형제들은 서로 입을 맞추고는 하몰과 세겜에게 돌아왔습니다. 야곱은 그 자리에 없었습니다. 아마도 마음이 편치 않아 자리를 뜬 것 같았습니다. 아들들이 잘 처리해 줄 것을 바라고 말입니다.

"좋습니다. 일이 이렇게 된 마당에 가장 좋은 길을 택합시다. 우리도 억울한 게 있지만 하몰과 세겜께서 그리 말씀하시니 한걸음 뒤로 물러나겠소이다. 두 족속의 평화를 위해서 입니다. 그러나 한 가지 청이 있소이다. 이는 우리 가문의 법도입니다. 이일을 해 주시면 다른 건 요구하지 않겠습니다."

"뭡니까?"

디나를 주겠다는 말에 세겜은 얼마나 반가웠는지 모릅니다. 그녀만을 얻는다면 어떤 요구든지 수용할 각오가 되어 있었지요. 한 가지 청이 있다는 야곱의 아들들의 말에 세겜이 물은 겁니다.

"할례를 받으셔야겠습니다. 당신 족속과 우리 족속이 하나가 되려면 당신 족속의 모든 남자들이 우리 족속의 남자들처럼 할례를 받도록 하시오. 그래야 한 가족이 될 수 있습니다. 그렇지 않으면 우리 누이를 당신에게 줄 수 없소. 이 일만 한다면 우리의 딸들 역시 당신들에게 주겠소이다. 만일 그렇게 하지 않는다면 우리 누이를 데리고 올 수밖에 없소. 자, 결정을 하시오."

『야곱의 아들들이 세겜과 그 아비 하몰에게 속여 대답하였으니 이는 세겜이 그 누이 디나를 더럽혔음이라 야곱의 아들들이 그들에게 말하되 우리는 그리하지 못하겠노라 할례받지 아니한 사람에게 우리 누이를 줄 수 없노니 이는 우리의 수욕이 됨이니라 그런즉 이같이 하면 너희에게 허락하리라 만일 너희 중 남자가 다 할례를 받고 우리같이 되면 우리 딸을 너희에게 주며 너희 딸을 우리가 취하며 너희와 함께 거하여 한 민족이 되려니와 너희가 만일 우리를 듣지 아니하면 우리는 우리 딸을 데리고 가리라』(:13-17)

야곱의 아들들의 말은 옳은 말이고 신앙적인 말입니다.
하나님의 백성이 되는 걸 요구한 거니깐 말입니다.
그런데 그 거룩한 신앙적 요구를 복수의 도구로
삼고 있는 겁니다.

복수를 위해 신앙과 거룩을 팔아먹고 있는 거지요.
무서운 죄악이지요.
진실한 신앙인은 그런 짓을 하지 않습니다.
원통함이 있다 하더라도 하나님께서
처리해 주실 줄 알고 기다리는 것이며
혹 원통함을 푸는 행위를 한다 하더라도 정직하고
당당한 행위를 하는 것이지요.
혹시 내 목적 성취를 위해 신앙을 수단으로
삼고 있지는 않은지요?
예배를 수단 삼아 내 목적을 이루려는 건 죄입니다.
성경 구절을 말하면서 내 목적을 이루려 하고 있지는 않은지요?
교회에서의 직분을 수단 삼아 그런 짓을 하는 것이
죄라는 말입니다.
신앙의 봉사를 수단 삼아 내 뜻을 이루는 건 악행입니다.

❻ 창 34:18-31
또 찾아온 두려움

"그까짓 할례를 못하겠소이까? 당장 돌아가는대로 나는 물론 내 아들, 그리고 그대들이 요구하는대로 온 성의 사내들에게 당장에 할례를 행하도록 명령하겠소이다."

하몰은 디나를 세겜에게 준다는 말에 야곱의 아들들의 요구가 별것 아니라고 생각하고는 흔쾌히 대답을 했지요.

"그럼 그렇게 알고 있겠습니다. 하몰께서 약속을 하셨으니 성 안의 남자들에게 할례를 행하는 날을 알려 주십시오. 우리가 확인을 해야 하니까요."

야곱의 아들들의 말이었습니다.

"걱정하지 마십시오. 우리가 성에 돌아가는 즉시 성을 출입하는 모든 사내에게 당장 할례를 행하게 할 것입니다. 미룰 필요가 없지요. 내 아들 세겜이 당신들의 누이 디나를 얼마나 사랑하고 있는데요. 내 아들 역시 우리 집안에서 둘도 없는 귀중한 녀석입니다. 이 녀석의 일이라면 반대할 사람이 하나도 없습니다. 그러니 이 녀석의 소원을 지체할 필요가 있겠습니까? 당장 디나와 같이 살게 해야 할 것 아니겠어요."

하몰의 말이었답니다. 그는 진정 아들 세겜을 귀하게 여기고 있었습니다.

"그럼 돌아가겠습니다."

하몰과 세겜은 야곱의 아들들에게 인사를 하고 세겜 성으로 돌아갔습니다.

『그들의 말을 하몰과 그 아들 세겜이 좋게 여기므로 이 소년이 그 일 행하기를 지체치 아니하였으니 그가 야곱의 딸을 사랑하며 그는 그 아비 집에 가장 존귀함이러라』(:18-19)

하몰과 세겜은 자신들의 뜻이 이루어졌다는 기쁨을 가지고 세겜 성으로 돌아왔습니다. 스스로는 어려운 일을 직접 나서므로 잘 해결했다고 과신하고 있기도 했구요.

"이보게 세겜의 형제들이여. 우리가 지금 성 밖 이스라엘 사람들과 화친을 계약하고 돌아오는 길이외다. 이스라엘 사람들이 우리와 영원히 화친할 것을 약속했소이다. 우리 역시 땅이 넓기에 저들을 받아들이기에 충분할 거라 생각하오. 그러니 저들과 함께 거하면서 저들과 매매를 하고 저들의 딸을 데리고 오기도 하며 우리의 딸을 저들에게 주기도 할 것이요. 이일로 인해 우리는 더 강해지고 풍성해질 것이라 확신하오. 그러나 이러한 화친을 위해 저들이 요구하는 걸 들어주기로 했소이다. 그것은 돈도 아니고 땅도 아니며 짐승도 아니외다. 저들의 남자들이 행한 풍속을 따라 우리도 모든 남자는 할례를 받아야 한다는 요구였소. 나는 그걸 받아들이기로 했으니 여러 형제들은 따라 주길 바라오. 다시 말하지만 우리가 이스라엘과 계약을 한다면 저들의 짐승들이나 재산이 우리의 것과 마찬가지라는 의미라오."

하몰과 세겜의 말은 세겜 성 사람들에게 잘 먹혀들어갔습니다. 무엇보다 자신들의 재산에 피해가 없다는 말과 또 이스라엘 사람들과 교역을 하고 통혼을 하면 이득을 보면 보았지 손해가 없다는 걸 계산하고 있었던 것이지요.

『하몰과 그 아들 세겜이 성문에 이르러 그 고을 사람에게 말하여 가로되 이 사람들은 우리와 친목하고 이 땅은 넓어 그들을 용납할 만하니 그들로 여기서 거주하며 매매하게 하고 우리가 그들의 딸들을 아내로 취하고 우리 딸들도 그들에게 주자 그러나 우리 중에 모든 남자가 그들의 할례받음 같이 할례를 받아야 그 사람들이 우리와 함께 거하여 한 민족이 되기를 허락할 것이라 그리하면 그들의 생축과 재산과 그 모든 짐승이 우리의 소유가 되지 않겠느냐 다만 그 말대로 하자 그리하면 그들이 우리와 함께 거하리라』(:20-23)

하몰과 세겜은 자신들의 목적을 이루기 위하여
사람들의 동의를 얻어내는 연설을 합니다.
그런데 야곱의 아들들과 했던 약속의 말에
여러 가지가 첨가되고 있답니다.
땅, 생축, 재산, 짐승 등등입니다.
사람들이 무엇을 필요로 하고 있는지를 알고
그걸 무기 삼아 자신의 뜻을 관철시키려는 거지요.
게다가 그의 연설을 보면 자신들의 문제를
전혀 언급하고 있지 않는다는 겁니다.
오직 연설을 듣는 사람들을 위해서인 것처럼
말하고 있는 거지요.
연설의 능력이라고나 할까요?

짐승이 늘어나고 재산이 늘어난다는 말에 귀가 솔깃한 성 사람들은 할례를 받아야 한다는 것에 부담을 느끼지 않았습니다. 오히려 하루라도 빨리 이스라엘 사람들과 섞이면 좋겠다는 눈치였던 겁니다.

"당장부터 시작합시다. 지체할 필요가 없는 사항인 것 같은데요."

세겜 성에서는 할례가 시행되었습니다. 남자들은 모두 할례를 받은 겁니다. 그로 인해 온 성이 조용했지요. 할례를 받은 남자들은 통증으로 인해 집 안에 있어야 했고 여인들은 간호를 해야 했기 때문입니다.

할례로 인한 고통은 시간이 지날수록 더해 갔습니다. 삼 일째가 가장 고통스러운 고비였습니다. 그날까진 이를 꽉 물고 참고 견뎌야 했답니다.

"이보게, 오늘 세겜 성 남자들이 할례를 받은 지 삼일 째가 되는 날이라네. 지금쯤 꼼짝도 하지 못하는 신세일걸. 지금 가서 놈들을 죽이자고."

시므온이 레위에게 하는 말이었습니다.

"우리 둘만 가?"

"아니 르우벤 형님이나 유다에게도 말할 걸세. 저들이 행동을 같이 할지 안할지는 모르겠지만 일단은 알려야 할 것이네. 그리고 칼을 잘 쓰는 사람들을 준비시켜 뒀어. 난 오늘 디나의 원수를 갚을 거야!"

시므온과 레위는 이 날을 기다렸다는 듯 살기등등한 태도였습니다.

"르우벤 형은 빼자. 장남이 이일에 연루가 되었다는 걸 알면 아버지도 괴로워하실 거야."

"그럼 유다한테만 같이 가자고 할까?"

"아니야. 내 생각엔 유다도 빼는 게 좋겠어. 성품이 우리와는 다르잖아. 그 고상한 성품에 사람 죽이는 일을 할 수나 있겠어? 그냥 우리끼리 가자. 우리가 데리고 가는 사람들만으로도 충분해. 르우벤과 유다에게는 그냥 알리기만 하자고. 같이 간다고 해도 빠지라고 해."

시므온과 레위는 성에 들어가면서도 성 사람들에게 이상하게 보이지 않게 하려고 매우 조심하면서 세겜 성으로 갔습니다. 무장한 사람들과 성에 들어간 겁니다. 목적은 단순했습니다. 할례로 인해 움직이기도 어려워하고 있는 사내들을 모두 죽이려는 거였답니다..

시므온과 레위와 그를 따르는 사람들은 아무 집이나 들어가 할례로 인해 꼼짝 못하고 있는 사내들을 칼로 찔러 죽였습니다. 그야말로 움직일 수도 없는 사람들을 죽이는 겁니다. 세겜 성의 이집 저집에서 통곡 소리가 났습니다만 어느 사내도 칼을 잡을 수 없었답니다.

시므온과 레위의 몸은 피로 범벅이 되어 있었습니다. 그 몸으로 성주가 있는 내실로 들어갑니다. 군사들도 없었습니다. 저들도 할례를 받아 누워있었기 때문입니다. 내실 깊은 곳에는 세겜이 누워있었고 다른 곳에는 세겜의 아비인 하몰이 누워있었습니다. 둘 다 이 끔찍한 광경을 눈뜨고 보고만 있어야 했답니다. 저쪽 구석에서는 수척한 디나가 앉아 있습니다. 몸이 망가진 여인이라는 것을 표식하듯 처량한 모습입니다.

시므온과 레위가 디나의 그런 모습을 보자 가슴이 울컥합니다. 그러더니 흉건하게 굳은 피가 묻어 있는 칼을 들더니 하몰을 난자하는 겁니다. 세겜을 향해 가서는 그도 잔인하게 죽였답니다. 그렇게 복수가 이루어졌지요. 그리고 구석에 있던 디나를 데리고 나와 종 한 사람에게 집으로 데리고 가라고 부탁을 했습니다.

디나가 집에 돌아온 걸 본 오라비들은 가슴이 아팠습니다. 그녀의 모습에서 측은함이 보였기 때문입니다.

"디나야, 어떻게 된 거야?"

오라비들의 질문이었습니다만 그녀는 아무 말도 못했습니다. 대신 종이 말을 합니다.

"예. 시므온과 레위께서 하몰과 세겜을 비롯하여 세겜 성의 모든 남자들을 죽였습니다. 제가 그곳에 있다가 아가씨를 데리고 온 겁니다."

"그래? 그럼 아직도 시므온과 레위가 그곳에 있는가?"

"예."

형제들은 말을 타고 세겜으로 달려 들어갔습니다. 그러나 이미 상황은 끝난 겁니다. 온통 피 비린내와 통곡 소리뿐이었지요. 세겜 성에서 힘을 쓸 수 있는 사내들은 모두 죽었습니다. 남은 사람들이라곤 기껏해야 어린 아이와 여자들뿐입니다. 공포에 찌들려 있는 저들에게도 잔인했습니다. 저들의 모든 짐승과 재물을 빼앗은 것은 물론이고 모두 끌고 가서 노예로 삼거나 노예 상인에게 팔고 있었습니다.

『성문으로 출입하는 모든 자가 하몰과 그 아들 세겜의 말을 듣고 성문으로 출입하는 그 모든 남자가 할례를 받으니라 제삼일에 미쳐 그들이 고통할 때에 야곱의 두 아들 디나의 오라비 시므온과 레위가 각각 칼을 가지고 가서 부지중에 성을 엄습하여 그 모든 남자를 죽이고 칼로 하몰과 그 아들 세겜을 죽이고 디나를 세겜의 집으로 데려오고 야곱의 여러 아들이 그 시체 있는 성으로 가서 노략하였으니 이는 그들이 그 누이를 더럽힌 연고라 그들이 양과 소와 나귀와 그 성에 있는 것과 들에 있는 것과 그 모든 재물을 빼앗으며 그 자녀와 아내들을 사로잡고 집 속의 물건을 다 노략한지라』(:24-29)

살육의 비참한 상황이 끝났습니다. 시므온과 레위에겐 사람을 죽인 흔적이 역력했고 나머지 형제들의 모습에는 그 만하지는 않았지만 한바탕 전쟁을 치룬 모습이었습니다. 게다가 저들이 사로잡아 데리고 오는 사람들의 아우성도 있었습니다. 양 떼와 소 떼와 나귀들도 있었습니다. 모두가 처절한 모습이었지요. 이러한 모든 일들이 야곱에게 설명된 겁니다. 그러나 모든 설명이 늙은 야곱에게는 승리의 소식이 아니었답니다. 두려움이 찾아올 뿐입니다.

"시므온, 레위. 너희들이 디나로 인해 가슴이 아팠을 거라는 건 나도 이해를 한다. 물론 나도 가슴이 아팠고. 그런데 너희가 한 일은 잘못한 것이다! 아비에게 어려움을 가져다 준 일이야. 너희들이 세겜 성 사람들을 죽인 게 온 사방에 소문이 날 것이 아니겠냐? 이곳 가나안 사람이나 브리스 사람들이 우리를 경계할 것 아니겠어? 저들이 우리를 보고 어느날 자기들을 공격할지 모르는 족속이라고 생각하고 오히려 우릴 공격한다면 우린 어찌 할 것이냐? 우리는 저들을 감당할 힘이 없는 소수 족속인 걸 모르느냐? 저들이 쳐들어 온다면 우린 모두 죽는 거야. 우리 가문이 사라진다는 말이다!"

야곱은 근심어린 마음과 격양된 목소리로 시므온과 레위를 야단치고 있었습니다.

"아버님. 그렇다면 가만히 당하고만 있어야 한단 말입니까? 우리 누이가 창녀처럼 취급받고 있는 걸 보고만 있어야 했다는 말씀이세요?"

시므온과 레위의 말을 틀린 말은 아니었습니다. 그러나 인생은 그렇게 단순한 것이 아님을 야곱은 알고 있었던 겁니다.

『야곱이 시므온과 레위에게 이르되 너희가 내게 화를 끼쳐 나로 이 땅 사람 곧 가나안 족속과 브리스 족속에게 냄새를 내게 하였도다 나는 수가 적은즉 그들이 모두 모여 나를 치고 죽이리니 그리하면 나와 내 집이 멸망하리라 그들이 가로되 그가 우리 누이를 창녀같이 대우함이 가하니이까』(:30-31)

이스라엘 족속은 작은 족속입니다.
현실을 배경으로 주변 족속들이 마음만 먹으면
멸망시킬 수 있는
아주 작고 힘없는 가족일 뿐이지요.
그런데 저자는 그런 작은 가족이 수백 년,

수천 년을 살아오고 있다는 걸 말하고 있는 겁니다.
하나님의 은혜로 살고 있음을 알려주는 것이지요.
스스로의 잘못으로 화를 자초하여 사라질 형편에
놓여 있는 보잘 것 없는 이스라엘이지만
하나님은 그 백성을 도우시고 지키시고 계시다는 걸
알자고 말하는 거랍니다.

그리스도 공동체인 우리들,
세상에서 보면 참 작은 존재이고 별 볼일 없는 사람이고
공동체입니다.
무시무시한 세상에게 싸여 저들이 공격한다면
언제 사라질지 모르는 게
그리스도 신앙 공동체인 거지요.
그렇다고 세상 사람들에게 존경을 받기에
공격을 받지 않는 것이냐 하면 그것도 아니랍니다.
오히려 세상에게 미움을 받은 악한 일도 많이 한답니다.
그런데도 여전히 존재합니다.
그건 하나님의 은혜이기 때문이랍니다.
우리의 행동이 정당한 것 같으면서도 옳지 않음에도
우린 세상 사람들에게 먹히지 않습니다.
하나님이 방패가 되시기 때문인 겁니다.

7 창 35:1-8

하나님이 기뻐하는 사람들

야곱은 고통스러웠습니다. 그나마 정착을 하는가 했더니 전혀 생각지도 못한 일이 일어난 것이지요. 하나뿐인 딸 디나가 평생 씻지 못할 상처를 입었고 그 일을 복수하기 위해 이웃 족속을 몰살시키는 엄청난 비극을 만들어냈으며 이젠 가나안 땅에 발도 붙이기 어렵게 되었습니다. 하루하루가 두려움이었습니다. 언제 원주민 부족들이 습격해 올지 모릅니다. 아니, 실제로 주변 족속들이 자신들과는 거리를 두기 시작한 겁니다. 정말 무서웠습니다.

야곱은 자신의 인생이 파란만장하다는 생각을 합니다. 나이가 든 것은 물론 얍복 나루에서 천사에게 맞아 환도뼈가 부러진 이후로는 힘을 쓸 수가 없는데 이젠 마음까지 불안하니 견딜 수가 없는 겁니다. 하나님께서 도와주시기를 바라지만 이번 일은 자신의 아들들이 벌인 떳떳하지 못한 일이기에 하나님께도 고개를 들 수가 없었지요.

"야곱!"

두려움으로 하루하루를 지내고 있는데 하나님의 음성이 들렸습니다.

"예, 하나님. 여기 있습니다."

"벧엘을 기억하느냐?"

"…"

"거기 있지 말고 벧엘로 올라가거라. 그곳에 올라가 거기서 내게 단을 쌓거라. 벧엘은 네가 형 에서를 피해 도망할 때 내가 나타났던 곳이지 않느냐."

벧엘로 올라가라는 하나님의 말씀에 야곱의 마음이 무거웠습니다. 이사를 가야한다는 것 때문이 아닙니다. 삼십여 년 전에 하나님께 드린 약속이 생각났기 때문입니다. 잊고 있었거든요. 아니, 가나안에 들어와서 곧바로 벧엘에 가서 단을 쌓겠다고 하던 약속을 이행했어야 하는데 지금껏 미루고 있었던 겁니다.

'그래. 그렇구먼. 내가 그 사건을 미루고 있었어. 나 편하자고 하나님과의 약속을 미룬 게 아닌가!"

야곱은 다시 들리지 않는 하나님의 음성인데도 스스로 어떻게 행해야 하는지를 생각하고 있었던 것이지요.

"이보게, 온 집안 식구를 다 모으게나. 내 신중하게 할 말이 있네. 한 사람도 빠지지 말고 다 모아야 하네."

야곱은 뭔가 새로워져야 한다는 생각을 한 겁니다. 디나가 세겜에게 겁탈을 당한 건 가슴이 아픈 일이지만 분명 디나의 경솔한 행동이 그런 일을 만들어낸 것이라는 걸 야곱은 부인하지 않았습니다. 또한 착한 줄만 알았던 아들들이 그리도 잔인한 일을 행했다는 것이 무엇인가 전반적으로 잘못된 것이라는 걸 발견한 겁니다. 이러한 일은 분명 하나님을 두려워하지 않고 숨겨놓은 우상들을 섬기는 자들이 행하는 일이었기 때문이지요.

야곱은 이런 더럽고 악한 것들을 처분하지 않으면 안 된다는 생각을 한겁니다. 숨겨놓은 우상들을 뿌리째 뽑고 하나님만을 섬기는 가족으로 만들어야겠다는 각오였습니다. 물에 물 탄 듯 술에 술 탄듯한 태도로 경박스럽게 세상을 그리워하는 마음도 뿌리째 뽑아야겠다고 마음먹었습니다. 게다가 사람을 잔인하게 죽이는 잔악한 마음도 당장 처분하지 않으면 하나님이 약속하신 것을 모두 잃어버릴 것이라는 생각이 든 겁니다. 그래서 가족 부흥회(?)를 하는 마음이었답니다.

온 집안 식구들이 모였습니다.

"사랑하는 식구들이여, 오늘 내가 하는 이야기를 잘 듣고 모두가 순종해야 하오. 우리는 이곳에서 큰 위기의 시간들을 보내고 있소. 그러니 나의 말을 듣고 따름으로 이 위기를 벗어나야 할 것이요. 이는 하나님께서 나에게 하신 말씀이오."

야곱은 늙었습니다만 그의 목소리는 쩌렁쩌렁하게 울리고 있었습니다.

"우선 각각의 가정은 숨겨놓은 우상을 정직하게 가지고 나와 제거해야 할 것이요. 반드시 우상을 버리시오. 또한 모두가 몸을 정결하게 씻고 치장을 하시오. 그리고 입던 옷을 벗고 새 옷으로 갈아입으시오. 우선은 그렇게 하고 나서 다시 모이시오. 그 후에 또 행할 지침을 내리겠소."

야곱의 말에는 어떤 힘이 있었습니다. 그가 우상을 버리라는 말이나 몸을 정결케 하라는 말, 그리고 옷을 갈아입으라는 말이 무엇을 뜻하고 있는지 모두는 알아듣고 있었던 겁니다. 디나는 물론 야곱의 아들들과 야곱의 아내들은 물론 종들까지도 알아듣고 있었던 겁니다.

야곱의 말에는 강한 의지가 있었습니다. 식구들을 비롯한 모든 사람들도 야곱이 뭔가 비장한 각오를 하고 말하는 걸 알고는 아무 말 없이 자기 처소로 돌아가 숨겨놓은 우상을 꺼내고 몸을 정결케 하고 또 옷도 갈아입었답니다. 조용한 부흥이 일어나고 있었지요.

『하나님이 야곱에게 이르시되 일어나 벧엘로 올라가서 거기 거하며 네 형 에서의 낯을 피하여 도망하던 때에 네게 나타났던 하나님께 거기서 단을 쌓으라 하신지라 야곱이 이에 자기 집 사람과 자기와 함께한 모든 자에게 이르되 너희 중의 이방 신상을 버리고 자신을 정결케 하고 의복을 바꾸라』(:1-2)

사람은 참 간사합니다.
위급할 때는 하나님께 여러 가지 약속을 하면서
하나님을 찾습니다.
하나님께서 그 약속에 유혹되어 나타나시지 않을까 하는
미신적인 마음에서 그러는 겁니다.
그런 이유로 하나님이 나타나신다거나
그렇지 않다거나 하는 분이 아닌데도 말입니다.
또 다른 약속은 하나님이 나타나셨을 때 하는 약속입니다.
하나님께서는 당신의 뜻을 따라 나타나셨는데
사람은 그 순간 그것에 감격하여 하나님도
기대하시지 않는 약속을 일방적으로 한답니다.
그런데 문제는 그 위급한 상황이 지났을 때이지요.
하나님의 약속을 잊기도 하고 자기가 한 약속을
기억하기도 하는 거지요.
그런데 잊는 사람도 답답하지만 기억을 하고 있는

사람에게서도 답답한 반응이 나온답니다.
물론 어떤 이는 자신의 약속을 곧바로 지키기도 합니다.
그런데 어떤 사람은 한 약속을 후회한답니다.
어떤 사람은 약속을 지켜야 한다는
부담이 있음에도 불구하고 이행을 미루는 겁니다.
그래서 사람이 간사하다고 말하는 겁니다.

야곱이 그랬습니다.
그는 분명 철저한 사람입니다.
그의 여정중에 하나님을 의지한 것도 발견됩니다.
위기 때마다 하나님이 도우셨다는 걸 알고 고백도 합니다.
그리고 그는 평안의 시간들을 보냅니다.
그런데 하나님께 드린 약속을 미루는 겁니다.
조금만 가면 벧엘이기에 마음만 먹으면 가서
약속한 제단을 쌓고 돌아올 수 있는데도
그 짧은 거리의 벧엘에 가는 걸 미룬 겁니다.
하나님이 오래 기다리셨습니다만
이제 더 이상은 기다리지 않으셨습니다.
고통중에 있는 그에게 나타나신 겁니다.
위로의 말씀을 하시는 게 아닙니다.
그리고 약속을 미루는 야곱을 기다리고 있다는 걸
노골적으로 표현하신 겁니다.
'일어나 올라가 단을 쌓으라'고.

우린 미루고 있는 거 없나요?
급할 땐 그리도 애절하게 하나님을 찾더니
웬만큼 살만하니깐 하나님께 했던 약속을 지켜야 하는 걸
알면서도 미루고 있는 건 아닌지요?
하나님은 우리의 약속 지킴을 오래 전부터
애타게 기다리고 계신답니다.

알아들어야 합니다.
야곱처럼 말입니다.
그에겐 더 이상 다른 말씀이 필요 없습니다.
한 마디 말씀에 무슨 일을 어떻게 해야 하는지를
알아차렸기 때문입니다.
아니, 성령께서 간섭하시는 말씀을 거부하지 않은 겁니다.
그리고 즉각 행동으로 옮긴 거지요.
그것이 회복의 은혜로 들어가는 관문인 겁니다.

각기 자기 장막에 갔던 사람들이 다시 모였습니다. 놀라운 건 이사람 저 사람의 손에 우상들이 쥐어져 있는 겁니다. 놀라운 것은 야곱이 그리도 사랑하는 라헬의 손에는 지난날 라반이 말했던 작은 드라빔이 쥐어져 있었습니다. 기가 막힌 일이었답니다. 라헬도 미안했는지 고개를 숙이고 있을 뿐입니다.

"내 다른 걸 묻지 않겠소이다. 이제 여러분들이 은밀하게 숨겨놓고 섬기던 우상을 가지고 왔으니 모두 이 앞에 갖다 놓으시오. 더러운 우상을 모두 상

수리나무 아래 묻을 것이오. 우린 하나님만을 섬겨야 하는 가족임을 명심하시오."

사람들은 야곱의 말에 따라 우상들을 야곱의 앞에 던졌답니다. 어떤 자는 귀고리를 빼서 던진 겁니다. 그건 그냥 귀고리가 아니라 몸에 지니고 다니는 부적으로서의 귀고리였던 거지요. 사람들은 우상스러운 것이라 생각되는 건 철저하게 포기했답니다.

"우린 벧엘로 올라갈 것이오. 벧엘은 삼십 년 전 내가 하란으로 가던중에 하나님을 만난 곳이오. 하나님은 환난날에 나의 기도를 들으셨고 나와 늘 함께 하셨소. 그 하나님께 벧엘에서 단을 쌓으려는 것이요. 나와 함께 벧엘로 올라갑시다."

야곱이 앞장섰습니다. 그리고 그의 아내들과 자식들과 종들이 줄을 이어 벧엘을 향해 걸었답니다. 큰 행렬이었습니다. 주변 사람들은 야곱의 아들들이 세겜 족속을 말살시킨 이후 야곱 식구들에 대하여 등을 돌리고 있었는데 이번에는 긴 행렬을 하고 어디론가 가고 있는 겁니다. 야곱은 물론 그의 자식들에게도 종들에게도 무기가 될 만한 건 하나도 없었습니다. 그야말로 주변 사람들이 공격을 해오면 싸움 한번 제대로 해 보지 못하고 진멸될 수 있는 처지인 겁니다. 그런데 신기하고 놀라운 건 주변 부족들이 이 행렬을 보고 오히려 성문들을 꼭 잠그고 출입을 하지 못하게 하는 거였지요. 아무도 야곱의 행렬을 추격하지 않았답니다.

『우리가 일어나 벧엘로 올라가자 나의 환난날에 내게 응답하시며 나의 가는 길에서 나와 함께 하신 하나님께 내가 거기서 단을 쌓으려 하노라 하매 그들이 자기 손에 있는 이방 신상과 자기 귀에 있는 고리를 야곱에게 주는지라 야곱이 그것들을 세겜 근처 상수리나무 아래 묻고 그들이 발행하였으나 하나님이 그 사면 고을들로 크게 두려워하게 하신 고로 야곱의 아들들을 추격하는 자가 없었더라』(:3-5)

인생은 하나님이 보호하시는 겁니다.
나를 공격 목표로 하는 사람에게 집중하지 마세요.
두렵고 초조할 뿐입니다.
하나님께 집중하세요.
하나님은 우리에게 더 오래 집중받고 싶으신 분이시기에
우리를 무너뜨리려고 하는 자들을 묶어두신답니다.
어쩌면 사랑받고 싶어 고독하신 하나님이 아니신가 하는
생각이네요.
주변을 보면서 두려움으로 떨던 야곱이
하나님을 보더니 하나님을 일하시게 만들었네요.
우리의 마음과 생각, 그리고 눈이 하나님을 향해
집중하길 바랍니다.

드디어 여행은, 가나안 사람들은 루스라고 불렀습니다만 야곱이 이름한 벧엘에 이르렀습니다. 조용한 곳입니다. 그런데 야곱은 그곳을 보자 숨을 죽이고 있는 겁니다. 삼십 년 전이 생생하게 떠올랐기 때문입니다. 게다가 가나안에 들어와서도 이곳을 찾지 않은 자신의 미련함이 한심하게 여겨졌기 때문이었지요. 야곱만이 경험하는 깊은 세계였답니다.

"여기에 단을 쌓게나."

야곱은 한 장소를 지목하여 제단을 만들라고 합니다. 사람들은 왜 그곳인지 몰랐습니다. 단지 야곱의 말을 따를 뿐입니다. 그러나 야곱은 꼭 그 자리여야 했답니다. 오랜 시간 돌들을 옮겨 쌓은 단 위에 짐승을 올려놓고 태웠답니다. 살아계신 하나님께 드리는 거룩한 제사였지요.

"이곳이 거룩한 곳일세. 하나님이 계신 곳이야! 하나님은 벧엘의 하나님이시로다. 엘벧엘!"

『야곱과 그와 함께한 모든 사람이 가나안 땅 루스 곧 벧엘에 이르고 그가 거기서 단을 쌓고 그곳을 엘벧엘이라 불렀으니 이는 그 형의 낯을 피할 때에 하나님이 그에게 거기서 나타나셨음이더라』(:6-7)

하나님께 단을 쌓으세요.
예수그리스도를 죽이심으로 우리의 죄를 없이 하신
하나님께 단을 쌓는 겁니다.
예수를 죽음에서 부활시키시면서 우리도 부활할 것을

알려 주신 하나님께 단을 쌓는 거지요.
저 영원한 가나안을 준비해 두신 하나님께 단을 쌓으세요.
그날까지 날마다 구름기둥과 불기둥으로 인도하시는 하나님,
황량한 사막의 길을 가는데도 만나와 생수로 먹이시는 하나님,
악한 자들로부터 보호하시는 하나님께
날마다 단을 쌓으면서 살아가자구요!

야곱의 나이가 100살하고도 열 살을 더 먹은 겁니다. 많이 늙었습니다. 그런데 이 야곱에겐 어머니와 같이 의지하는 사람이 있었답니다. 어머니 리브가의 유모 드보라였습니다. 리브가가 이삭에게 시집가기 전, 리브가가 아주 어렸을 때부터 하란에서 리브가를 키운 여인입니다. 물론 리브가가 이삭에게 시집갈 때 같이 갔지요. 이 드보라는 리브가가 에서와 야곱을 낳을 때 함께 있었던 것은 물론이고 야곱이 리브가의 말을 따라 하란으로 도망하는 때의 사건도 잘 알고 있었던 사람입니다. 그런데 야곱이 하란에서 살 때 어느 날 갑자기 이 드보라가 나타난 겁니다. 브엘세바에서 하란으로 온 겁니다. 다른 이유는 아니었습니다. 리브가가 세상을 떠나면서 고향에 가서 야곱을 돌봐줄 것을 부탁했던 거지요. 그래서 드보라가 야곱과 함께 지냈던 겁니다.

야곱은 어머니의 유모인 이 드보라를 어머니 이상으로 모셨습니다. 자신보다 나이가 60세 이상 많은 170세 가량의 할머니를 극진히 모신 겁니다. 어려울 때마다 드보라 할머니에게 상의를 했고 드보라 할머니에게 위안은 물론 지혜를 얻기도 했었지요. 그런데 그녀가 죽은 겁니다. 야곱의 슬픔이었지요.

야곱은 드보라의 죽음을 가볍게 하지 않았습니다. 아주 경건한 여인으로 후손들에게 남기기 위해 벧엘의 단이 있는 곳 상수리나무 아래에 장사한 겁니다. 그리고는 기념비를 세워 기념케 했지요. 그 기념비되는 나무를 '알론바굿'이라 했답니다. 야곱이 드보라의 죽음 앞에서 통곡을 했다는 말이지요.

『리브가의 유모 드모라가 죽으매 그를 벧엘 아래 상수리나무 밑에 장사하고 그 나무 이름을 알론바굿이라 불렀더라』(:8)

평생을 몸종으로 살았던 여인,
존재한다는 가치를 말하지 않아도 되는 여인이었기에
그녀의 처음 등장 장면에서는 이름을 말하지 않았답니다.
말할 필요가 없었겠죠.
리브가의 유모라고만 했답니다.(24:59)
그런데 그 여인이 죽을 때는 이름이 밝혀집니다.
믿음의 조상 야곱이 통곡하며 울었다고 하는 겁니다.
게다가 그녀의 묘지는 거룩한 하나님의 집이라고 하는
벧엘이고
그녀를 기념하는 나무는 물론 기념하는 이름까지도
지어졌다고 소개하는 겁니다.
얼마나 위대했으면 그렇게 하는 걸까요?
성경은 그녀의 행적을 전혀 말하지 않습니다.
단지 리브가의 유모였다는 것과 그녀가 죽었다는 것뿐이지요.
그러나 분명한 것은 하나님이 그녀를 존귀히 여겼다는 겁니다.

사람들의 입에 화자가 되지는 않았지만
하나님은 그녀를 그냥 두실 수가 없었습니다.
그래서 하나님의 백성들을 위한 책의 한 공간에
그녀의 이름만이라도 기록해놓고 싶으신 거였지요.
하나님을 감동시킨 무명인이랍니다.

천국 가면 이 드보라를 만나보고 싶은 겁니다.
아마 어느 누구보다 하나님 가까이서
하나님을 흐뭇하게 해드리는 주인공일 거라는 생각이 드네요.
우리의 인생,
누가 알아주지 않더라도
혹은 천민 그룹에 속하는 생을 살고 있기에
관심 밖의 삶을 산다 하더라도
하나님에겐 보석과 같이 눈에 띄는 사람이 되어야겠지요.
하나님이 꼭 자랑하고 싶은 드보라같은 사람 말입니다.

8 35:9-15
행복해 하시는 하나님

가족들을 이끌고 벧엘에 이르러 단을 쌓고 제사를 드리는 야곱의 경건한 모습은 사람들은 물론 하늘과 땅을 비롯한 모든 피조물을 숙연하게 만들었습니다. 30년 전의 약속이 이루어지는 아름다움인 겁니다. 지난날 아버지 이삭에게 인사를 드리지도 못하고 두려움으로 밧단아람으로 떠나면서 이곳 벧엘에서 하나님을 만나 하나님의 음성을 들은 후 그 감격에 이곳에 다시 돌아오겠다고 했었는데 이제 그 약속을 이뤄드리는 게 감격이었던 것이지요.

하나님도 감동하셨는가 봅니다. 단을 쌓고 제사를 드리는 야곱에게 축복을 하시는 겁니다.

"야곱, 네 이름이 야곱이다마는 이제부터는 나도 너를 야곱이라 부르지 않을 것이니라. 네 이름을 이스라엘이라 부르리라."

이름을 바꾸시는 하나님의 음성을 들으며 지난날 얍복 나루에서 씨름하던 사람이 했던 말이 생각났습니다.

'전에 얍복 나루에서 이름을 바꾸라고 하던 그 이름과 같지 않은가?'

야곱은 몸을 떨고 있었습니다. 주변에 함께 있는 사람들도 듣고 있는 것 같았습니다.

"야곱, 나는 전능한 하나님이니라. 이제 너는 생육하고 번성할 것이니라. 많은 국민이 네게서 날 것이고 네 자손 가운데 많은 왕들이 날 것이니라. 또한 아브라함과 이삭에게 준 땅을 네게 줄 것이니라."

하나님의 축복의 말씀이었습니다.

어안이 벙벙했습니다. 아무리 정신을 차리려 해도 무언가에 압도되는 것 같은 충격 속에 있는 것 같았고 말씀하시던 하나님이 다시 하늘로 올라가시는 걸 알 수가 있었지요. 야곱은 사람들에게 말했습니다.

"단을 다시 쌓거라. 하나님께서 여기 나타나 내게 말씀하셨느니라."

야곱의 목소리는 분명 큰 이상을 본 것이 분명했습니다. 사람들이 야곱의 명령에 따라 단을 쌓자 그곳에 돌 기둥을 세우고 포도주와 기름을 붓더니 큰 소리로 말하는 겁니다.

"여러분들이여, 이곳은 하나님의 집입니다. 벧엘이에요. 하나님이 계신 곳입니다!"

『야곱이 밧단아람에서 돌아오매 하나님이 다시 야곱에게 나타나사 그에게 복을 주시고 그에게 이르시되 네 이름이 야곱이다마는 네 이름을 다시는 야곱이라 부르지 않겠고 이스라엘이 네 이름이 되리라 하시고 그의 이름을 이스라엘이라 부르시고 그에게 이르시되 나는 전능한 하나님이라 생육하며 번성하라 국민과 많은 국민이 네게서 나고 왕들이 네 허리에서 나오리라 내가 아브라함과 이삭에게 준 땅을 네게 주고 내가 네 후손에게도 그 땅을 주리라 하시고 하나님이 그와 말씀하시던 곳에서 그를 떠나 올라가시는지라 야곱이 하나님의 자기와 말씀하시던 곳에 기둥 곧 돌 기둥을 세우고 그 위에 전제물을 붓고 또 그 위에 기름을 붓고 하나님이 자기와 말씀하시던 곳의 이름을 벧엘이라 불렀더라』(:9-15)

밧단아람을 떠난 야곱을 기뻐하셨답니다.
그곳은 하나님의 사람 야곱이 살 곳이 아니기 때문입니다.
가나안으로 들어온 것을 기뻐하셨답니다.
그곳이 야곱이 머물러야 할 곳이기 때문이지요.
하나님은 벧엘에서의 제사를 행복해 하셨답니다.

야곱이 오래 전 다시 단을 쌓을 것을 약속했던 곳에 돌아와
약속을 지키고 있기 때문입니다.
그걸 보시는 하나님께서 얼마나 좋으셨는지
야곱에게 큰 축복을 하고 계시잖아요.

머물면 안되는 곳이 있습니다.
하나님을 두려워하지도 않고 섬기지도 않는 곳입니다.
두려워하지 말고 그곳을 과감하게 떠나세요.
하나님이 원하시는 거랍니다.
그리스도인은 그리스도 안에만 있어야 하는 겁니다.
그리스도의 이름을 붙들고 살 때
하나님이 좋아하시고 행복해 하신답니다.
그 사람에게 한없는 복을 주고싶어 하신답니다.
하나님을 감동시키는 그리스도인이 되어야겠지요!

⑨ 창 35:16-29
슬픔과 아픔들

라헬이 임신하고 있었습니다만 야곱은 그런 그녀까지도 벧엘 여행에 참여시켰던 겁니다. 벧엘 제사가 그만큼 중요했기 때문에 그런 결정을 한 것이기도 했고 제사를 마치고는 헤브론에 있는 아버지 이삭에게 인사하러 갈 계획이었기 때문입니다. 그렇지만 만삭인 라헬에게 이 긴 여행은 무리였답니다.

남쪽 이삭의 집으로 가기는 했습니다만 라헬의 산고로 인해 여행은 계속될 수가 없었지요.

"라헬, 힘들어도 조금만 기운을 내요."

산파가 라헬의 산고를 도왔습니다만 아기는 나오지를 않고 오히려 고통만 더했습니다.

"라헬, 용기를 내요. 아들이에요. 두려워 말고 힘을 내세요!"

그러나 라헬은 힘이 다했나 봅니다. 힘들게 출산을 하고는 기운을 차리지 못하는 겁니다.

"아들이라구요?"

라헬의 신음이었습니다.

"예, 아들이에요. 아주 예쁜 아들이요."

라헬은 힘없이 눈을 떠 자기가 낳은 아기를 보면서 살포시 웃으며 말을 하는 겁니다.

"내 아들의 이름을 베노니라고 하세요. 베노니..."

"베노니라니 무슨 그런 말을 하세요?"

산파는 라헬이 베노니라고 이름하라는 말을 듣고는 펄쩍 뛰는 겁니다. 그 뜻이 '나의 고통'이기 때문이었지요. 그런데 라헬은 그 이름을 마지막으로 숨을 거두었답니다.

라헬이 아들을 낳고 죽었다는 소식이 이스라엘에게 전해졌습니다.

"주인어른. 라헬이 아들을 낳고 죽었습니다."

이스라엘은 하늘이 무너지는 것 같았습니다만 의연하기 위해 노력을 다하고 있었지요.

"주인어른, 라헬이 죽으면서 아이의 이름을 베노니라 하였습니다."

아이의 이름을 들은 이스라엘이 대답했습니다.

"아니야. 이름은 평생을 따라다니는 게 아닌가. 그러니 베노니라 하지 말고 베냐민이라고 부르게나. 그 녀석은 행운아가 될 걸세. 나의 오른 팔과 같은 자가 될 거란 말이네."

아기를 안은 이스라엘의 얼굴은 슬픔으로 가득차 있는 게 역력했습니다. 백 세가 훨씬 넘은 노인의 슬픔은 보는 사람마다 애처롭게 느껴졌답니다.

"라헬을 이곳에 장사하게나."

아비 집으로 가는 중간쯤의 베들레헴 길에 라헬을 장사하고 묘비를 세우고 다시 길을 떠났습니다. 아비 집으로 가는 이스라엘 마음이 무거웠는지 아니면 쉴 때가 되었기에 그랬는지는 모르지만 에델 망대를 지나 장막을 치고 쉬기로 했답니다.

『그들이 벧엘에서 발행하여 에브랏에 이르기까지 얼마 길을 격한 곳에서 라헬이 임산하여 심히 산고하더니 그가 난산할 즈음에 산파가 또 그에게 이르되 두려워말라 지금 그대가 또 득남하느니라 하매 그가 죽기에 임하여 그 혼이 떠나려 할 때에 아들의 이름은 베노니라 불렀으나 그 아비가 그를 베냐민이라 불렀더라 라헬이 죽으매 에브랏 곧 베들레헴 길에 장사되었고 야곱이 라헬의 묘에 비를 세웠더니 지금까지 라헬의 묘비라 일컫더라 이스라엘이 다시 발행하여 에델 망대를 지나 장막을 쳤더라』(:16-21)

막내의 이름을 바꾸는 아버지,
'베노니'라는 이름을 '베냐민'이라는 이름으로 바꾸라고 합니다.
'괴로움'이라는 이름을 '힘이 됨'이라는 이름으로
바꿔준 것이지요.
야곱은 평생 동안 야곱이라는 이름에 부담을 가졌는가 봅니다.
반면에 이스라엘이라는 이름으로 바뀌고 나서
그 무거운 짐이 벗겨진 것이 아닌가 생각이 듭니다.
자신이 들어도 좋은 이름이기 때문이었겠죠.
우리의 이름이 하나님의 자녀라는 의미로
바뀐 걸 알고 있는지요?
그 이름을 깊이 묵상하고 생각하세요.
용서받은 기쁨, 임마누엘의 감격, 그리고 보장된 미래 때문에
자신만만하고 당당하게 살아가게 되는 거랍니다.

라헬의 죽음으로 가장 마음이 아픈 사람은 그녀를 섬겼던 몸종 빌하였습니다. 빌하가 비록 라헬의 몸종이었지만 주인과 종의 관계가 아닌 형제와 같은

사이였거든요. 라헬이 아이를 낳지 못하고 서러워할 때 빌하와 라헬은 아이를 낳는 일까지도 믿음으로 맡기고 또한 기꺼이 대신 낳아 줄 수 있는 관계였던 겁니다. 그런데 그 사랑하는 라헬이 아이를 낳고 죽자 빌하는 슬픔을 이길 수가 없었답니다.

장막에 거하면서 슬픔을 이기고 몸을 추스르는 이스라엘에게 고통스러운 말이 전해졌습니다. 장자 르우벤이 라헬을 모시던 빌하와 정분을 통했다는 소식이었습니다. 하늘이 무너지는 것 같았답니다. 빌하가 비록 라헬의 몸종이었기는 하지만 그래도 자신의 아이를 낳은 여인인데 맏아들이 그 어머니같은 여인과 정분을 통했다는 말에 기도 차지 않은 겁니다. 르우벤도 빌하도 꼴보기 싫었습니다. 왜 그랬는지 묻고 싶지도 않았습니다. 아들도 빌하도 보고 싶지 않는 겁니다.

『이스라엘이 그 땅에 유할 때에 르우벤이 가서 그 서모 빌하와 통간하매 이스라엘이 이를 들었더라』(:22)

자식들이 속을 썩히고 있습니다.
딸은 멋내기만 좋아하고 세상을 궁금해 하다가 강간을 당하고
아들들은 떼를 지어 사람을 짐승 죽이듯 죽이고
이젠 맏아들이라는 녀석이 아비의 아내를 범하는 겁니다.
자기 자식들이지만 예쁜 구석이 하나도 없는 겁니다.
아예 자식이 없었으면 좋겠다는 생각일 뿐입니다.
우리들의 모습입니다.

디나처럼 안목의 정욕에 충만하여 세상 것만 바라볼 뿐입니다.
아들들처럼 잔인하고 복수심에 불타고 있을 뿐
선한 것이 보이지를 않습니다.
심지어는 도무지 상상할 수 없는 패륜을 저지르는 겁니다.
하나님 아버지께서 이를 듣고 아신다네요.
자식들이라는 게 아버지께 기쁨을 주는 게 아니라
상처받은 가슴에 대못을 박는 일만 하는 겁니다.
그런데 그럼에도 불구하고
하나님의 자식들이라는 겁니다.
그게 변하지 않는 사랑이랍니다.

『야곱의 아들들은 열둘이라 레아의 소생은 야곱의 장자 르우벤과 그 다음 시므온과 레위와 유다와 잇사갈과 스불론이요 라헬의 소생은 요셉과 베냐민이며 라헬의 여종 빌하의 소생은 단과 납달리요 레아의 여종 실바의 소생은 갓과 아셀이니 이들은 야곱의 아들들이요 밧단아람에서 그에게 낳은 자더라』(:22하-26)

야곱의 아들들의 이름이 태어난 순차로 기록된 것이 아니라
낳은 어미에 따라 구분되었습니다.
그것도 본부인에게서 낳은 자식들을 먼저 기록하고
후에 라헬과 빌하와 실바가 낳은 아들들이 기록되어 있습니다.
한 가지 이상한 것은 베냐민은 밧단아람에서 태어난 게 아니라
가나안에서 태어났는데 밧단아람에서 태어난 아들들처럼
기록되었다는 거지요.

⓾ 창 35:27-29
이삭이 죽다

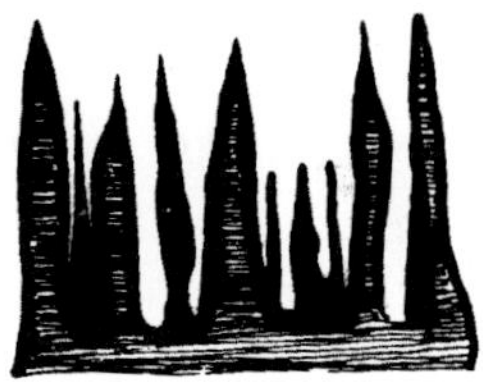

슬픔과 아픔을 가지고 아비 이삭의 집 헤브론에 도착했습니다. 삼십 년 이상 떠났던 집입니다. 이삭에게 인사를 드리면서 많이 울었습니다. 오랜만에 뵈어서 더 그렇지만 집을 떠나기 전부터 병약하여 앞을 보지 못하시던 아버지가 더 많이 약해져 계신 겁니다. 자신의 목소리도 알아듣지 못하는 것 같았습니다. 데리고 온 아내들과 자식들을 소개했지만 알아듣는 건지 못알아 듣는 건지 알 수가 없었지요. 게다가 더 슬픈 건 어머니 리브가가 아버지 옆에 없다는 거였습니다. 이래저래 야곱의 마음은 우울할 뿐입니다.

이삭의 병이 점점 깊어가는 것이 야곱의 마음을 아프게 하고 있었습니다만 요셉의 행동은 슬픔중에 위로가 되었답니다. 아주 착한 겁니다. 다른 아들들은 집안일이 많아서 그렇기도 했습니다만 할아버지 곁에 나타나지도 않았고 들에서만 지냈거든요. 게다가 이미 저지른 일들 때문에 야곱도 아들들이 마음에 들지 않았던 겁니다. 그런데 요셉은 그렇지 않았습니다. 너무 어려서 형들과 어울리지 못하기도 했습니다만 바탕이 착했습니다. 늘 야곱 옆에 있었고 어린 녀석이 나이 많은 이삭 할아버지를 간호하는 일에 적극적이었지요. 야곱은 그런 요셉이 다른 어느 아들들보다 사랑스러웠던 겁니다.

야곱은 요셉이 사랑스러워서 그랬기도 했지만 이삭 곁에 있곤 했기에 가능하면 채색옷을 입혀 잘 보지 못하는 할아버지의 눈에 띄게 하고 싶었습니다. 그런데 이게 다른 형제들에겐 미움을 받는 원인이 되었답니다. 하여간 야곱이 특별히 요셉을 사랑하게 된 겁니다. 그런데 어느 날 아들들이 요셉의 피묻은 채색옷을 가지고 오더니 요셉이 짐승에게 찢겨 죽은 것이 분명하다고 한 겁니다. 그말을 듣고 요셉을 아무리 찾아보았으나 찾을 수가 없었답니다. 야곱은 죽을 것만 같았지요!

아버지 이삭의 죽어가는 모습도 힘이 드는데 요셉까지 짐승에게 찢겨 죽었다는 소식에 야곱은 절망 자체였습니다. 정말 견디기 어려운 시간들이었답니다. 할 수만 있다면 자신도 죽고 싶은 겁니다. 그렇게 지내고 있는데 아버지 이삭이 의식을 잃더니 더 이상 숨을 쉬지 못하고 죽은 겁니다. 180세의 나이였지요. 에서와 야곱은 이삭을 장사하였답니다.

『야곱이 기럇아르바의 마므레로 가서 그 아비 이삭에게 이르렀으니 기럇아르바는 곧 아브라함과 이삭의 우거하던 헤브론이더라 이삭의 나이 일백팔십 세라 이삭이 나이 많고 늙어 기운이 진하매 죽어 자기 열조에게로 돌아가니 그 아들 에서와 야곱이 그를 장사하였더라』(:27–29)

이삭이 죽은 나이가 180세라면
당시 야곱의 나이는 120세입니다.
(이삭이 야곱을 60세에 낳았으니까요.)
그런데 야곱이 애굽에 들어간 나이를 130세라고
기록하고 있는 겁니다.(47:46)
이 130세라는 나이는 요셉이 애굽의 총리가 되고
풍년의 시기 7년이 지난 후와
흉년이 시작된 지 2년이 지난 다음(45:11 참고)이기 때문에
요셉의 나이는 39세인 것이지요.
야곱이 요셉을 낳은 나이는 91세 정도인 겁니다.
그렇다면 요셉이 팔려갈 때(요셉 17세)
야곱의 나이는 108세이고
이삭의 (야곱의 나이에 60년을 더하면 되니깐)
168세인 거구요.
이삭은 요셉이 사라진 후 12년을 더 살았다는 말입니다.
이삭 역시 노년에 손자까지 잃은 슬픔을 경험하고 있네요.

11 창 36:1-8
에서의 가족

야곱과 에서는 쌍둥이입니다. 둘은 나이도 같고 생김도 비슷했습니다. 그러나 삶의 스타일은 전혀 달랐습니다. 야곱은 책임감이 강하고 빈틈이 없는 사람이었지만 에서는 들사람으로 야생마처럼 산 거지요. 이스라엘 민족을 이룬 사람이 야곱이었기에 성경은 야곱의 일대기를 상세히 진술합니다만 에서에 대해서는 아주 적은 이야기만을 기록하고 있습니다. 여기서는 에서가 어떻게 뿌리내렸는지를 소개합니다.

우선은 에서의 아내들을 소개합니다. 에서는 40세에 첫 결혼을 했는데 헷 족속 (브에리의 딸) '유딧'이라는 여인과 (엘론의 딸) '바스맛'을 아내로 맞이한 거지요. 창세기 26장 34절에 기록되어 있습니다. 그의 두 번째 결혼은 창세기 28장 9절에 나오는데 (삼촌 할아버지) 이스마엘의 딸인 '마할랏'(그녀의 오라비는 느바욧입니다)과 이루어집니다.

그런데 본문(36:2)에 기록된 에서의 아내들의 이름은 약간 다릅니다. 헷 족속 엘론의 딸 '아다'와 히위 족속 중 시브온의 딸 (아나의 소생) '오홀리바마'로 소개되고 있는 거지요. 그러나 창세기 28장 9절에 나오는 이스마엘의 딸 '마할렛'과 본문(3절)의 '바스맛'은 아버지의 이름이 똑같기에 같은 사람임이 틀림없습니다.

결론을 먼저 말하자면 창세기 26장 34절의 '유딧'과 '바스맛'이라는 여인들은 본문의 '아다'와 '오홀리바마'의 다른 이름이라는 거지요. 그에 대한 설명은 이렇습니다. 먼저 26장 34절의 '바스맛'과 번문 3절의 '아다'는 같은 사람일 거라는 추측은 그들 부친의 이름이 모두 '엘론'이으로 기록되어 있기 때문입니다.

문제는 창세기 26장 34절의 '유딧'이라는 여인과 본문 3절의 '오홀리바마'가 같은 사람이냐는 겁니다. 재미있는 것은 유딧은 그의 아비 이름(브에리/창26:34)이 소개되어 있는 반면에 오홀리바마는 어미의 이름(시므온의 딸인 '아나')이 나오고 있다는 거지요.

'브에리'라는 말은 '샘의 사람'이라는 뜻입니다. 그리고 '아나'라는 이름의 뜻은 '온천'이라는 의미입니다. 다시 말하면 유딧의 아버지가 온천과 관계가 있고 오홀리바마의 어머니도 온천과 관계가 있는 겁니다. 즉 유딧은 아버지가 오홀리바마는 어머니가 온천과 관계가 있다는 말이지요. 그러므로 추측하는 건 어렵지 않습니다. 두 사람의 부모는 같은 사람이라는 겁니다. 즉 유딧의 다른 이름이 오홀리바마라는 말이지요. 이런 것을 뒷받침해주는 내용이 본문 24절에 있답니다.

『에서 곧 에돔의 대략이 이러하니라 에서가 가나안 여인 중 헷 족속 중 엘론의 딸 아다와 히위 족속 중 시브온의 딸 아나의 소생 오홀리바마를 자기 아내로 취하고 또 이스마엘의 딸 느바욧의 누이 바스맛을 취하였더니』(:1-3)

에서의 아내들을 기록하고 있습니다.
그의 아내는 세 명입니다.
그런데 왜 세 명이냐 하는 겁니다.
야곱이 네 명인 것과는 다릅니다.
야곱은 한 여자를 사랑하고 얻으려고 했습니다만
에서는 의도적으로 세 명을 얻었다는 거지요.
우선 40세에 한 첫 번째 결혼부터 한 여자가 아닌
두 여자와 결혼합니다.
그것도 이방 족속의 딸들과 한 결혼이지요.(창26:34)
두 번째 결혼 역시 바람직한 결혼이 아니었답니다.
사랑이 아닌 홧김에 한 결혼이지요.(창28:8-9)

결혼은 사랑이 전제되어야 합니다.
사랑없는 결혼으로 인한 부부생활은 불행입니다.
성경이 그걸 말합니다.
사람들은 사랑의 가치를 국경도 없다는 말로 표현하잖아요.
그런데 성경은 그걸 변호하지 않습니다.
결혼에 있어서 사랑이 중요한 것이지만
하나님은 테두리를 정해 놓았답니다.
'그리스도 안에서의 결혼이고 사랑'입니다.
한 남자와 한 여자가 사랑하는데 막을 수 있는 게
어디 있겠습니까만
하나님께서도 이걸 아실진대
불신자와의 사랑은 금하고 있는 겁니다.
불신자와의 결혼으로 인해 치룰 대가가
너무도 크기 때문이겠죠.
식지 않을 것 같으나 식을 것이고 변할 것이기에
하시는 말씀입니다.
남녀의 사랑은 인생의 전부가 아니라 한 부분이라는 걸
아시기 때문입니다.
우리의 사랑, 중요하지만 하나님의 계획 안에서
만들어가야 하는 거랍니다.

에서의 아내들은 각각 아들들을 낳았습니다. 아다는 엘리바스를, 바스맛은 르우엘을, 그리고 오홀리바마는 여우스와 얄람과 고라를 낳았지요. 에서가 가나안 땅에 머물면서 낳은 다섯 명의 자녀들이었습니다. 훗날 이들로 인해 큰 민족이 이루어진답니다.

『아다는 엘리바스를 에서에게 낳았고 바스맛은 르우엘을 낳았고 오홀리바마는 여우스와 얄람과 고라를 낳았으니 이들은 에서의 아들이요 가나안 땅에서 그에게 낳은 자더라』(:4-5)

에서는 야곱이 하란으로 떠난 후 이삭 집안의 상속자였습니다만 여전히 집안에만 있는 것이 불편스러웠습니다. 그에게는 집안의 살림을 책임지는 것보다는 들로 나가 사냥을 하며 사람을 모아 땅을 정복하고 호탕스럽게 사는 것이 훨씬 편했던 겁니다. 게다가 아내들이 이삭 집안 가풍을 힘들어 했습니다. 에서의 아비집에서의 생활은 불편 그 자체였지요. 이상하게 아들들도 아버지 에서를 닮았는지 신앙의 삶을 싫어했고 거친 들사람으로 사는 걸 좋아했답니다. 그렇다고 늙고 병든 이삭을 떠날 수는 없었습니다. 이삭에게 아들은 자기뿐이었거든요. 마음이 여린 에서는 힘들어도 아버지 곁에 머무르고 있었던 겁니다.

그런데 야곱이 돌아온 거지요. 그것도 여러 아내들과 많은 자식들, 그리고 짐승까지도 가지고 돌아온 거였습니다. 에서는 야곱이 자신과는 다른 걸 알고 있었습니다. 책임감도 강하고 머리도 좋으며 지혜롭다는 걸 알고 있었던 거지요. 이참에 아버지에게 말씀드려서 자신은 들로 나가 살고 싶었지요. 가족들도 그걸 바라는 것 같았구요. 사실 자신이 생각해도 장남 역할은 야곱이 훨씬 잘

할 것 같았습니다. 오래전, 어쨌든지 간에 장자 명분도 야곱에게 넘겼구요. 장자라고 해야 아버지로부터 재산 상속을 받는 것 이상의 의미도 없는 것 같고, 재산이라고 해야 자신도 꽤 가지고 있는데 굳이 명분뿐인 장자라는 것 때문에 아비 집에 머무르고 싶지 않았지요. 그래서 집안 일은 야곱에게 맡기고 자기는 그 동안 이뤄놓은 세일이라는 산으로 가서 자기만의 삶을 살기로 마음을 먹었답니다. 게다가 야곱이 몰고 온 짐승들도 적지 않은터라 같이 있으면 서로 불편할 것이 뻔했기에 이런저런 핑계로 떠날 것을 결심한 겁니다.

『에서가 자기 아내들과 자기 자녀들과 자기 집의 모든 사람과 자기의 가축과 자기 모든 짐승과 자기가 가나안 땅에서 얻은 모든 재물을 이끌고 그 동생 야곱을 떠나 타처로 갔으니 두 사람의 소유가 풍부하여 함께 거할 수 없음이니라 그들의 우거한 땅이 그들의 가축으로 인하여 그들을 용납할 수 없었더라』(:6-8)

에서가 가나안을 떠납니다.
야곱에게 그 땅을 양보하는 너그러운 사람같지만
그렇지 않습니다.
그는 야곱이 오기 전에 세일이라는 곳을
확보해놓고 있었습니다.
그가 준비한 자신의 터전이었습니다.
그가 이삭이 있는 가나안 땅에 있었던 것은
할 수 없어서 있었던 것이지
그땅이 하나님께서 약속하신 땅이기 때문이 아니었던 겁니다.

그러다가 야곱이 오니 야곱에게 다른 곳으로 가라고
하는 것이 아니라
스스로가 미련없이 떠나는 겁니다.
스스로 준비했던 곳, 세일로 말입니다.
그에게는 하나님의 약속의 땅보단 자신이 만든 곳이
더 좋았던 거지요.

당신의 관심은 영적인 건가요 아니면 육적인 건가요?
가나안 땅인가요 아니면 가나안 밖인가요?
우리 시대뿐 아니라 오래 전부터 사람들의 마음 속에
갈등을 준 질문입니다.
대답은 단순합니다.
가나안 땅입니다.
하나님의 약속의 땅이기 때문이고
하나님의 숨결이 있는 땅이기 때문이지요.
가나안이 구속의 땅인 것 같으나 참된 자유는
그곳에만 있을 뿐이랍니다.
가나안이 좁은 땅 같으나 그곳에만 모든 것이 있답니다.
가나안은 간섭의 땅 같지만 그곳에만 안전이 있지요.
가나안을 떠나지 말아야 합니다.
그리스도 안에서의 삶을 살아야 하는 거랍니다.

⓬ 창 36:9-43

에돔 족속을 만드는 열 두 이름

세일 산으로 터전을 옮긴 에서와 그의 아들들은 자녀들을 낳으면서 번성하고 있었습니다. 우선은 엘리바스가 다섯 명의 아들들을 낳은 겁니다. 데만, 오말, 스보, 가담, 그나스였고 딤나라고 하는 첩을 얻어 그녀에게서도 아들을 낳았는데 아말렉이었습니다. 르우엘도 아들들을 넷이나 낳았습니다. 나핫, 세라, 삼마, 미사였습니다. 에서에게 손주들이 많이 생겼던 거지요.

에서에게 손주들이 많이 생기기도 했습니다만 아내 오홀리바마를 통해서는 또 다른 아들들이 생겼답니다. 여우스, 얄람, 고라였습니다.

『세일 산에 거한 에돔 족속의 조상 에서의 대략이 이러하고 그 자손의 이름은 이러하니라 에서의 아내 아다의 아들은 엘리바스요 에서의 아내 바스맛의 아들은 르우엘이며 엘리바스의 아들들은 데만과 오말과 스보와 가담과 그나스요 에서의 아들 엘리바스의 첩 딤나는 아말렉을 엘리바스에게 낳았으며 이들은 에서의 아내 아다의 자손이며 르우엘의 아들들은 나핫과 세라와 삼마와 미사니 이들은 에서의 아내 바스맛의 자손이며 시브온의 손녀 아나의 딸 에서의 아내 오홀리바마의 아들들은 이러하니 그가 여우스와 얄람과 고라를 에서에게 낳으니라』(:9-14)

본문은 에서의 자손을 열 셋으로 분류합니다. 그 중에 아말렉을 첩 딤나의 아들이라고 하면서 아말렉을 떼어내는 작업을 한답니다. 즉 에서의 번식 역시 열 두 아들들로 이루어졌다는 걸 말하고 있는 거지요. 성경의 기록을 보면 아말렉이 에서의 아들임에도 불구하고 에돔 족속과는 차이를 두고 있는 걸 발견하게 된답니다.

에서의 자손들이 중심이 되어 에돔 부족의 족장들이 형성되었습니다. 에서의 손자들 가운데 데만과 오발, 스보, 그나스, 고라, 가담, 아말렉이 족장이었고 (이들은 아다가 낳은 엘리바스의 자손들이었습니다.) 나핫, 세라, 삼마, 미사가 족장이 되었습니다.(이들은 르우엘의 자손들이었습니다.) 오홀리바마의 아들들도 족장이 되었는데 여우스, 얄람, 고라 등이었죠.

『에서 자손 중 족장은 이러하니라 에서의 장자 엘리바스의 자손에는 데만 족장, 오발 족장, 스보 족장, 그나스 족장과 고라 족장, 가담 족장, 아말렉 족장이니 이들은 에돔 땅에 있는 엘리바스로 말미암아 나온 족장들이요 이들은 아다의 자손이며 에서의 아들 르우엘의 자손에는 나핫 족장, 세라 족장, 삼마 족장, 미사 족장이니 이들은 에돔 땅에 있는 르우엘로 말미암아 나온 족장들이요 이들은 에서의 아내 바스맛의 자손이며 에서의 아내 오홀리바마의 아들들은 여우스 족장, 얄람 족장, 고라 족장이니 이들은 아나의 딸이요 에서의 아내인 오홀리바마로 말미암아 나온 족장들이라에서 곧 에돔의 자손으로서 족장된 자들이 이러하였더라』(:15-19)

에 서

	엘리바스의 아들들	르우엘의 아들들	(아내)오홀리바마의 아들들
족장된 손자들	데만 족장 오발 족장 스보 족장 그나스 족장 고라 족장 가담 족장 아말렉 족장	나핫 족장 세라 족장 삼마 족장 미사 족장	여우스 족장 얄람 족장 고라 족장

에돔 족속이 거하는 땅에는 원래 호리 족속이 거주하고 있었던 지역입니다. 그런데 에서과 그의 사람들이 끼어든 거지요. 이 호리 족속 역시 대단한 족속이었답니다. 이들이 거하는 땅을 '세일'이라고 부르는 것은 호리 족속을 형성한 우두머리가 세일이었기 때문이랍니다.

이 세일로 인한 족장들 역시 대단했습니다. 그게 성경에 기록되어 있답니다. 그 내용은 다음과 같이 일목요연하게 정리가 됩니다.

세 일

	로단	소발	시브온	아나	디손	에셀	다산
족장들	로단	소발	시브온	아나	디손	에셀	다산
딤나 로단의 누이	로리 헤맘	알완 마나핫 에발 스보 오남	아야 아나	디손 오홀리바마	헴담 에스반 이드란 그란	빌한 사이완 아간	우스 아란

『그 땅의 원거인 호리 족속에게 세일의 자손은 로단과 소발과 시브온과 아나와 디손과 에셀과 디산이니 이들은 에돔 땅에 있는 세일의 자손 중 호리 족속으로 말미암아 나온 족장들이요 로단의 자녀는 로리와 헤맘과 로단의 누이 딤나요 소발의 자녀는 알완과 마나핫과 에발과 스보와 오남이요 시브온의 자녀는 아야와 아나며 그 아비 시브온은 나귀를 칠 때에 광야에서 온천을 발견하였고 아나의 자녀는 디손과 오홀리바마니 오홀리바마는 아나의 딸이며 디손의 자손은 헴담과 에스반과 이드란과 그란이요 에셀의 자녀는 빌한과 사아완과 아간이요 다산의 자녀는 우스와 아란이니 호리 족속의 족장들은 곧 로단 족장, 소발 족장, 시브온 족장, 아나 족장, 디손 족장, 에셀 족장, 다산 족장이라 이들은 그 구역을 따라 세일 땅에 있는 호리 족속으로 말미암아 나온 족장들이었더라』(:20-30)

여기에서 에서의 아내였던 오홀리바마가 세일의 자손이었던 것을 발견하게 됩니다. 아나의 딸인 거지요. 이말은 에서는 이방 족속과 깊이 연루되어 생활하고 있었다는 걸 알려주는 거랍니다.

우스(28절)라는 이름이 나옵니다. 주석가들은 이 우스가 욥이 살던 우스 땅의 기원이 된 사람이 아닌가 하는 의견을 내놓는답니다.

에서는 물론 그의 자손들이 호리 족속과
깊이 섞인 것을 말하고 있네요.
에서를 비롯한 그의 자손들은 가나안에는 관심이 없었답니다.
스스로의 왕국을 만들고 스스로가 영원히
살 수 있을 것이라는 생각으로
땅을 정복하고 또 강한 부족과 하나가 되어
세력을 구축한 것이지요.
그러나 자신들의 생각과 계획대로 되지 않는 것이
인생이랍니다.
아주 강한 부족을 형성한 것 같으니
모래 위에 지은 집이었답니다.
우리도 배워야지요.
우리의 생각, 지식, 그리고 계산을 다 동원해서
자신의 삶을 구축하면 잘 될 것 같을 겁니다.
물론 어느 정도는 그럴 수 있습니다.
그러나 하나님이 정해 주신 그늘 아래 있는 자는 영원하지만
스스로가 만든 힘은 곧 무너지는 법이랍니다.

에서가 세운 부족은 점점 커졌습니다. 이젠 부족들을 통합하는 지도자가 필요했답니다. 그래서 전 부족을 대표하는 한 사람을 왕으로 추대했지요.

제일 먼저 왕이 된 사람은 브올의 아들 '벨라'였습니다. 그는 이미 단하바라는 큰 성을 가지고 있었고 에돔의 어느 부족들보다 막강한 힘을 가지고 있었던 터에 첫 왕이 된 겁니다. 그가 죽자 그의 뒤를 이은 왕은 '요밥'이라는 사람이었는데 보스라 사람 세라의 아들이었습니다. 그러나 그는 자신의 성은 없었답니다. 세 번째 왕은 데만 족속을 다스리던 '후삼'이라는 사람이 왕이 되었지요. 그가 죽은 다음은 '하닷'이라는 사람이 왕이 되었는데 모압에서 사람들을 다스리고 있었던 사람이랍니다. 그는 자기 족속을 괴롭히던 미디안 족속을 초토화시킨 영웅이었답니다. 그도 아윗이라는 성을 가지고 있었습니다.

하닷이 죽자 다섯 번째 왕이 된 사람은 마스레가 출신 '삼라'였고 그가 죽은 다음에는 유브라데에서 살던 르호봇 출신 '사울'이 왕이 되었답니다. 그 다음은 '바알하난'이 왕이 되었고 그가 죽자 '하달'이 왕이 되었지요. 하달 역시 자체 성을 가지고 있었는데 성 이름은 바우였답니다. 그의 아내는 브헤메달이라는 여자였습니다.

『이스라엘 자손을 다스리는 왕이 있기 전에 에돔 땅을 다스리는 왕이 이러하니라 브올의 아들 벨라가 에돔의 왕이 되었으니 그 동성의 이름은 단하바며 벨라가 죽고 보스라 사람 세라의 아들 요밥이 그를 대신하여 왕이 되고 요밥이 죽고 데만 족속의 땅의 후삼이 그를 대신하여 왕이 되고 후삼이 죽고 브닷의 아들 곧 모압 들에서 미디안 족속을 친 하닷이 그를 대신하여 왕이 되니 그 도성 이름은 아윗이며 하닷이 죽고 마스레의 삼라가 그를 대신하여 왕이 되고 삼라가 죽고 유브라데 하숫가 르호봇의 사울이 그를 대신하여 왕이 되고 사울이 죽고 악볼의 아들 바알하난이 그를 대신하여 왕이 되고 악볼의 아들 바알하난이 죽고 하달이 그를 대신하여 왕이 되니 그 도성 이름은 바우며 그 처의 이름은 브헤다벨이니 마드렛의 딸이요 메사합의 손녀더라』(:31-39)

에돔 부족을 다스렸던 왕들의 이름입니다.
모두 여덟 명의 왕이 소개되고 있습니다.
그 중에 세 명은 자신 소유의 성을 가지고 있었고
나머지 왕들은 자기 소유의 성이 없었던 것 같습니다.
이 기록을 보면 당시의 왕은 세습이 아니라
유능한 사람을 선택해서 왕으로 추대한 것처럼 보입니다.
모세 오경의 배경을 B.C. 1450년대로 본다면
이 이야기는 그보다 약 400여년 앞선 B.C. 1850년에서부터 아닌가 하는 생각입니다.

하나님 없는 사람들, 스스로 힘을 구축하는 사람들은
사람을 그 중심으로 만든답니다.
그 사람을 중심으로 생각하고 일을 하며
그 사람에게 복종하여 흩어지지 않으려고 하는 거지요.

그래서 왕을 세우는 거랍니다.
그리스도인은 그렇지 않습니다.
그리스도인은 생각도 일하는 것도 모두
주님에게 집중해서 한답니다.
사람을 의지하지 않고 주님을 의지하지요.
사람인 왕은 강한 힘을 만들기 위해 사람들을 구속하지만
참된 왕이신 예수 그리스도는
우리에게 자유를 주신답니다.
"진리를 알지니 진리가 너희를 자유케 하리라" 하셨답니다.

에돔 족속의 족장들이 자신의 부족을 데리고 산 곳의 이름을 족장 이름에 따라 지었지요. 딤나가 족장으로 있던 땅은 '딤나'라고 했고 알와가 다스리던 땅은 '알와'라고 했습니다. 여뎃, 오홀리바마, 엘라 등 모두 마찬가지였답니다. 그밖에 비논, 그나스, 데만, 밉살, 막디엘, 이람 등이 에돔 사람들이 흩어져서 거하던 땅의 이름이었지요.

『에서에게서 나온 족장들의 이름은 그 종족과 거처와 이름대로 이러하니 딤나 족장, 알와 족장, 여뎃 족장, 오홀리바마 족장, 엘라 족장, 비논 족장, 그나스 족장, 데만 족장, 밉살 족장, 막디엘 족장, 이람 족장이라 이들은 그 구역과 거처를 따른 에돔 족장들이며 에돔 족장의 조상은 에서더라』(:40-43)

여기에 기록된 이름들이 위에서 보았던 그 이름들이기에 반복적으로 기록되었다고 생각을 합니다만 그렇지 않습니다. 여기의 기록은 지명을 기록한 거랍니다. 당시의 지명은 초창기 족장의 이름을 그대로 지명으로 했거나 특별

페르시아 땅에서 식민지로 지내던 이스라엘 사람들에게

모세 오경이 읽혀지고 있었습니다.
야곱의 이야기를 들으면서 자신들의 정체성을 발견하기도 했습니다만
에서에 관한 이야기를 들으면서는
가나안에는 관심조차 없었던 자신들을 발견하는 겁니다.
오히려 스스로 견고해지기 위해 이방 민족과 섞이면서까지
분주하게 노력했던 걸 알게 된 거지요.
그럼에도 불구하고 하나님 없이는 무너질 수밖에 없다는 걸 배웠답니다.
주변에 에돔 족속이라는 게 아주 없거든요.
그러나 자신들에겐 하나님이 계신다는 믿음과 더불어
하나님이 도우실 민족이라는 걸 확신하게 하고 있었겠지요.
그러면서 다짐하지 않았을까요?
'하나님만을 의지해야 한다'라고.

에필로그_01

가족과 떨어져 있었던 때가 있었습니다.

오랜 기간 떨어져 있었던 것은 아니지만 결혼 초기에 떨어져 있었기에 아주 많이 보고 싶고 힘들었었던 기억이 납니다. 떨어져 있었던 이유는 제가 미국에 유학하기 위해 혼자 온 것 때문이었습니다. 약 4개월 정도 떨어져 있었지요. (겨우 4개월 떨어져 있었던 걸로 힘들다는 표현을 하는 것을 우습다고 하실 분도 있겠지만 신혼 때는 그런 겁니다.) 미국에도 한국 사람이 많았습니다. 교회도 한국 교회를 출석했습니다만 늘 머릿속에는 가족에 대한 그리움으로 가득 차 있었답니다.

어느 날 나이 어린 친구들이 미국 캘리포니아의 산타모니카 해변(Santa Monica Beach)을 데리고 갔습니다. 듣던대로 정말 아름다운 해변이었습니다. 바다 물도 얼마나 깨끗했는지요. 구름 한점 없는 하늘에는 갈매기들이 춤을 추고 있었고 바다에는 배를 타는 사람, 수영하는 사람, 그리고 아이들과 연인들의 모습이 아름다웠답니다. 해변을 끼고 있는 자전거 전용 도로에서는 자전거 타는 사람은 물론 스케이트를 타는 사람도 많이 보였지요. 영화에서만 볼 수 있었던 해변에서 배구하는 모습도 눈에 들어왔답니다.

점심 때가 되어 점심을 먹기 위해 해변에 있는 식당을 들어갔습니다. 식당도 아름다웠습니다. 사람들은 생기가 있었고 음식 냄새는 사람을 흥분시키기에 부족함이 없었습니다. 그런데 저를 놀라게 한 것은 다른 것이 아니라 식탁에 놓여 있던 네프킨(Napkin)이었습니다. 정말 예뻤습니다. 아주 컸구요. 그렇게 예쁘고 아름답고 품위있는 네프킨을 한국에 있을 때는 본 적이 없었답니다. 아마 네프킨 값만해도 웬만한 손수건 값 정도 될 거라는 생각을 했을 정도였으니까요. 게다가 얼마나 두꺼웠는지 잘 찢어지지도 않는 겁니다.

종업원에게 한 장을 더 달라고 했습니다. 음식 먹을 때 필요해서가 아니라 한국에 있는 아내에게 보내고 싶어서 그랬답니다. 그 당시는 아내에게 편지를 쓰곤 했는데 네프킨 위에다가 편지를 써서 아내에게 보내고 싶어서 그런 거였지요. 이렇게 예쁜 네프킨에 편지를 써서 보내면 아내가 분명 특별한 감동을 받을 것이라고 생각했기 때문이거든요!

예쁜 네프킨에다가 편지를 썼습니다. (네프킨 사이즈는 가로 세로 50cm는 족히 되었습니다.) 작지 않은 네프킨이었기에 하루에 쓸 수 있는 글이 아니었습니다. 글자도 아주 작게 썼답니다. 지금 컴퓨터의 폰트로 한다면 10 정도의 크기보다 작게 썼지요. 그러니 얼마나 힘든 작업을 했겠습니까? 글의 내용도 다양했습니다. 모두가 사랑한다는 말을 표현하는 내용이었지만 정말 다양한 사건을 다양하게 표현했답니다. 어느 때는 갈매기 이야기였고 어느 때는 모래를 걷는 이야기, 어느 때는 배를 타는 사람들의 이야기였습니다. 어떤 부분은 자전거 타는 이야기였고 어느 부분은 음식을 먹는 이야기였습니다. 잠자는 이야기, 공부하는 이야기, 영화 본 이야기, 운동한 이야기, 교회 간 이야기, 몸이 아픈 이야기, 약을 사먹은 이야기, 프리웨이(고속도로) 이야기, 장난감 집 이야기... 정말 다양한 이야기로 네프킨을 채웠답니다. 하루에 한 가지나 두 가지씩.

큰 네프킨에 작은 글씨, 그리고 다양한 내용들은 아내에게 감동을 주기에 충분했습니다. 그런데 거기서 그치질 않고 나는 또 다른 감동 작품을 만들었답니다. 글이 써있는 네프킨을 펼치면 한눈에 아내의 이름과 사랑한다는 말이 드러나도록 글자에 색을 넣은 겁니다. 정말 대단한 공을 들었답니다!

네프킨에 쓰여진 편지를 아주 조심스럽게 포장했답니다. 우체국에 가서도 결코 분실될 수 없는 우편을 사서 한국에 있는 아내에게 전달되게 했답니다. 정말 분실되면 안 되는 거였거든요! 편지를 보내고서도 제대로 갔을까 하면서 얼마나 마음을 조렸는지 모릅니다. 아내가 그 편지를 받으면 얼마나 좋아하고 행복해할까 하는 생각으로 가득 찼습니다. 우선은 평생 처음 보는 아름답고 예쁜 네프킨에 놀랄 것이 분명했습니다. 그 위에 깨알같은 글씨를 보면서도 분명 놀랄 겁니다. 아니 네프킨을 펼치자마자 한눈에 들어오는 색깔 글씨에 감동할 것이 분명했답니다. 나는 아내가 감동하는 모습을 보면서 행복해하고 있었답니다.

아내는 네프킨에 쓴 특별한 편지를 펼칠 때부터 엄청 감동했습니다. 우체부에게서 편지를 받는 것도 사랑을 받은 겁니다. 편지 봉투에도 사랑이 묻어있음을 느꼈지요. 편지 봉투를 조심스럽게 뜯어 글이 네프킨에 쓰여진 거라는 것에 남다른 사랑을 느꼈답니다. 네프킨을 만질 때는 나의 사랑을 만지는 거였습니다. 그걸 펼치는 순간 또 다른 감동을 했을 겁니다. 그 안에 색깔로 크게 적혀진 사랑한다는 말에도 감동을 했을 것이지요. 내용을 읽기도 전에 이미 사랑을 느끼고 사랑에 감동을 하고 있었답니다. 그런데 잊을 수 없고 잊혀지지도 않는 것은 작은 글씨들이었답니다. 아내는 그 큰 네프킨에 적힌 깨알같은 글씨들을 하나도 빼놓지 않고 읽은 겁니다. 한번만 읽지 않았습니다. 대충 읽지도 않았습니다. 생각하고 또 생각하며 읽었답니다.

네프킨에 쓰여진 글은 문법적으로 맞지 않는 글이었습니다. 맞춤법도 많이 틀렸고 띄어쓰기도 엉망이었습니다. 앞의 내용과 뒤의 내용이 연결이 안 되는 것이 한두 군데가 아니었습니다. 논리도 없었습니다. 게다가 내용도 왜 그리 길었는지 모릅니다.

제 아내는 대학을 다닐 때 문학을 전공한 문학도였습니다. 글에 대해서는 까다로운 사람입니다. 그런데 그런 제 아내에게 제가 보낸 엉망의 문체는 하나도 중요하지도 않았고 흠이 되지 않았답니다. 마냥 좋은 겁니다. 그리고 맞지 않는 문법과 맞춤법, 엉망인 띄어쓰기, 연결 안 되는 논리성과 앞뒤 문맥이었습니다만 남의 글에는 그리도 까다로운 아내였지만 제가 보낸 졸작의 글에는 이런 것이 눈에 들어오질 않았습니다. 전혀, 아무런 문제가 되질 않는 겁니다. 아니 그런 것이 발견되면 의미가 있을 거라고 하면서 더 깊게 생각하더라는 겁니다. 사랑 때문이었습니다. 자기에게 글을 보낸 사람의 마음을 알고 있기 때문이었습니다.

성경, 하나님께서 당신의 형상대로 만들어 눈에 넣어도 아프지 않은 사랑의 대상인 사람에게 보낸 편지랍니다. 아주 긴 내용입니다. 작은 글씨입니다. 복잡하답니다. 어느 경우는 논리를 찾기가 힘듭니다. 앞뒤가 연결되지 않는 부분이 발견됩니다. 그런데 그분이 보낸 성경의 내용은 하나랍니다. 사랑입니다. 한 가지 주제입니다. '내가 너를 사랑한다!'는 거지요!

제가 아내에게 네프킨이라는 멋진 종이(?)에, 작은 글씨로, 색깔을 넣으면서, 가장 안전한 우편을 통해 편지를 보냈는데 제 아내가 전부 읽어 보았을까 하는 의심을 하지 않았습니다. 분명히 읽을 것이라고 믿었답니다. 아내는 나를 사랑하니까요.

하나님께서 천 년 하고도 수백 년 동안 수십 명의 사람들을 감동시키셔서 나를 향한 사랑의 글을 쓰시고 지금 나의 손에 전해지게 하신 편지, 그것을 설마 내가 읽지 않을 것이라고 생각하지 않으시겠구나 하는 생각을 한 겁니다. 반드시 읽고 또 읽고 의미를 생각하고 감동하고 있을 거라고 생각하실 거라는 생각이 든 겁니다. 내가 늘 말하는 것처럼 나는 하나님을 사랑한다고 말하는 사람이니까요!

내 아내가 나의 편지를 그리도 좋아하면서 읽고 또 읽는데 난 하나님의 편지인 성경을 왜 그리 읽지 않았는가 하는 생각이 들었습니다. 나는 하나님을 사랑하고 하나님께서 나를 사랑하심을 믿는다고 하면서도 하나님이 보내신 사랑의 편지인 성경을 너무 소홀히 대하더라는 거였지요. 제 아내는 제가 보낸 네프킨 편지를 귀하게 여기고 시간날 때마다 펼쳐보고 그 안에 적힌 이야기를 평생을 하고 있는데, 아이들 앞에서도 자랑하고 있는데 나는 내가 사랑하는 하나님께서 보낸 글을 성경을 자랑하지도 않고 읽지도 않고 내용도 모르고 있더라는 겁니다.

하나님 앞에 설 날이 가까워 오고 있는데... 얼마 후에 그분 앞에 섰을 때 하나님께서 "내가 보낸 사랑의 편지를 잘 읽어 보았니?"라고 묻는다면 뭐라고 대답할 것인지 막막한 겁니다. 열심히 일했다 하더라도, 크고 위대한 일을 했다 하더라도 그런 것으로 하나님의 마음에 기쁨을 드리지 못할 것 같았습니다. 하나님 앞에서 "당신께서 보내신 편지, 너무 감동이었습니다."라고 할 때 편지를 보내신 하나님의 마음이 흐뭇하시지 않으실까 하는 생각이 드네요.

제 아내를 몇 달 만에 만났을 때 제가 보낸 편지가 고마웠다고 말하더라구요. 그리고는 이내 이런 내용, 저런 내용을 소상히 말할 땐 얼마나 행복하고 기뻤는지 모릅니다. 저를 기쁘게 하기 위해 돈 벌어 놓았다는 말도 중요하지 않습니다. 저를 위해 요리를 배웠다는 것도 고맙긴 하지만 우선이 아닙니다. 저를 위해... 저를 위해... 어떤 것도 중요하지 않습니다. 저를 기쁘게 하는 건, 제가 기대하는 건 제 마음을 알고 제가 그리도 정성들여 쓴 편지를 읽었느냐 하는 거였답니다. 하나님께서도 그러시겠구나 하는 생각 들었답니다. 아니 분명 하나님도 그러실 겁니다.

성경을 읽었습니다. 빨간 줄 그으면서 읽었습니다. 파란 색연필로 네모를 치면서 읽었습니다. 노란 색으로, 초록색으로, 분홍색으로 이런 표시 저런 표시 하면서 읽고 또 읽었습니다. 나만이 아는 색깔 표시랍니다. 아니 하나님과 나 둘만이 아는 표시입니다. 이해가 안 되는 부분도 무척 많았습니다. 그래도 그 속에 숨겨진 속사랑이 분명 있을 거라는 생각으로 읽었습니다. 앞뒤가 연결되지 않는 어색한 부분도 있었습니다만 그 연결은 다른 곳에 분명 숨어있을 거라는 확신으로 읽었답니다. 어느 경우는 속상한 글도 있었고 어느 경우는 감동스런 글도 있었습니다.

사랑에 감동해서 빨간 표시한 겁니다. 지은 죄 용서받은 은혜에 파랑색 표시했습니다. 지은 죄 생각하며 하나님 마음 아프게 한 걸 생각하며 노란색 표시했습니다. 하나님 섬기는 일을 발견하고 고동색 표시했답니다. 하나님 하시는 일을 발견하고는 초록색 표시 했답니다. 천국을 생각하고는 보라색 표시 했구요.

여기저기 하나님 사랑이 쓰여 있기에 자꾸만 읽고 또 읽는 거랍니다. 전에는 몰랐는데 하나님의 사랑이 묻어 있는 걸 알겠더라는 거지요. 전에는 희미하게 알던 사랑이 이젠 확실해지는 겁니다. 읽을수록 재미있네요. 지루하지도 않는 겁니다. 이해 못해 짜증난 것도 없습니다. 너무 길다고 속상한 적도 없습니다. 읽으면 좋은 겁니다. 읽으면 힘이 나는 겁니다. 읽다가 눈물이 나서 성경책에 떨어지면 성경책이 상할까봐 얼른 닦고 또 읽었답니다. 하나님이 보낸 편지잖아요!

누군가가 사람은 사랑으로 산다고 했던가요? 사랑은 생명력이 있다는 말이겠죠. 그래서 사랑은 지친 사람을 일으켜 세워 주는 힘이 있고, 살 용기를 불어 넣어 주며 살 이유를 주는 것이겠죠. 그 생명력 있는 사랑이 성경에 있는 겁니다. 전에는 사람에게 사랑 찾아 힘을 얻어 보려고 했었답니다. 그것도 중요하지만 오래 지속되지는 못했는데 성경을 읽으니 그 안에 하나님의 사랑이 기름처럼 흐르고 있는 겁니다. 오늘도 그 사랑으로 인생을 지탱하면서 살아간답니다.

그리도 오래 교회에 다녔는데 성경을 잘 모르는 게 부끄러운 겁니다. 껍데기는 아주 괜찮은(?) 교인인데 속에는 성경이 없으니 속빈 강정이랍니다. 성경을 모르니 교회 다니는 재미(?)를 알 턱이 없는 겁니다. 그냥 종교 생활을 한 거였죠. 이제 발견한 겁니다. 은혜지요. 그래서 이젠 허울좋은 교인이 아니라 겉모습은 초라해도 속은 성경으로 가득 채우다가 주님 앞에 가서 보여 드리고 싶네요. 오늘도 그 마음으로 내게 보내 주신 사랑의 편지를 펼칩니다. 가슴이 뛰네요!

에필로그 _02

교회가 좋았습니다. 어려서부터 교회에서 자랐고 교회에서의 생활에 익숙했습니다. 게다가 할아버지도 부모님도 내가 목사가 되기를 원하신다는 말씀을 많이 하셨고, 나 역시 거부하지 않았습니다. 그렇게 목사가 된 사람입니다.

신학대학 생활... 만족스럽진 않았습니다만 그래도 목사가 되려면 거쳐야 하는 과정이기에 꾹 참고 견뎌냈습니다. 대학원도 다녀야 한다기에 그렇게도 했습니다. 한번은 목사가 하기 싫은 적도 있었습니다. 아니 어려서부터 목사가 안 된다면... 하면서 나름대로 하고 싶은 일을 생각해보기도 했었죠. 꼭 두 가지를 하고 싶었는데 그 중 하나는 정치였습니다. 정치가 뭔지 알아서 그랬던 것 같지는 않습니다. 어린 시절 선생님으로부터 들었던 훌륭한 인물들 중에는 항상 정치가들이 많았기 때문이었겠죠. 하여간 정치를 하고 싶다는 마음은 오래갔고 또 정치가로서 활동하는 제 모습을 그려보기도 했답니다. 하고 싶었던 또다른 일은 자동차를 정비하는 일이랍니다. 이상하지요? 정치와 자동차 정비는 어울리지 않는데 말입니다. 하여간 자동차 밑에 들어가 온몸에 기름때를 묻히며 일하는 모습이 멋있어 보였고 정밀하게 일하는 아저씨가 멋있어 보였답니다. 그런 나의 모습을 그려보기도 했답니다. 그런데 정치가 근처에 가보지도 못했고 자동차 정비사 옆에도 가보지 못했답니다. 그런 것과는 전혀 상관없는 목사가 되었답니다.

신학대학을 졸업했지만 전도사로 사역하지 못했습니다. 제법 오래되고 큰 교회에 출석하였는데 워낙 재주가 없으니 담임 목사님으로부터 전도사로 추천 받지 못했던 것 같습니다. 친구들은 학교 다닐 때부터 전도사로 열심히 일하면서 교회에서 사례금도 받았지만, 제게는 졸업한 후에도 그런 기회가 주어지지 않았답니다. 전도사로 사역하지 못하는 게 억울하진 않았습니다. 단지 걱정거리였을 뿐입니다. 여기엔 이유가 있었습니다.

저는 군목 후보생이었는데 군목으로 가려면 3년 간의 전도사 경력이 필요했습니다. 그런데 그 경력을 쌓을 교회가 없어서 속이 많이 상했답니다. 결국은 어떤 작은 개척 교회에 평신도라고 하면서 목사님을 속이고(?) 다녔습니다. '몇 년 다니고 난 후에 나의 불쌍한(?) 처지를 말씀드리면 목사님도 이해해 주시지 않을까?' 하는 기대로 그런 짓을 했습니다. 그러나 결국 그 교회에서 오래 있질 못했습니다. 2년 있었나 봅니다. 그러고는 교인이 대여섯 가정 정도밖에 안 되는 더 작은 교회로 갔습니다. 그 교회에서는 목사님께 솔직히 말씀드렸습니다. 그랬더니 흔쾌히 도와주시겠다고 하더라구요. 무척 고마웠답니다. 군목으로 갈 수 있는 길이 열렸기 때문입니다. 그렇게 비참한(?) 시간들을 보냈답니다. 신학교 졸업 후 3년을.

군목으로 가는 일은 조금 찜찜했습니다. 첫째는 자신감이 없었고, 둘째는 아직도 사명감이 없었기 때문이었습니다. 친구들은 사명, 사명하면서 의지가 대단한데 난 그렇지가 않았습니다. 솔직히 군목으로 가면 사병으로 가는 것보다 훨씬 편하기 때문에 좋아하고 있었을 뿐입니다. 그러나 편한 건 편한 건데 뭘 해야 하는지 자신이 없었습니다. 그래서 일 년 먼저 군목으로 간 친구를 찾아갔답니다. 그리고는 물었습니다. 어떻게 주일 설교, 수요예배 설교, 심방 설교, 새벽 기도 설교를 다 하느냐고? 그 친구 대답은 걸작이었습니다. 성령님이 능력을 주시면 다 하게 된다고… 난 목사 안수 받으면 정말 그렇게 되는 줄 믿었답니다. 바보같이…

훈련을 받고 군목으로 갔습니다. 중부 전선이었습니다. 중위 계급장 달고 목사랍시고 일을 시작한 겁니다. 괜찮더라구요. 일단은 매달 월급 받는 게 아주 좋았습니다. 그때까지 내 힘으로 돈을 벌어 본 적이 없었습니다. 게다가 군대 교회인데도 군대 월급 말고도 목회 사례비라고 해서 돈을 주었습니다. 참 좋았습니다. 어떤 교회는 군 선교비라고 해서 돈을 보내기도 했습니다. 사실 군대 월급만으로도 괜찮았는데 이래저래 목사랍시고 돈을 주니 고맙기도 하고 미안하기도 하고… 물론 좋은 일에도 많이 썼지요.

교회도 아담해서 좋았구요, 내 개인 사무실이 있다는 것도 좋았답니다. 어느 큰 교회 목사님이 부럽지 않았습니다. 나보다 계급이 높은 사람들도 저를 성직자라 해서 잘 대해 주는 것 또한 특권이었답니다. 그런 것 때문에 '평생을 군목으로 지낼까?' 하는 생각도 여러 번 해보았답니다. 사명 때문이 아니라 편리함 때문에…

설교는 정말 부담스러웠습니다. 설교만 없으면 군목이라는 것 괜찮은 건데… 친구가 목사 안수 받고 군목으로 오면 성령님께서 능력을 주셔서 설교도 뭐도 다 잘하게 된다고 했는데 (정말 그렇게 믿었었답니다) 난 그게 아니었습니다. 두 번째 설교까지는 잘한 것 같았습니다. 그런데 세 번째부터는 할 말이 없었답니다. 그렇게 두꺼운 성경책인데도 제겐 본문 찾는 것도 어렵고 본문을 찾아도 내용을 만들기도 무척이나 어려웠습니다. 제목을 정하는 것조차도 노동이었습니다. 일주일 내내 '어떤 본문을? 어떤 내용을? 어떤 제목을?...' 이런 것들이 큰 고민거리였고 이는 점점 공포의 작업으로 느껴졌습니다. 친구가 말한 성령님이 도와주신다는 건 적어도 나에겐 새빨간 거짓말이었답니다.

그래도 어김없이 찾아오는 게 주일이었습니다. 미칠 것 같았답니다. 그래서 훌륭한 그리고 유명한 목사님들이 펴낸 설교집을 뒤지기 시작했습니다. 신학교 다닐 때 종종 친구들과 나누던 말이 있었습니다. '설교 표절' 이라는 말... 그리고 남의 설교를 표절하는 목사들은 나쁜 놈들이라고 했었답니다. 그런데 이젠 표절, 아니 그대로 베끼지 않으면 죽을 것 같았답니다. 그래서 설교를 베끼기 시작했습니다. 양심은 괴로웠지만 성도들에겐 오히려 잘 된 일이라 생각했답니다. 성도들도 제 (베낀 남의) 설교에 은혜를 받기도 했답니다. 나 역시 내가 작성한 설교인 것처럼 폼을 잡고 설교했구요.

그런데 매 주일 남의 설교를 베끼는 것도 보통 문제가 아니었습니다. 보통 30분가량의 설교 원고를 베끼려니깐 적어도 2~3시간은 족히 걸리는 것은 물론이고 얼마나 힘들고 귀찮았는지... 그래서 아주 쉬운 방법을 찾아냈습니다. 설교집의 한 편을 복사하는 방법이었습니다. 시간도 절약되고 에너지도 절약되서 그렇게 했답니다. 그래서 내 설교(?)는 내용이 그런대로 괜찮다는 소릴 들었답니다.

그런데 한번은 큰 실수를 했습니다. 복사를 잘했어야 하는데 종이를 아낀답시고 앞뒤로 복사하다가 그만 한 페이지를 빼먹고 복사를 한 거지요. 그나마 복사한 걸 한번만이라도 읽고 강단에 올라갔으면 되는데 읽지도 않고 올라간 게 탈이었습니다. 그러니 잘 읽어내려가다가 빠진 부분에 가서는 매우 당황했답니다. 소위 말하는 개망신이라고나 할까요. 설교, 무척이나 어렵더라구요. 이렇게 평생 동안 설교할 생각하니 끔찍했습니다.

그러던 가운데 전방 부대 2년의 근무를 마치고 군 병원으로 옮기게 되었습니다. 병원에서는 별로 할 일이 없었습니다. 일단 병원이 아주 작은 았고 환자들도 많지 않았습니다. 군의관들, 간호사들 또한 그리 바쁘지 않은 병원이었죠. 정말 심심한 근무지였답니다. 그곳의 믿음 좋은 군의관들과 간호사들은 목사가 왔으니 일주일에 한번씩 성경을 공부하자고 했습니다. 자신들도 무료한 시간들을 말씀 배우는 시간으로 채우고 싶다는 겁니다. 나 자신도 뭔가를 해야겠기에 그렇게 하겠다고 대답했습니다.

문제는 무슨 공부를 하느냐는 거였습니다. 사실 나는 목사가 되면 써먹기 위해 이렇다할 성경 공부 과정은 대부분 이수해 놓았었답니다. 소위 말하는 벧엘 공부, 크로스 웨이 공부, CCC 공부, 젠센 공부… 그런데 막상 사람들을 가르치려니 두려웠지요. 준비는 했지만 경험이 없었기 때문이었습니다. 과정을 이수하긴 했는데 내 속에 생명력이 있는 게 아니었거든요. 그야말로 목사라는 직업에 충실하려면 이 정도는 해 놔야겠다는 필요에 의해서 열심히 했을 뿐이었습니다. 하여간 그리 많은 교재가 있는데도 자신이 없었고 문제는 군의관들과 간호사들이 교재가 아닌 성경책으로만 공부를 하자는 거였습니다. 그것도 구약을 말입니다. 구약 중에서도 역사서를.

군병원에서의 성경 공부는 사무엘부터 시작되었습니다. 한나가 기도해서 사무엘을 낳은 이야기부터 시작했습니다. 저는 어려서부터 교회 속에서 자랐기 때문에 성경을 많이 알고 있다고 생각했었습니다. 대부분 교회학교 선생님들에게 들은 이야기였고 집에서 들은 이야기였던 거지요. 그런데 막상 사무엘상을 읽어 가는데 왜 그렇게도 모르는 부분들이 많던지… 대부분을 모르겠더라구요. 아주 적은 부분만을 알면서, 그것도 대충… 성경을 잘 안다는 착각 속에 있었던 나였음을 발견했습니다. 하여간 문제에 부딪친 겁니다. 그 머리 좋은 의사들과 간호사들에게 성경을 가르쳐야 하는데 내 자신이 아는 게 없는 겁니다. 너무 두려웠습니다. 가르치다가 개망신 당할까 봐.

설교도 어려웠지만 (계속 베껴야 했으니까요) 성경을 가르치는 건 더 두려웠답니다. 그래서 내 마음은 엄청난 죄책감과 목회에 대한 공포, 해야 하나 말아야 하나 하는 갈등들이… 쏟아져 내리기 시작한 겁니다. 그러다가 기도를 시작했습니다. 하나님께 물어보고 도움을 구하기로 작정한 겁니다. 남들은 주님의 음성을 듣고 목사가 되었다고 하는데 나에겐 그런 것도 없고 어떤 이는 특별한 사명이 있다고 하면서 용감히 사역을 하는데 나는 사명이란 게 뭔지도 모르고 있고 (물론 남에게 말할 때는 복음을 위한 불타는 사명이 있다고 했습니다만…) 그저 목사가 된 게 어려서부터 되고 싶어서 된 것이고 학교 다닐 때 갈등은 있었지만 군목이라는 편리함 때문에 갈등의 양심을 버리고 목사가 되었을 뿐이었습니다. 그런데 이젠 그게 아닌 겁니다.

성경을 모르고 목회를 한다면 그야말로 사기꾼이라는 생각이 든 겁니다. 평생 남의 설교나 베끼고 남이 만들어 놓은 책으로 성경 공부를 가르치면서 그걸 내 것인 양 큰 소리를 칠 생각을 하니 자신이 얼마나 한심스러웠던지요. 정말 한심한 존재였답니다.

"하나님... 성경이 송이 꿀보다 달다고 하셨죠? 나에겐 송이 꿀이 아니라 정말 재미없는 책입니다. 억지로 읽을 뿐입니다. 무슨 말인지 정말 모르겠습니다. 어떤 사람은 성경을 보면 하나님의 음성을 듣는다고 하는데 난 성경을 보면 졸음만 옵니다. 성경이 당신의 말씀이라고 하셨잖습니까? 나에게도 성경이 재미있음을 알려 주십시오. 그래야 설교를 하든 성경 공부를 하든 목회를 하든 할 게 아닙니까? 제가 2년 간 열심히 읽을 테니 알아서 하십시오." 그런 기도였답니다. 성경을 열심히 읽어도 여전히 무슨 말인지 모르겠고 재미가 없다면 군목을 제대한 후에 목회를 관둘 생각이었습니다.

특별하게 할 일 없는 군 병원의 목회 생활이었기에 성경 보는 일에 목숨을 걸기로 마음먹었습니다. 아침 출근 시간은 8시, 퇴근 시간은 5시, 적어도 하루 6~8시간씩 성경을 파기 시작했습니다. 많은 분량을 읽지 않았습니다. 이해가 되지 않는 부분은 그냥 넘기지 않고 판 겁니다. 이해되지 않으면 주석을 많이 참고했습니다.

정말 많은 도움이 되더군요. 신학교 다닐 땐 숙제하기 위해서만 보던 책들인데... 정말 열심히 성경을 읽었습니다. 지금까지 알고 있던 이야기들이라 하더라도 정말 그런가 하면서 진지하게 확인하면서 읽었답니다. 성경이 졸지에 여러 가지 색깔로 줄도 그어지고 네모도 만들어 지고 혹은 읽다가 깨달은 것을 잊지 않기 위해 옆에다 적어 놓다 보니 지저분해지고 있는 거였습니다. 그렇게 몇 달이 지나는 동안 성경이 재미있어지는 겁니다. 은혜가 되기 이전에 재미있었습니다. 성경을 정말 재미있게 읽고 재미있게 연구하기 시작한 겁니다.

그렇게 2년을 지내는 동안 성경은 어느새 나의 손에서 뗄 수 없는 책이 되고 말았답니다. 아니 내 몸의 한 부분이 되어 있었답니다. 그리고 그 말씀은 제게 생명이 되었던 겁니다. 성경이 하나님의 말씀임이 몸속에서 느껴지고 있었답니다. 언제부터인지는 모르겠습니다만 성경을 읽으면 "그렇습니다!" 하는 소리를 연거퍼 내뿜었답니다. 성경을 읽다가 손바닥과 무릎을 치기도 하구요, 너무 기가 막힌 것(내가 모르던 것이겠죠...)을 발견하면 숨이 막혀 더 이상 읽을 수가 없어서 서성거리는 경우가 한두 번이 아니었답니다. 많이 울었습니다. 너무 좋아서 말입니다. 하나님의 은혜가 주렁주렁 발견될 때마다 감동 그 자체였습니다. 시편 기자가 그랬나요? 주의 말씀은 송이 꿀 보다 달다구요? 정말이었습니다.

읽고 깨달은 말씀을 그대로 전해보았습니다. 설교 때든 성경 공부할 때든... 다른 교재가 필요 없었답니다. 성경만을 읽는데도 나는 물론이고 모두들 좋아하는 겁니다. 그래서 신났지요. 성경을 읽어 가면서 그 주인공은 바로 "나"였답니다. 내가 하나님의 지음 받은 사람이고, 내가 타락한 사람이고, 내가 죄로 범벅된 사람이고, 내가 고멜이고, 내가 요나이고... 또한 내가 아브라함이고, 내가 모세이고, 내가 노아이고, 내가 다윗이더라는 거였죠. 내가 밧세바이고, 내가 아모스이고... 내가 느부갓네살이고, 내가 다니엘이고... 내가 베드로이고... 내가 주인공이었습니다. 내가 잘못된 주인공일 때 지켜보고 계시고 기다리시고 찾아와 주시는 주님을 만날 수 있었구요, 내가 잘하는 주인공일 때는 매우 기뻐하시고 좋아하시는 주님을 알 수 있었답니다. 주님의 진하게 흐르는 사랑과 은혜... 그게 성경이었답니다.

세상의 무수한 책들... 기독교 서적이라는 거 말입니다. 전에는 그걸 많이 읽으면 괜찮은 사람처럼 보였었습니다. 기독교 서적을 많이 인용하면 공부를 많이 한 목사처럼 보였었답니다. 서점에 최근 발표된 책이 어떤 것인지를 누구보다도 빨리 알아서 말하는 것이 앞서가는 사람인줄 알았답니다. 그래서 그걸 흉내내기 위해 얼마나 많은 거짓 행위를 했었는지요... 하지만 이젠 해방되었답니다. 많은 책을 읽는 것도 중요하지만 성경 속에서 풍요함을 누리지 못하면 그야말로 모래 위에 집을 짓는 장난에 불과하다는 것을... 성경 속에서의 행복을 모르고 수많은 책을 뒤지는 일만큼 자신을 피곤하게 하는 일이 없을 거라는 것을...

다른 책... 좀 몰라도 되더라구요. 그러나 성경 속에서 춤추지 않으면 말씀을 전하고 나서도 허탈하더라구요. 그런데 성경을 이야기하면 서투른 설교라도 하나님께 감사가 되더라는 겁니다. 기가 막히게 좋은 문구들을 찾는 일도 하지 않기로 했습니다. 알지도 못하는 사람의 이름을 들먹거리면서 마치 많이 공부한 사람처럼 보이는 위선은 떨지 않기로 했습니다. 깊은 생각을 남보다 많이 하는 것처럼 보이는 어려운 표현도 사용하지 않기로 했습니다. 그냥 성경 말씀을 이야기하기로 했습니다.

성경 속의 이야기만 하더라도, 아니 성경만을 이야기할 때 성령의 역사가 가장 확실하게 나타남을 알았기 때문입니다. 성경은 성령께서 쓰신 글이기 때문입니다. 하나님에게는 천년이 하루 같다고 하셨나요? 그래서 표현하고 싶은 말이 있습니다. 성경은 아직 잉크도 마르지 않은 하나님이 보낸 연애편지라고.

군대를 제대하자마자 미국으로 건너왔습니다. 아무런 이유도 없이 미국에 오게 된 겁니다. 몇 달만 미국을 구경하려는 생각이었습니다. 그런데 어쩌다가 십수 년이 지나고 말았습니다. 십수 년... 학교에서 공부하면서도 성경에 대한 재미 때문에 성경만 보게 되더라구요. 사역을 하면서도 성경만 보게 되더라는 겁니다. 그리고 읽은 성경... 늘 그랬던 것처럼 신앙의 형제들과 나누었답니다. 그런데 성경만을 이해하기 위해 주의 깊게 보는데 많은 은혜를 경험하는 게 아니겠어요!

벌써 성경을 통해 주님의 마음을 헤아린 지도 오래되었네요. 지금도 계속하고 있답니다. 물론 주님 부르실 때까지 이 은혜를 계속 유지하려고 합니다. 새벽 기도가 끝나면 잉크도 마르지 않은... 주님의 숨소리가 느껴지는 성경을 펴고 세 시간, 어느 경우는 네 시간, 옮겨 보고 또 옮겨 보다가 이렇게 책이 되었답니다.

그 제목... 이야기 성경? 성경 이야기? 아무래도 매끄럽지 않기에 남침례교신학교(The Southern Baptist Theological Seminary)에서 논문을 쓴 제목이 좋아 보여 그대로 하기로 했답니다. 비블리컬 스토리텔링(The Biblical Storytelling)이라고...

에필로그 _03

목사가 되면 책을 많이 읽고 책을 좋아해야만 하는 줄 알았습니다. 어려서부터 목사는 책을 가까이에 두어야 한다는 선입관을 가지고 있었기 때문에 나도 목사가 되면 그렇게 될 거라고 믿고 있었답니다. 목사님의 집이나 사무실에 가면 여러 권의 책과 책이 한가득 꽂힌 책장을 배경으로 한 목사님의 사진도 볼 수 있었습니다. 그래서 목사님들은 책을 많이 읽는 분들이라는 생각을 자연스럽게 했답니다. 앞으로 나도 목사가 되면 많은 시간을 책과 함께 할 거라고 생각했습니다. 목사님의 집에 진열된 책들은 아주 멋있어 보였습니다. 단행본도 많았지만 특별히 눈에 띄었던 것은 만만치 않은 두께로 같은 디자인에 제목이 다른 여러 질의 전집들이었습니다. 목회를 할 때 꼭 필요한 전집들이라고 생각했답니다. 그래서 나도 목사가 되면 목회에 절대적으로 필요한 전집을 책장 가득히 채우겠다고 생각했습니다.

괜찮은 목사가 되기 위해서 신학교 때부터 기독교 서점에 드나드는 것을 아주 중요한 일 중 하나로 여겼답니다. 나름대로 열심히 책을 사서 날랐습니다. 돈이 있어서 샀던 것도 꼭 읽으려고 샀던 것도 아닙니다. 혹

날 내 사무실과 서재에 꽂아둘 책을 준비하는 거였습니다. 책을 사면서 미래를 그려 보기도 했답니다. 사무실의 사방은 책으로 꽉 채워진 책장이 둘러져 있고 한 켠에 놓여진 나무 책상과 사장님이 앉는 편안한 의자에 앉아 있는 제 모습을 상상하면서 말입니다. (책이 없는 사무실과 목사는 상상해 본 적이 없는 것같습니다.) 어느 경우에는 읽지도 못하는 영어로 된 책도 샀습니다. 소위 원서라고 하는 것들입니다. 영어나 독일어로 된 책을 읽은 수준 높은 목사로 보이고 싶어서였습니다. 열심히 사서 모은 책들이 작은 제 방의 책장에 한 권 한 권 채워져 가는 걸 보면 뿌듯하고 자랑스럽기까지 했습니다. 그렇게 해보지 않은 사람은 그 맛을 모를 겁니다. 책이 늘어나는 만큼 내 지적 수준도 높아진다고 생각하여 그것을 증명이나 하려는 듯 책을 열심히 구입했던 겁니다. 책의 노예가 되어 부지런히 살았던 것 같습니다.

신학대학 다닐 때는 대부분의 친구들이 그랬던 것처럼 돈이 정말 없었던 때입니다. 그런데도 책을 사고자 하는 욕심은 왜 그리 많았는지 모릅니다. 교수님들이 가끔 강의하시다가 밥을 굶어가며 책을 사서 보았다는 얘기를 들으면 왠지 멋있어 보였습니다. 그래서 교수님을 흉내 내며 책을 사기 위해 끼니를 거른 적이 한두 번이 아니었답니다. 그 경험 덕분에 얼마 전까지만 해도 사람들과 이야기할 때 나도 젊었을 때는 책을 사기 위해 굶은 적이 있다고 말하면서 묘한 자부심을 느끼곤 했답니다.

제 사무실은 작습니다. 방이 작기에 몇 권 안 되는 책이지만 제 방은 책으로 꽉 채워져 있답니다. 다른 목사님들보다 상대적으로 적다는 걸 알지만 그래도 제 수준에는 처분하기 곤란할 정도로 많은 책이 꽂혀 있습니다. 그런데 지금은 책이 많아서 행복하기보다는 꽂혀진 책들이 날 비웃고 있다는 생각이 들 때가 있답니다. 여러 권이 꽂혀 있지만 읽은 것은 별로 없거든요. 다 폼으로 꽂혀 있는 것입니다. 그렇다고 완전히 폼만은 아닙니다. 읽긴 읽었습니다마는 어떤 건 서문, 어떤 건 제목, 어떤 건 대충대충 한 10분 안에 읽은 책도 있고, 전혀 읽지 않은 책들도 수두룩하답니다. 정말 신중하게 읽은 책은 거의 없답니다. 전집은 정말이지 폼, 그 자체뿐이었습니다. 그래서 책장에 꽂혀 있는 책들이 부담스럽기까지 했습니다.

가끔 제 방을 방문한 학생들, 청년들 혹은 성도들은 전에 내가 느꼈던 것처럼 '목사님이니까 당연히 책이 많구나' 라고 생각하는 눈치입니다. 그러면서 할 말이 없을 때 혹은 기분이 좋으라고 '목사님은 책이 많으십니다' 라고 말한답니다. 저는 책을 많이 읽은 목사로 인정한다는 말을 듣는 것 같답니다(착각이겠지만). 그런 말을 들을 때면 전에는 우쭐했는데 언제부터인가 부담스러웠습니다. 사실 읽은 책이 아니라 폼으로 꽂혀 있는 책이 대부분이기 때문입니다. 성도들이 생각하는 것처럼 책을 많이 읽은 목사가 결코 아니라는 생각에 괴로웠거든요. 어떤 성도는 존경하는 마음(?)으로 이렇게 말한답니다.

"목사님, 책이 무척 많네요. 책이 이렇게 많은 것을 보니 목사님은 공부를 많이 하시는가 봐요. 목사님들은 책을 많이 읽으신다고 하더라구요." 거기까지만 하면 되는데 정말 대답하기 곤란한 질문을 한답니다. "목사님, 이 많은 책들을 다 읽으셨어요?" 미칠 것 같은 질문입니다. 뭐라고 대답해야 좋을지 모르기 때문입니다.

솔직하게 대답하자니 창피하고, 읽었다고 하자니 목사라는 놈이 별거 아닌 일로 거짓말한다는 양심의 가책 때문에 괴로운 겁니다. 또한 책을 많이 읽은 괜찮은 목사로 생각하고 있는 성도를 실망시키고 싶지 않다는 생각도 들기 때문입니다. 사실 그렇게 생각해 주기를 은근히 바라는 마음도 있구요, 그래서 엉거주춤 대답하곤 했답니다. 필요한 건 읽고 읽지 않은 책들도 있다고. 성도는 그렇게 말하는 목사를 겸손하다고 여겨 안 읽은 책도 있다는 말을 대부분은 읽었고 몇 권은 읽지 않았을 거라고 생각하고 점수를 후하게 주었겠지요. 그런 면으로는 성도들에게 무척이나 고맙답니다.

목사님들의 사례비 항목을 보면 반드시 도서비가 있습니다. 아주 중요한 항목입니다. 어느 교회나 꼭 있습니다. (제 개인적 경험으로는 이 도서비 항목이 없는 교회는 본 적이 없습니다.) 교회에서 그런 돈을 책정한 것은 책을 많이 읽고 목회와 설교를 잘 하라는 뜻인 줄 압니다. 교회도 목사는 책을 많이 읽어야 하고, 책을 많이 읽는 사람으로 인정해 주기 때문에 세운 항목이겠죠. 참으로 고마운 항목이랍니다. 저도 받고 있는데 이 항목의 돈이 얼마나 부담스러운지 모릅니다. 왜냐하면 교회에서 정해 놓은 도서비 만큼 책을 사 본 적이 한 번도 없기 때문입니다. 적어도 제게는 말입니다. (혹 이 고백을 읽으시면서 다른 목사님도 그렇다고 생각하시면 오해입니다. 이 글은 제 경우에만 해당하는 겁니다.)

양심에 거리낌이 있어서 교회에서 주는 도서비 항목의 액수만큼 책을 사려고 살만한 책들을 찾아본 적도 여러 번 있었습니다만, 저는 교회에서 주는 도서비 만큼의 책을 산 적이 없답니다. 아니 사고 싶지 않아서가 아니라 사고 싶은 책을 고를 수 없었기 때문이랍니다. 얼마나 많은 도서비를 주었기에 그러냐구요? 얼마 되지는 않는답니다. 서점에서 책을 사긴 합니다만 사실 오래 전부터 한 달에 두 권 정도 사는 게 저의 현실입니다.

서점은 몇 번씩 가지만 꼭 사고 싶은 책을 찾는 것도 어렵고, 게으른 건지 어렵게 골라 아까운 돈 주고 산 책이라 하더라도 제대로 읽는 것도 쉽지 않고...

어떤 목사님이 책을 읽지 않는 목사는 게으르고 목사 자격이 없다고 질책하는데 찔렸습니다. 제가 그런 사람이거든요. 목사는 적어도 하루에 한 권의 책은 읽어야 한답니다. 나는 일 년에 두 권 정독하는 것 같지도 않은데 말입니다. 그 목사님은 책을 많이 읽으시는 분이라고 소문이 난 분입니다. 책을 많이 읽는 목사님에게 어떻게 읽느냐고 물었더니 보통 책을 10분이면 한 권 읽는답니다. 난 미칠 것 같았습니다. 저는 일주일을 읽어도 뭔 뜻인지 몰라 속이 상한 적이 한두 번이 아닌데 책 한 권을 10분만에 읽는답니다. 하기야 저도 그렇게 10분에 한 권 읽을 때가 있긴 있었습니다. 혹시 써 먹을만한 게 걸리지 않을까 해서 위 아래로 훑어가며 넘긴 거지요. 그렇게 본 책들은 허다합니다. 아마 500권은 족히 될 겁니다. 그런데 정말 내 속에 양식이 될 만하게 읽은 책은 소수에 불과하답니다.

일주일 동안만 해도 엄청난 책들이 쏟아져 나옵니다. 기독교 서적만을 봐도 그렇습니다. 목사님들의 소원 가운데 책 한 권 내는 것이 포함되어 있잖아요. 그래서 책을 내는 분들이 무척이나 많답니다. 그런데 슬픈 것은 신간 서적 코너에 올라와 보지도 못하고 보이지 않는 구석에서 폐지로 버려지길 기다리는 책들이 무수하다는 거지요. 저도 책을 썼고 또 쓰고 있지만, 제 책 역시 신간 코너에 올라가 보지도 못하고 없어지는 것이 아닌지...(슬픕니다!) 그렇게 많은 책이 출판되고 있지만 막상 사려고 하면 꼭 읽고 싶은 것을 찾기가 쉽지 않다는 겁니다.

설교하거나 성경을 가르칠 때도 반드시 책을 인용해야 하는 줄 알았던 때가 있었습니다. 긴 설교 중에 한두 번은 어떤 나라, 어떤 사상가, 철학자 혹은 정치가나 성공한 사람의 이름과 그들이 쓴 책의 제목을 말하면서 이런 말을 했다고 해야 하는 줄 알았던 겁니다. (요즘 설교할 때 한두 번은 웃겨야 괜찮은 설교자라는 소리를 듣는 것처럼 말입니다.) 어느 경우는 읽지도 못하고 읽어 본 적도 없는 주간 시사지 타임(The Time)지나 뉴스위크(Newsweek) 혹은 리더스 다이제스트 등의 날짜까지 들먹이면서 설교해야 공부 좀 한 목사라고 느낄 때가 있었던 거지요. 지금 떠올려 보니 얼마나 부질없는 생각을 하면서 살았는지 모릅니다.

왜 그렇게 책에 대한 미련을 가지고 살았나 생각해 보았습니다. 정말 무엇 때문에 나는 많은 책을 소유하고 싶었고, 독서를 많이 하는 목사로 보이고 싶었는가 정직하게 생각해 보았답니다. 대답은 어렵지도 복잡하지도 않고 아주 단순했습니다. 열등감 때문이었지요. 제 가장 밑바닥은 열등감으로 가득한 겁니다. 그래서 쌓여 있는 책들로 하여금 저를 사람들에게 공부하는 목사, 실력 있는 목사로 세뇌 시키면서 은연 중에 무시하지 말라는 메시지를 전한 겁니다. 내 속에 있는 열등감이 나를 속이면서 책과의 관계를 이상하게 만들었답니다.

또 하나는 (하나님께 무척이나 죄송합니다만) 내 속 깊은 곳에서 성경을 우습게 여기고 있었다는 고백입니다. 성경이 하나님의 말씀이라고 말하면서도 정작 설교하는 나는 성경을 우습게 여겼던 거지요. 성경 가운데 구원의 도리, 삶의 지혜와 지침이 완벽하게 있다고 외치면서도, 성경은 성령의 감동으로 쓰여진 책이기에 심장과 폐부를 찔러 쪼개는 능력이 있다고 말하면서도 나는 성경보다 더 영향력 있을 것 같은 유명한 사람이 쓴 책을 뒤지고 있었던 겁니다. 성경을 역사와 인생에 있어서 가장 훌륭한 책, 능력 있는 책이라고 하면서도 내 속 사람은 믿지 않았던 겁니다. 그래서 유명한 사람을 찾았고 그 유명한 사람의 책을 뒤졌고 알지도 못하는 사람의 멋진 글을 강단에서 인용하는 걸 자랑스럽게 생각했던 겁니다. 성경이 답이라고 말은 했지만 정작 나는 삶의 답을 엉뚱한 책에서 찾고 있었던 겁니다. 내가 하는 일 목회에 관한 것도 유명한(?) 사람이 쓴 책에 있는 줄 알고 책을 의지했던 거지요. 한 마디로 성경을 무시했던 겁니다.

책으로부터 많은 걸 배우기 때문에 독서는 귀한 일입니다. 그러나 책이 전부가 아닙니다. 책은 진리도 아닙니다. 책과의 관계 속에서 초라한 나의 모습을 본 후에 책을 많이 읽은 목사가 괜찮은 목사라는 이상한 관계(?)가 이제 깨졌답니다. 다독(多讀)이 바람직하지만 필수는 아니라는 걸 배웠답니다. 또한 그것으로 목사의 수준이 평가될 거라는 생각은 정말 크게 잘못된 것임을 깨달았습니다. 목사는 반드시 책과 가까운 사람이라는 인식을 지워버리려고 합니다. 난 정말 책을 읽지 않는 사람이거든요. 아니 읽어도 저자가 하는 말을 잘 모를 때가 많습니다. 다시 말하면 책을 읽지 않는 게 아니라 읽을 줄 모르는 사람이라는 걸 발견한 겁니다.

저는 파스칼을 모릅니다. 그가 쓴 「팡세」(번역본)라는 너무 두꺼워서 읽기도 전에 질려 서문을 읽다가 무슨 말인지 몰라 내팽개쳤답니다. 톨스토이의 작품은 기독교를 이해하는 데 절대적으로 필요한 문학이고 철학이라고 하더라구요. 그래서 유명하다는 그의 「부활」이라는 작품을 읽기 시작했는데 도무지 무슨 말인지 이해하지 못해 읽기를 중단했답니다. 하이데거라는 철학자, 키엘케고르, 헤겔, 니이체 등. '니이체' 라는 말이 나왔으니 웃긴 일이 생각납니다. 니이체는 「짜라투스트라는 이렇게 말했다」라고 하는 책에서 "신은 죽었다"고 했답니다. 설교 시간에 목사님들의 설교를 통해서 종종 들은 글귀였습니다. 그래서 저도 가끔 (오래 전입니다만) 그 말을 인용하면서 유신론을 무너뜨리려는 사람들을 공격했고 또 그런 말을 한 니이체를 무척이나 나쁜 사람으로 말하곤 했었답니다. 물론 그 책을 다 읽은 수준 높은 사람처럼 말입니다.

사실은 그 책이 어떻게 생겼나 해서 서점에 들러 구경한 적 밖에는 없습니다. 정말 두껍더라구요. 그 책을 본 순간 이런 두꺼운 책을 읽은 사람이 몇이나 될까 생각했답니다. 하여간 니이체가 신이 죽었다고 하는 말을 왜 했을까 해서 물어보기도 하고 책을 뒤져 보았지만 아는 사람도 없고 책 속에서도 찾지 못했답니다. 결국은 한참 후에 누군가가 알려 주더군요. 책 속에 짜라투스트라가 누군가와 이야기하다가 신경질이 난 김에 그런 말을 내뱉은 거였다고... 그러나 전해준 사람의 말이 사실인지도 아직 확인되지 않았답니다.

리더십, 성공의 비결, 인생에 관한 것, 시집(詩集), 부부관계, 경영학, 건강에 관한 것, 소설, 철학 이야기... 별별 주제의 많은 책이 시중에 나와 있답니다. 다양하게 많이 읽어야겠다는 생각을 포기하니 마음이 왜 이리 편한지 모르겠습니다. 책 많이 읽지 않으렵니다. 물 흐르는 대로 읽게 되면 읽겠습니다만, 안 읽으면 뒤쳐진다는 말로 사람을 주눅들게 하는 말에는 신경을 곤두세우지 않기로 했습니다. 많이 읽어도 기억에 남는 게 없구요, 사실 무슨 말인지도 모른답니다. 아는 척하고 싶은 교만한 마음만 꿈틀거린답니다. 남들은 인생에 도움이 된다고 하는데 제겐 그런 것 같지도 않구요...

성경도 제대로 모르면서 책을 동서남북으로 둘러 채워둔다는 게 우습잖아요. 성경도 제대로 알지도 못하면서 이해하지도 못하는 글귀와 사람 이름을 대면서 지식인인 체 하는 게 우습잖아요. 그래서 성경이라도 제대로 보기로 결심한 겁니다. 목사가 성경을 모르니 일반 성도들은 더 모를 수 있다는 생각이 들었습니다. 그래서 한 평생 성경을 깊게 공부해 보기로 했답니다. 읽다가 정 모르겠으면 주석을 뒤져서라도 이해하려고 했습니다. 주석은 성경을 이해하는 데 큰 도움이 되었습니다. 그 과정 속에서 마침내 지식인이라는 허울 좋은 취급만을 받기 위해서가 아니라 성경의 이해를 돕기 위해 책을 보아야 목사로서 사는 인생이 행복하다는 것을 터득하게 되었습니다.

성경을 알기 위해 마음먹고 공부하니 자유로워지더라는 겁니다. 설교할 때도 성경을 이야기하니 마음이 편해지구요. 내 말은 물론 어떤 훌륭한 사람의 말도 아닌 하나님의 말씀을 전하니 위험하지도 않고 미안하지도 않은 겁니다. 누가 무식하다고 말할지는 모르겠지만 그게 속 편하고 자신감도 생겼습니다.

사실 교회 오는 사람들이 얼마나 다양한지 모릅니다. 자기 분야에서는 그런대로 지식이 있고 까딱 잘못 말했다간 어느 누구에게 무식하다는 말을 들을지도 모르잖아요. 그러나 대부분 사람들은 성경을 잘 모른답니다. 혹 알고 있더라도 자신보다는 목사님이 더 잘 알 거라고 생각하지요. 그래서 교회에서 목사로부터 성경 이야기를 듣는 것을 당연하게 생각하기에 성경을 말할 때는 누구도 시비를 걸지 못하지요.

성경을 말하는 사람으로 살고 싶습니다. 제 직업이 목사인데 목사는 성경을 말하는 사람이기 때문입니다. 다른 거 모른다고 주께서 뭐라고 안 하실 겁니다. 그런데 성경을 모르면서 목회 한다면 목사로 부르신 주님이 얼마나 한심하게 생각하실까 하는 생각이 드네요. 아니 성도들도 성경을 모르는 목사라는 걸 안다면 얼마나 비웃을까 하는 생각이 듭니다. 성경을 모르면 주님에게도 성도에게도 찬 밥 신세라는 걸 깨달았답니다.

성경만을 살아계신 하나님의 말씀으로 증거하려고 열심을 냅니다만 왜 그리 성경을 모르고 있는지요. 성경이 왜 그리 어려운지 모르겠습니다. 정말 어려운 수학 문제보다 더 어려운 게 성경이라는 걸 알아갈 뿐입니다. 그런 수준으로 목회를 하는 제 모습이 한심하고 답답할 뿐입니다. 성경 공부 열심히 하겠다고 다짐하고 노력하며 지낸 햇수도 제법 오래 된 것 같은데 책상에 앉으면 지금 막 시작한 사람처럼 모르고 있는 것이 너무 많다는 느낌뿐이니 미칠 것 같습니다. 주님이 부르실 그 날이 성큼성큼 다가오고 있는데 성경을 이렇게도 모르고 주님께 갈 거라고 생각하니 숨이 막히는 것 같습니다.

성경 안에 모든 진리가 있다고 말하는 목사가 아니라 성경 안에 진리가 있음을 인정하는 목사이고 싶습니다. 성경 안에 진리가 있음을 알고 믿고 실천하는 목사이고 싶습니다. 목회자 사이에서도 많은 책을 가지고 있다든지 책을 많이 읽은 목사가 괜찮은 목사라고 인정을 받는 것보다는, 성경을 구석구석 잘 알고 성경을 정말 사랑하며 성경의 의미를 잘 전달하는 목사가 진정 괜찮은 목사라는 평가를 받으면 좋겠습니다. 법관이 육법(六法)전서를 구석구석 잘 알고 있는 것처럼, 자동차 정비공이 자동차에 대해선 빠삭하게 잘 알고 있는 것처럼, 군인이 군사지식에는 정통한 것처럼... 목사님들은 성경 66권 어디라도 구석구석 잘 알고 있는 분들이면 정말 좋겠습니다.

오늘도 그것 때문에 몸부림쳐 봅니다. 하나님이 도와주시길 바라면서 말입니다.

「그리심」의 신학서적

● **성경무오 역사적 증명**
정규철 / 반양장 / 335면

● **주의 날 어떻게 이해할 것인가**
Paul R. House · 장세훈 공저 / 반양장 / 184면

● **본문의 의미를 찾아서(21세기 구약신학과 해석)**
장세훈 저 / 반양장 / 272면

● **계시록의 구속사적 연구**
J.B. Jordan /이동수 역 / 반양장 / 396면

● **구약 속의 그리스도**
E. 뵐 /권호덕 역 / 반양장 / 371면

● **하나님과 인간, 그리고 시간 (역사)**
어얼 E. 케이른스 / 박영실 역 / 반양장 / 258면

● **하나님 나라와 윤리 (주제별 논문)**
김경진 / 반양장 / 303면

● **누가신학 연구**
R. 화이트 / 김경진 역 / 반양장 / 197면

● **배경으로 본 마태복음 강해(상) (1-13장)**
정우홍 / 양장 / 416면

● **배경으로 본 마태복음 강해(하) (14-28장)**
정우홍 / 양장 / 472면

● **배경으로 본 히브리서 강해**
정우홍 / 양장 / 406면

● **산상설교(기록 이유와 목적)**
정훈택 / 반양장 / 176면

● **성경에 나타난 제사법 연구**
로저드 백위드 / 반양장 / 261면

● **신명기 ①(1-8장) (주해)**
김영욱 / 양장 / 468 면

- **신학의 종을 어떻게 울릴 것인가 (논문 모음)**
  허　주 / 반양장 / 388면
- **신약성경 주해와 적용(논문 모음)**
  허　주 / 반양장 / 400면
- **해석매뉴얼(성경해석법의 이론과 실제)**
  김상훈 / 양장 / 287면
- **언약이란 무엇인가?**
  팔마 로버슨 / 오광만 역 / 반양장 / 159면
- **에스겔서 강해**
  김두석 / 반양장 / 335면
- **여호와의 전쟁신학**
  윤용진 / 반양장 / 346면
- **창세기(1-4권) (주해)**
  서철원 / 반양장
- **이사야의 하나님 · 우리의 하나님**
  최만수 / 반양장 / 262면
- **임마누엘 성령론**
  안영복 / 반양장 / 232면
- **영원을 사모하는 마음(성경적 역사이해)**
  김봉수 / 반양장 / 328면
- **낙원의 구속사(Paradise Restored) - A Biblical Theology Dominion** David Chilton / 안영복 · 이동수 공역 / 반양장 / 296면
- **사역자의 자아 돌봄(Clergy Self-Care)**
  Roy M. Oswald · 최민수 역 / 반양장 / 294면
- **창조를 위한 하나님의 패턴(God's Pattern for Creation)**
  - 창세기 1장에 대한 언약적 읽기 - W. Robert Godfrey · 이동수 역

「그리심」의 교회사에 관한 도서

● **초대교회의 신학자들**
G.R 에반스 · 박영실 역 · 410면 · 신국판 · 반양장

● **하나님과 인간, 그리고 시간(기독교적 역사이해)**
어얼 E. 케이른스 · 박영실 역 · 264면 · 신국판 · 반양장

● **초대교회사**
서요한 · 664면 · 신국판 · 양장

● **중세교회사**
서요한 · 892면 · 신국판 · 양장

● **르네상스와 종교개혁**
윌리엄 에스텝 · 라은성 역 · 655면 · 신국판 · 양장

● **로마카톨릭주의와 복음주의**
가이슬러 · 맥켄지 · 라은성 역 · 746면 · 신국판 · 양장

● **교회사 안에 나타난 이단과 정통**
헤롤드 O. J. 브라운 · 라은성 역 · 704면 · 신국판 · 양장

● **역사신학 (상)**
커닝험 · 라은성 역 · 상 - 812면 · 신국판 · 반양장

● **페트루스 다미아니와 중세의 교회개혁운동**
김봉수 · 464면 · 신국판 · 양장

● **중세의 수도원 개념과 교회개혁운동**
김봉수 · 476면 · 신국판 · 반양장

● **영원을 사모하는 마음** – 하나님이 주신 역사의식
김봉수 · 326면 · 신국판 · 반양장

● **성경에서 역사를 만나다**
김봉수 · 400면 · 신국판 · 반양장

● **교부들의 신학사상**
조병하 · 430면 · 신국판 · 반양장

● **한부선 평전(가장 한국적인 미국 선교사)**
박응규 · 512면 · 신국판 · 양장

● **프랑스 종교개혁사**
강남수 · 266면 · 신국판 · 양장

● 교양인을 위한 간추린 서양이야기
강남수 · 256면 · 신국판 · 반양장

● 한국장로교회와 근본주의
신종철 · 310면 · 신국판 · 반양장

● 스코틀랜드 교회사
G. D. Henderson · 홍치모 역 · 277면 · 신국판

● 위대한 여인들의 발자취들 : 초대교회 편
라은성 · 416면 · 신국판 · 양장

● 천상의 누이들 : 중세교회 편
라은성 · 456면 · 신국판 · 양장

● 이단과 정통 (학생용 · 일반신도용)
라은성 · 456면 · 신국판 · 양장

● 서양문명의 정체성
임희완 · 358면 · 신국판 · 반양장

● 하나님 마음에 합한 사람
권태경 · 248면 · 변형사륙배판 · 반양장

● 중국기독교사
조 훈 · 259면 · 신국판 · 반양장

● 윌리엄 밀른 – 말라카 선교를 통한 중국 선교사
조 훈 · 282면 · 신국판 · 반양장

● 한국기독교 통일운동사
정성한 · 438면 · 신국판 · 반양장

● 삼천리반도 금수강산
정성한 · 158면 · 신국판 · 반양장

● 한국근대와 기독교
정규훈 · 242면 · 변형사륙배판 · 반양장

● 국가주의에 굴복한 1930년대 조선예수교 장로회의 역사
박용권 · 482면 · 신국판 · 반양장